यादों की बरात

उर्दू के मशहूर शायर जोश मलीहाबादी
की बहुचर्चित आत्मकथा का संक्षेप

यादों की बरात

जोश मलीहाबादी

अनुवाद
हंसराज रहबर

ISBN : 9789386534675

संस्करण : 2019 © राजपाल एण्ड सन्ज़

हिन्दी संस्करण © राजपाल एण्ड सन्ज़
YAADON KI BARAAT (Autobiography)
by Josh Malihabadi

राजपाल एण्ड सन्ज़
1590, मदरसा रोड, कश्मीरी गेट, दिल्ली–110006
फोन : 011–23869812, 23865483, 23867791
e-mail : sales@rajpalpublishing.com
www.rajpalpublishing.com
www.facebook.com/rajpalandsons

क्रम

कुछ प्रारम्भिक बातें

सबसे पहले ये बातें सुन लीजिए, इनसे आगे चलकर मुझे समझने में आपको मदद मिलेगी।

मैंने अपनी ज़िन्दगी के हालात लिखने के सिलसिले में पूरे छह बरस तक ज़्यादातर लगातार और कभी-कभी रुक-रुककर मेहनत की है। डेढ़ बरस की मेहनत के बाद पहला मुसव्वदा (पाण्डुलिपि) तैयार किया, उसे रद्दी की टोकरी में डाल दिया। फिर डेढ़ बरस में दूसरा मुसव्वदा मुकम्मिल किया, उस पर भी लकीर खींच दी। फिर डेढ़-पौने दो बरस लगाकर नौ सौ पृष्ठों का तीसरा मुसव्वदा तहरीर किया और तीन हज़ार रुपये में उसकी किताबत भी मुकम्मिल करा ली। मगर जब उस पर एक गहरी नज़र डाली तो पता चला कि इस मुसव्वदे को भी मैंने ऐसे घबराए हुए आदमी की तरह लिखा है, जो सुबह बेदार होकर रात के ख़्वाब को इस ख़ौफ़ से जल्दी-जल्दी उल्टा-सीधा लिख मारता है कि कहीं वह ज़ेहन की गिरफ़्त से निकल न जाए।

और ख़ुदा-ख़ुदा करके यह चौथा मुसव्वदा छप रहा है।

और मेरे दिल की बात आप पूछें तो यह भी कह दूँ कि मैं, इस चौथे मुसव्वदे से भी संतुष्ट नहीं हूँ। लेकिन क्या करूँ, अब मुझमें यह दम बाक़ी नहीं रहा है कि दो बरस और मेहनत करके पाँचवाँ मुसव्वदा लिखूँ और उस पर भी क़लम फेर दूँ।

फिर यह भी सोचता हूँ कि मेरे चल-चलाव का वक़्त सर पर आ पहुँचा है और यह मिसरा—'नसीम जागो, कमर को बाँधो, उठाओ बिस्तर कि रात कम है,' दिल में गूँजता रहता है। इसलिए डरता हूँ कि कहीं ऐसा न हो कि तहरीर ही में ख़ुदा के फ़ज़लो-करम से मौत आ जाए और मुसव्वदा नातमाम (अधूरा) पड़ा रह जाए। इसलिए अब जैसा भी है यह चौथा मुसव्वदा पेश कर रहा हूँ।

क्षीण स्मरण-शक्ति

मैं कभी मज़बूत हाफ़िज़े (याददाश्त) का मालिक नहीं रहा और अब तो यह आलम हो गया है कि रात को क्या चीज़ खाई थी, सुबह को यह भी याद नहीं रहता। कई महीने पहले की बात है कि तारों की छाँव में टहलने निकला, वापसी में अपने घर का रास्ता भूल गया। वह तो कहिए कि मेरे एक हमउम्र टहलते मिल गए। मैंने उनसे पूछा कि यहीं-कहीं बरसाती नाले के किनारे जो एक गुम्बदवाला मकान है, क्या आप उसका रास्ता बता सकते हैं ? उन्होंने कहा, ''क्या आप जोश साहब के मकान जाना चाहते हैं ?'' मैंने कहा, ''जी हाँ।'' और उन नेक मर्द ने मुझे मेरे घर तक पहुँचा दिया। रुख़सत होते हुए उन्होंने मुझसे कहा, ''आज से चालीस-बयालीस बरस पहले मैंने जोश साहब को आगरे में देखा था, मेरा नाम नसीर अहमद है। जोश साहब से मेरा सलाम कह दीजिएगा।'' मैंने शर्म के मारे यह नहीं बताया कि मैं ही जोश हूँ।

और तो और आपको मुश्किल से यक़ीन आएगा कि एक रोज़ एक ख़त लिखने के बाद जब दस्तख़त की नौबत आई तो अपना तख़ल्लुस भूल गया। चन्द सेकेंड तक मुझ पर एक विचित्र पीड़ा की कैफ़ियत तारी रही, दिल धड़-धड़ करने लगा और अगर चार सेकेंड के अन्दर-अन्दर अपना तख़ल्लुस याद न आ जाता तो यक़ीन जानिए मेरा दम निकल जाता।

मैंने यह बात इस वास्ते लिख दी कि अगर मेरी ज़िन्दगी के किसी वाक़्ये में कमी-बेशी या आगा-पीछा नज़र आए तो उसे मेरी तरफ़ से जान-बूझकर की गई बात न समझें और मेरी हालत पर तरस खाकर उसे माफ़ कर दें।

आत्मकथा लिखने की कठिनाई

पचहत्तर बरस की पहाड़-सी ज़िन्दगी का अहाता करना बच्चों का खेल नहीं है। मैंने बुझे हुए हाफ़िज़े के तह-दर-तह पेचीदा और घोर अँधेरों में टटोल-टटोलकर यह सफ़र तय किया है, उन अँधियारों में मेरे हालात इस क़दर उलझे और एक-दूसरे पर चढ़े हुए मिले कि यह पता नहीं चलता था कि कौन सी घटना पहले की है और कौन सी बाद की। और भूलों का रेवड़ मुझे किस तरफ़ लिए जा रहा है। मैं फूँक-फूँककर क़दम रखता आगे बढ़ता रहा, अपने बुढ़ापे को लड़कपन की सीमाओं तक खींचकर ले गया, लड़कपन से किशोरावस्था की ओर बाग मोड़ी, किशोरावस्था से भरपूर जवानी और जवानी से अधेड़ उम्र के दो बयाबाँ तय करता हुआ बुढ़ापे के इस बीहड़ तक आ

गया। क्या बताऊँ इस कठिन यात्रा में क्या-क्या जतन करने पड़े। मैंने अपने बुढ़ापे को बच्चा बनाकर अपने माँ-बाप के आगोश में बिठाया, अपने घर की अँगनाई में कुलेलें कीं, पुरानी बरसातों को जगाया, अपने मदरसों और बोर्डिंग हाउसों में गया, अपने लंगोटिया यारों को पुकारा, मौत की नींद सोए हुए जवानी के इतिहासकारों के कंधे हिलाए, अपने दूरस्थ दोस्तों को इशारों से क़रीब बुलाया, अपनी जवानी के शबस्तानों (रात्रि-गृहों) में पहुँचा, जहाँ ज़ुल्फ़ों की सुगन्ध अब तक मचल रही है और टूटे पैमानों और बुझी हुई शम्ओं के अम्बार लगे हुए हैं और गेसुओं से गिरे हुए सिंदूर के ज़र्रे अब तक दमक रहे हैं। वहाँ पहुँचकर अपने बिछुड़े हुए माशूक़ों को उस सिंहासन पर बिठाया, इन्द्र-धनुष और आकाश-गंगा के रंग जिसकी परिक्रमा किया करते थे। और माज़ी (गुज़रा वक्त, अतीत) से अपने को जब डसवा चुका तो क़लम को ख़ून में डुबो-डुबोकर सब कुछ क़लमबद कर लिया और आपको सुनाने बैठ गया।

कहते हैं, लखनऊ में एक बूढ़े मिर्ज़ा साहब रहते थे, जिन्होंने हज़रते-जाने-आलम वाजिद अली शाह की आँखें देखी थीं। एक बार चन्द नौजवानों ने आग्रह किया कि मिर्ज़ा साहब क़िबला कुछ पुराने हालात सुनाइए! उन्होंने सीना पीटकर कहा, ''लड़को, मुझसे वह दास्ताँ न सुनो, वरना मेरी छाती फट जाएगी। तुम्हारी थोड़ी देर की दिलचस्पी हो जाएगी और मैं पहरों के लिए बेकार होकर रह जाऊँगा।'' लेकिन जब उन नौजवानों ने उनके क़दम पकड़ लिए तो माज़ी की तरफ़ पलटने पर मजबूर हो गए और हालात सुनाते-सुनाते थोड़ी देर में उनका यह हाल हो गया कि गला रुँध गया और हिचकियाँ ले-लेकर रोने लगे और 'हाय जाने-आलम' कहकर बेहोश हो गए। सो बन्दापरवर, अपना हाल सुनाकर मैं भी इसी तरह हिचकियाँ ले-लेकर रो रहा हूँ। हाय माज़ी के डंक!!

अपने कभी के रंग महल में जो हम गए
आँसू टपक पड़े दरो-दीवार देखकर।

—जोश मलीहाबदी

ज़िन्दगी का मेला

मेरा जन्म

मैं इस बूँद-भर ज़िन्दगी को भोगने और बज़ाहिर रंगीन लेकिन ख़ून में लथ-पथ क़ैदखाने में ऊबने के वास्ते कब लाया गया, इस बात को ठीक-ठीक बयान नहीं कर सकता; इसलिए कि मेरे खानदान में बच्चों की जन्म-तिथि दर्ज करने का रिवाज नहीं था।

अलबत्ता मेरी दादीजान ने, जो वंश की इतिहासकार थीं, मुझसे मेरी पैदाइश का जो सन् बताया था वह सन् ईसवी के हिसाब से 1896 था या 1898, यह भी याद नहीं रहा।

बहरहाल अपनी उम्र को दो साल बढ़ा देने में नुक़सान ही क्या है? इसलिए आप यह समझ लें कि मैं 1896 में पैदा हुआ था। (दो बरस और बूढ़ा हो गया; हो जाने दीजिए। जूती की नोक से।)

अलबत्ता यह बख़ूबी याद है कि दादी ने फ़रमाया था कि बेटा, तू सुबह चार बजे पैदा हुआ था।

मेरा वतन

आम के बाग़ों की रूमानी और घनेरी छाँव में झूमता, बौर की बू-ए-मस्ताना में महकता, कोयलों की कू-कू और पपीहों की पीहू-पीहू से चहकता मलीहाबाद, हिन्दुस्तान की तहज़ीबी जन्नत—लखनऊ से सिर्फ़ तेरह मील की दूरी पर स्थित है।

यह ख़ालिस पठानों की बस्ती है, जिसके एक गोशे में हम लोग यानी

दर्राए-ख़ैबर से आए हुए आफ़रीदी[1] और दूसरे गोशे में कंधार से आए हुए कंधारी आबाद हैं।

हिन्दुस्तान में आकर और लखनऊ के आस-पास बसने के बावजूद हमने लड़ाकू आदत नहीं छोड़ी। और आफ़रीदियों और कंधारियों के दरमियान एक लम्बी मुद्दत तक तलवार चलती रही और फ़िरंगियों ने आकर जब तलवार छीन ली तो लठ-पौगा होने लगा।

हिन्दुस्तान आकर और ख़ासतौर पर लखनऊ की सभ्यता से प्रभावित होकर हम लोग एक अजीब गंगा-जमुनी क़ौम बन गए।

हमारे यहाँ एक तरफ़ तो लखनऊ की दुपल्ली टोपियाँ, मख़मल के लिहाफ़, चौक का इत्र, कन्नौज का तेल-फुलेल और मशरू के पायजामे रिवाज पा गए। और पतंगबाज़ियाँ, मुर्ग़बाज़ियाँ, बटेरबाज़ियाँ और उनकी पालियाँ होने लगीं—और हमने 'अस्सलाम अलेकुम' की बजाय 'आदाब, तस्लीमात, कोरनिश और बंदगी' को अख़्तियार किया। और उसके साथ-साथ बैतबाज़ियाँ[2] और मुशायरे भी होने लगे, और सेहते-ज़ुबान के तसव्वुर ने भी आँखें खोल दीं...

और दूसरी तरफ़ 'अल्लाह दे और बंदा ले' क़िस्म के हंगामे भी जारी रहे और आए दिन की फ़ौजदारियाँ और खूंख़्वारियाँ भी बराबर होती रहीं।

मुद्दतों तक हमारा यह आलम रहा कि अगर किसी राही को अचानक ख़ाँसी आ जाती थी और वह किसी के दरवाज़े के सामने थूक देता था तो साहिबे-ख़ाना साहब लट्ठ लेकर गली में आ जाते थे कि ख़ान साहब आप हमारे मकान पर थूक रहे हैं। और थूकने वाले ख़ाँ साहब अकड़कर जवाब देते थे कि तब नहीं थूका था अब थूक रहे हैं—आक़ थू, आक़ थू।

और दोनों के दरमियान बड़े ज़ोर-शोर से लट्ठ चलने लगता था और अगर किसी शादी-ब्याह में दो मुख़ालिफ़ गिरोह आमने-सामने खट्टों[3] पर बैठे हुक़्क़ा पीते थे तो उनमें से जब एक गिरोह का आदमी 'कुड़-कुड़, कुड़-कुड़ कड़ाक' की आवाज़ निकालकर हुक़्क़ा पीता था तो दूसरे गिरोह के तमाम

---

1. हम लोग आफ़रीदी आदमखैल और आदमखैलों की एक शाख 'अलीखैल' से ताल्लुक रखते थे।

2. एक खेल जिसमें एक लड़का एक शे'र पढ़ता है और दूसरा लड़का उसके अन्तिम अक्षर से प्रारम्भ होने वाला दूसरा शे'र पढ़ता है।

3. ऊँची और चौड़ी चारपाई

आदमी उसे ऐलाने-जंग समझकर इससे भी कहीं ज़्यादा ज़ोर से 'कुड़-कुड़, कुड़-कुड़, कुर-कुर कड़ाक, कड़ाक-कड़ाक' की आवाज़ें निकालकर इस क़दर ज़ोर से हुक़्क़ा पीते थे कि चिलमों से आँचें निकल आती थीं और इस ज़िद्दम-ज़िद्दा का नतीजा यह होता था कि पल-भर में दोनों तरफ़ से सर लहूलुहान होकर रह जाते थे।

लखनऊ के कमिशनर या गवर्नर ने मलीहाबाद के बारे में यह जुमला निहायत ख़ूब लिखा था कि मलीहाबाद दर्रा-ए-ख़ैबर का एक ऐसा अंश है जिसका हिन्दुस्तान में अभी तक विलय नहीं हो सका।

मेरे कुल के विघटन के बाद मलीहाबाद की कमर टूटकर रह गई। तीनों ड्योढ़ियों[4] में से अब एक भी ड्योढ़ी बाक़ी नहीं रही—और मलीहाबाद की धाक दम तोड़ चुकी है।

फिर भी मेरे मलीहाबाद के तेवर अभी तक एकदम मिटने नहीं पाए हैं। हरचन्द ज़मींदारी और ताल्लुक़ेदारी का ख़ात्मा फ़िज़ा पर एक ख़तरनाक सन्नाटे की तरह छाया हुआ है। मगर लोगों में पठानों के मुहल्ले का दम-ख़म और सिपहगिरी का तनतना आज तक बाक़ी है।

अब मलीहाबाद की हालत लखनऊ के उन मीर साहब की-सी है जो शबाब में इस क़दर ख़ूबरू और गबरू थे कि बड़ी-बड़ी नकचढ़ी परी जमालों के ग़ुरूरे-जमाल की पिंडलियाँ उनके रू-ब-रू काँपने लगती थीं। शबाब ढलने के बाद जब वह किसी शहर की सराय में जाकर ठहरे और बरामदे में बैठकर हुक़्क़ा पीने लगे और भठियारियों की लड़कियाँ उनके हुक़्क़ा पीने के अन्दाज़ और हर कश पर उनके गालों के गड्ढों पर हँसने लगीं तो उन्होंने झल्लाकर कहा, ''हँस लो! कलूटी छोकरियो, जी भरके हँस लो। अगर जवानी में तुम मुझे देख लेतीं तो 'हाय मेरे अल्लाह, हाय मेरे अल्लाह, कहकर ज़मीन पर बैठ जातीं और छलछलाने लगतीं।''

मेरी हवेली का भीतरी वातावरण

हर तरफ़ रोशनी थी, रंगीनी थी, चहल-पहल थी, लौंडियाँ, बांदियाँ, मामायें, असीलें, मुग़लानियाँ, अन्नायें खिलाइयाँ-उस्तानियाँ, पंखों की डोरियाँ खींचने

---

4. मेरे बाप और मेरे दोनों चचाओं की ड्योढ़ियाँ।

और रातों को कहानियाँ सुनाने वालियाँ चारों तरफ़ चलती-फिरती और हँसती-बोलती नज़र आती थीं।

इस मुस्तक़िल आबादी के अलावा शरीफ़ घरानों की ग़रीब औरतें भी चन्द अच्छे दिन गुज़ारने के लिए आए दिन बतौर मेहमान आतीं, एक-एक, दो-दो महीने रहतीं और जब चली जातीं तो नई मेहमान औरतें आकर उनकी जगह पूरी कर लेती थीं।

बाहरी वातावरण

ख़िदमतगारों, रकाबदारों, फ़र्राशों, सिपाहियों, मौलवियों, मास्टरों, मुसाहिबों, दास्तानगोओं, मुंशियों, ज़िलादारों और कारिंदों का हर तरफ़ एक हंगामा-सा बरपा रहता था।

उनके अलावा बाहर के और लखनऊ के शायरों में से दो-चार हमेशा बतौर मेहमान रहते और आए दिन मुशायरे हुआ करते थे।

और हम बच्चे मज़ा लिया करते थे, अपने घर की हथिनी से, जिसको हम गन्ने खिलाते तो वह झूमती। और जब हम उसको 'नूरी अंडा' कहकर चिढ़ाते थे तो वह ग़ुस्से के मारे ज़ंजीरें तुड़ाने लगती थी।

मेरा परस्पर विरोधी स्वभाव

कुछ समझ में नहीं आता कि मैं बचपन में था क्या? शोला था कि शबनम, हदीद[5] था कि हरीर[6], नोके-ख़ार[7] था कि बरगे-गुल[8], ख़ंजर था कि हिलाल[9], चंगेज़ ख़ाँ का अलमबरदार था कि 'रहमतुल आलमीन' का परस्तार?

एक रुख़ से तो मैं इतना ग़ुस्सैल था कि ज़रा-ज़रा सी बात में आपे से बाहर हो जाता और जो भी सामने आता, उसी को फाड़ खाया करता था।

और एक रुख़ से इस क़दर मेहरबान और बड़े दिल का मालिक था कि दूसरों के वास्ते बड़ी से बड़ी क़ुर्बानी के लिए आमादा रहता था।

मेरे ग़ुस्से का यह आलम था कि साथ खेलने वाले बच्चों से अगर किसी बात पर बिगड़ जाता तो बेंत मार-मारकर उन बेचारों की खाल खींच लिया करता था।

---

5. पत्थर 6. रेशम 7. काँटे की नोक 8. फूल की पत्ती 9. दूज का चाँद

और जब मास्टर बनकर अपना पढ़ा हुआ सबक़ साथ के बच्चों को पढ़ाता और दूसरे दिन उसे उनसे दोहरवाता और वे दोहरा न सकते तो उनको डंडों से पीटता और उनके कन्धों पर सवार होकर उनको खच्चरों की तरह इस क़दर सरपट दौड़ाया करता था कि उनकी जान पर बन आया करती थी।

अपनी छोटी बहन अनीसजहाँ से तो मेरे ऐसे-ऐसे ज़बरदस्त हंगामे हुआ करते थे कि अल्लाह की पनाह! वह भी बचपन में मेरी ही तरह बदमिज़ाज, जल्द भड़कने वाली और चिड़चिड़ी थी कि लड़ाई में वह मेरा गरेबान पकड़कर चाक कर देती और मैं उसके झोंटे नोचकर फेंक दिया करता था।

हर तीसरे-चौथे रोज़ अनीस से मेरी महाभारत हुआ करती थी और अँगनाई में कुएँ के गिर्दो-पेश[10] का हिस्सा हमारा पानीपत का मैदान था। और ऐसा मैदान कि अगर मामायें, असीलें आकर हमें छुड़ा न देतीं तो हम एक दूसरे को मौत के घाट उतार देते।

मेरी माँ अपने बच्चों में सबसे ज़्यादा मुझको चाहती थीं। और दूध और शहद का प्याला रोज़ सुबह मुझे अपने हाथ से पिलाया करती थीं। अगर किसी दिन दूध के प्याले में कोई ज़र्रा नज़र आ जाता था तो मैं कमबख़्त तड़-से प्याले को ज़मीन पर पटक दिया करता था और वह रोने लगती थीं।

मैं अपने बाप से बेहद डरता था, और इस क़दर कि जब उनके सामने जाता था तो मेरी चाल बदल जाया करती थी। लेकिन इसके बावजूद जब एक रोज़ मैं ख़रबूज़े की फाँकें चाक़ू की नोक से उठा-उठाकर खा रहा था और उन्होंने डाँटकर यह कहा था कि यह क्या कर रहा है, गधे, चाक़ू की नोक अगर तालू में चुभ गई तो नाचता फिरेगा सारे घर में, तो मुझे इस क़दर गुस्सा आ गया था कि मैंने बाप की तरफ़ चाक़ू इस तरह निशाना बाँधकर फेंक मारा था कि अगर वह उनके सीने में चुभ जाता तो लहूलुहान हो जाते।

इसी तरह मैंने एक बार और भी अपने बाप के साथ गुस्ताख़ी की थी।

मेरे बाप का सख़्ती के साथ यह हुक्म था कि हम बच्चों में से कोई भी उनकी इजाज़त के बग़ैर फाटक से बाहर क़दम न रखे, और जब हमें बाहर जाने की इजाज़त दे देते तो चार-पाँच सिपाही हमारे साथ कर दिया करते थे। एक रोज़ वह बाग़ तशरीफ़ ले जा चुके थे, इस बात से फ़ायदा उठाकर

---

10. आस-पास

मैं मशीर अहमद ख़ाँ रायपुरी के घर, जो बिलकुल मेरे फाटक के सामने था, चला गया। मशीर ख़ाँ की माँ अपने पोते—यानी मेरे दोस्त मुख़्तार को खाना खिला रही थीं। मुझे भी उन्होंने दस्तरख़्वान पर बिठा लिया और अपने हाथ से लुक़्मे बना-बनाकर भिन्डी खिलाई।

जब मज़े से भिन्डी खाकर घर आया तो देखा कि मेरे बाप बाग़ से आ गए और आरामकुर्सी पर लेटे हुए हैं। मुझे देखते ही उन्होंने त्योरी चढ़ाकर पूछा, ''कहाँ गए थे?'' मैंने कहा, ''मशीर ख़ाँ के घर।'' उन्होंने पूछा, ''और मेरी इजाज़त के बग़ैर?'' मैंने कहा, ''आप यहाँ थे कहाँ?'' उन्होंने कहा, ''मेरे आने का इन्तज़ार करते। और अगर गए भी थे तो सिपाहियों को साथ लिया होता।'' मैंने कहा, ''मियाँ, दो क़दम के लिए सिपाही ले जाकर क्या करता।'' उन्होंने चिढ़कर फ़रमाया, ''मुझसे दलील करता है।'' वह उठे और हरोती[11] की पतली-सी ज़रीब[12] इस ज़ोर से मेरी पीठ पर मारी कि मैं बिलबिला उठा और इन्तहाई दर्द के आलम में मुझ नालायक़ की जुबान से निकल गया, ''अल्लाह करे मर जाएँ मियाँ।''

यह सुनते ही मेरे बाप ग़ुस्से के मारे दीवाने हो गए और छड़ी पर छड़ी मारने लगे। वह तो कहिए मेरी दादीजान आ गईं और उन्होंने मेरे बाप की पुश्त पर लकड़ी मारकर कहा, ''क्या मार डालेगा बच्चे को?'' और मेरे बाप ने फ़ौरन हाथ रोक लिया।

मालूम नहीं क्यों, मगर 'मियाँ बसन्त' से मुझे चिढ़ थी।

एक रोज़ मेरे बाप के कमरे में एक बड़ी ख़ौफ़नाक दाढ़ी के मौलाना बड़ा-सा पग्गड़ बाँधे और मोटे ताल की ऐनक लगाए किसी मसअले पर गुफ़्तगू कर रहे थे कि मैं उधर आ निकला। मुझे देखते ही मशीर ख़ाँ ने उन मौलाना के कान में कुछ कहकर मेरी तरफ़ इशारा किया, मौलाना ने झपटकर मुझे गोद में उठा लिया और मेरे सिर पर बड़ी शफ़क़त[13] से हाथ फेरकर कहा, ''क्यों मियाँ बसन्त, क्या खाओगे?'' यह सुनते ही मैंने उनकी दाढ़ी पकड़ ली और 'अबे मार डालूँगा' का नारा लगाकर इस ज़ोर से उनकी दाढ़ी को झटका दिया कि उनका पग्गड़ ऐनक समेत ज़मीन पर गिर पड़ा। उनके मुँह से दर्दनाक चीख़ निकल गई। मशीर ख़ाँ हँसते-हँसते बेदम हो गए। मेरे बाप

---

11. बाँस 12. छड़ी 13. आत्मीयता

ने ज़ोर लगाकर उनकी दाढ़ी मेरी गिरफ़्त से छुड़ा दी, और मैं 'उफ़, उफ़, उफ़' करता बाहर निकल गया।

एक रोज़ मैं अपने फाटक पर बड़ी-सी हवाई बन्दूक भरे खड़ा हुआ था कि एक नाई का लड़का मेरे सामने से गुज़रा; लेकिन मुझे सलाम नहीं किया। उसकी इस गुस्ताख़ी पर मुझे ताव आ गया। मैंने उस पर दन्-से फ़ायर कर दिया। बड़ा-सा छर्रा उस बेचारे की पीठ में चुभ गया और वह गिरकर तड़पने लगा। और मुझ निर्दयी ने उसके तड़पने पर रहम खाने के बदले उसकी पसली पर ठोकर मारकर कहा, ''अबे दो कौड़ी के नाई, उठ और सलाम कर।'' जब वह ग़रीब कराहता हुआ उठा और झुककर मुझे सलाम किया तो मेरा ग़ुस्सा ठंडा हो गया।

एक रोज़ याद नहीं किसी ख़ता पर मैं अपने घर के ग़ुलाम हुसैनबख़्श को ज़नाने मकान के सेहन में खड़ा मार रहा था छड़ियों से तड़ातड़-तड़ातड़, कि ड्योढ़ी से दादा मियाँ तशरीफ़ ले आए। दम निकल गया उन्हें देखकर, कि अब वह मुझे मारेंगे या डाँटेंगे। लेकिन यह देखकर ख़ुशी-भरी हैरत हुई कि दादा मियाँ मुस्कराते हुए आए। मेरा हाथ पकड़कर मुझे मेरे बाप के कमरे में ले गए और मेरे बाप से कहा, ''बशीर, मैं तुमको मुबारकबाद देता हूँ कि तुम्हारा यह मँझला बेटा बड़ा सूरमा निकलेगा और बादशाहों तक से टक्कर लेगा।'' जब मेरे बाप ने पूछा, ''बाबा, यह अन्दाज़ा कैसे हुआ ?'' तो उन्होंने फ़रमाया, ''यह ग़ुलाम को मार रहा था और ऐसे तेवरों से मार रहा था कि सूरमाओं के सिवा ऐसे तेवर किसी को मयस्सर नहीं हो सकते।''

''बशीर, हम पठान हैं। सूरमाओं और बुज़दिलों के तेवरों को हमसे ज़्यादा और कौन समझ सकता है और इसलिए कि—सौ पुश्त से है पेशा-ए-आबा सिपहगिरी।''

और फिर मुझसे इरशाद फ़रमाया कि बरूने-काबा[14] मैं गाँव और वो बाग़ सीधा तेरे नाम लिख दूँगा। ले, ये दो गिन्नियाँ, इसकी मिठाई खाना और इसमें से पाँच रुपये उस ग़ुलाम को दे देना जिसको तू अभी मार रहा था।

आपने मेरा ग़ुस्सा देख लिया अब मेरी मेहरबानी और वफ़ा का रुख भी देख लीजिए।

---

14. ख़ुदा की कसम

मेरे बचपन तक मेरे घर में चाय का रिवाज नहीं था। नाश्ते में हम निहायत खस्ता रोग़नी रोटियाँ, बालाई और अंडे खाते और शहद मिला ख़ालिस दूध पिया करते थे। जाड़ों के ज़माने में नाश्ते के बाद जब हमारी जेबों में छिले चिलग़ोज़े, अख़रोट की गिरी, किशमिश, बादामों का मग़्ज़ और साफ़ किए हुए पिस्ते भर दिए जाते थे तो मैं बाहर आकर आवाज़ दिया करता था—'बर्फ़ के छुड़वइयो, चलो।'

पहले इस नारे को समझ लीजिए।

मेरे दादा के बर्फ़ख़ाने की छत पर मिट्टी के कोरे बर्तन मसाला लगाकर रख दिए जाते थे, जिनमें पिछले पहर तक बर्फ़ जम जाती थी और मुँह अँधेरे बर्फ़ख़ाने के आदमी पुकारते थे मज़दूरों को—'ऐ बर्फ़ के छुड़वइयो, चलो। ऐ बर्फ़ के छुड़ानेवालों आओ।' और वे मज़दूर आकर बर्तनों से बर्फ़ खुरच-खुरचकर छुड़ाते और खत्तों में कूट-कूटकर भर दिया करते थे। और इन खत्तों में जस्त की सुराहियाँ दबा दी जाती थीं। यह समझ लेने के बाद अब यह सुनिए कि ज्यों ही मैं 'बर्फ़ के छुड़वइयो, चलो!' का नारा लगाता था, तो लौंडियों और मामाओं के तमाम बच्चे, दौड़-दौड़कर मेरे पास आ जाया करते थे। और मैं 'ऐ मेरे टाघनो, चने चबाओ!' यह कह-कहकर अपना सारा मेवा उन्हें खिला दिया करता था।

जब कभी समदा तालाब[15] के जोगी मुँह अँधेरे यह गीत गाते हुए मेरे दरवाज़े पर आते थे—

क़फ़स काटा, चमन बोया, तेरी रहमत का हूँ जोया

मुहम्मद या रसूल अल्लाह

जवानी में बहुत सोया, बुढ़ापा देखकर रोया

मुहम्मद या रसूल अल्लाह

धुआँ पाया दिया खोया...

मुहम्मद या रसूल अल्लाह

तो मैं हिरन की तरह छलाँगें मारता, घर जाता और हाँफ़ती हुई आवाज़ में कहता, ''अम्माँ हमारे दरवाज़े पर जोगी खड़े हुए हैं। उन्हें भीख दे दो।'' मेरी

---

15. मलीहाबाद का एक तालाब

माँ को मेरी इस अदा पर बहुत प्यार आता था और वह बटुवे से निकालकर दो रुपये मेरे हवाले कर दिया करती थीं।

एक थे हमारे सिपाहियों में साठ-पैंसठ बरस के बूढ़े हैदर। एक रोज़ मैंने देखा कि उनके चूल्हे पर दूध की पतीली कड़कड़ा रही है और वह कोई काली-काली गोली, प्याले में घोल रहे हैं। मैंने पूछा, ''हैदरख़ाँ, यह क्या चीज़ है ?'' उन्होंने कहा, ''अफ़ीम घोल रहा हूँ।'' मैंने पूछा, ''अफ़ीम क्या चीज़ होती है ?'' उन्होंने कहा, ''यह दवा है। मगर मँझले भैया, यह चीज़ अमीरों की है। यह रोज़ पाव-भर बालाई माँगती है। मैं ग़रीब आदमी हूँ, बालाई कहाँ से लाऊँ!'' हैदर ख़ाँ की इस बेकसी पर मुझे बड़ा तरस आया। उनसे कुछ नहीं कहा। सीधा घर के अन्दर गया और गुलज़ार बुआ की नज़र बचाकर प्याला-भर बालाई चुराकर बाहर ले आया। बालाई का भरा प्याला देखकर हैदर ख़ाँ के सुर्ख़ों-सफ़ेद लेकिन उदास चेहरे की झुर्रियों के अन्दर उल्लास और कृतज्ञता की जो लहरें दौड़ने लगीं, वे मेरी स्मृति के क्षितिज से आज तक रंग बरसा रही हैं। उस रोज़ से मेरा यह मामूल हो गया कि मैं हर सुबह को बालाई का एक प्याला चुराकर लाता और हैदर ख़ाँ के हवाले कर दिया करता था। एक रोज़ हैदर ख़ाँ को बालाई देकर घर पहुँचा तो देखा कि गुलज़ार बुआ मेरी माँ से कह रही हैं कि बीवी मैं देख रही हूँ कि रोज़ बालाई कम हो जाया करती है। मेरा दिल गवाही देता है कि यह ज़हूरन के सिवा और किसी की हथफेरी नहीं हो सकती। वह मुर्दार बड़ी चटोरी है। बीवी, कल मैंने अपनी आँखों से ख़ुद देखा कि वह अपना खीर का थलवा चट करके नसीबन का थलवा भी हुबक-हुबककर ज़हर मार कर रही है।

मेरी माँ ने ज़हूरन को बुलाया। वह दौड़ी आई और माँ के बिगड़े तेवर देखकर सहम गई।

अब मुझसे ज़ब्त नहीं हुआ। मैंने कहा, ''अम्माँ ज़हूरन नहीं, मैं बालाई उड़ाकर ले जाता हूँ।'' यह कहकर मैंने सारा माजरा बयान कर दिया। गुलज़ार बुआ ने सुना तो बिगड़कर कहा, ''भाड़ में जाएँ हैदर ख़ाँ। बच्चे को फुसलाकर रोज़ मलाई चाटते हैं। ख़ाक खाएँ, अंगारे खाएँ हैदर ख़ाँ। अली की तेग़ टूटे उन पर।''

मेरी अम्माँ ने फ़रमाया, ''ऐ है गुलज़ार, इत्ती-सी बालाई के चलते इस क़दर कटे-कटे कोसने दे रही हो, एक प्याला बालाई की हक़ीक़त क्या है ?

तुम यह नहीं सोचतीं कि इत्ती-सी मलाई देकर नन्हे का दिल हाथ-भर का हो जाता है।''

माँ की यह बात सुनकर मैं खिल उठा और अब खुले बंदों बालाई ले जाने लगा।

जब मेरा छोटा भाई पैदा हुआ था तो उसे देखते ही मेरे दिल में उसकी मुहब्बत पैदा हो गई थी और मैंने उसका नाम 'लल्लू' रख दिया था।

एक दिन मैं 'बड़े बाग़' में टहल रहा था कि देखा सिंचाई की नाली के कीचड़ में एक जूता धँसा पड़ा है। उसे अपने माली 'बराजी' से धुलवाकर मैंने अपने मख़मली कोट की जेब में रख लिया। बराजी ने कहा—''अरे भैया का करत हो, जेब खराब हुइ जइहै।'' मैंने कहा—''मैं यह जूता अपने लल्लू को पहनाऊँगा।''—वह हँसने लगा।

और जब माँ के जच्चाख़ाने में पहुँचकर मैंने वह जूता जेब से निकाला और चाहा कि उसे लल्लू के पाँव में पहना दूँ तो मेरी फुफेरी बहन 'अम्मी' ने चीख़कर कहा—''अरी मुमानी, गजब ख़ुदा का! यह मखमल का कोट और उसकी जेब में यह चमरौधा जूता और फिर मँझला उसे अपने भाई के पाँव में पहनाना चाहता है।'' यह सुनकर मेरी माँ हँसने लगीं। सारी औरतों ने मुझे घेर लिया, सबने मुझ पर क़हक़हे मारे, लेकिन किसी ने मेरे इस दर्द-दिल की दाद नहीं दी जो मैं इस जूते को लल्लू के पाँव में पहना न सका।

मैं आनेवालों से जल्द हिलमिल जाता था और उनसे इतना लगाव हो जाता था कि कोई मेहमान घर से जाने लगता तो मेरी आँखें आँसू बरसाने लगती थीं।

मुझे आज की तारीख़ तक वह इन्तहाई रंज याद है कि मेरे नाना जान जब मेरी बड़ी बहन की शादी में शरीक होने के बाद आगरा जा रहे थे तो मैं उनके रिज़र्व कम्पार्टमेंट में घुसकर बैठ गया था। और जिस वक़्त एक जंबूरी हाथ ने मुझे वहाँ से दीवार में ठुँकी हुई कील की मानिंद झटका देकर बाहर खींचा था तो मुझ पर बेहोशी तारी हो गई थी।

एक दिन हमारी ड्योढ़ी के बटेर पालने पर नियुक्त सिपाही, बंदेअली ख़ाँ, अपने बेड़े के दूसरे सिपाही से यह कह रहे थे—''भाई सालह ख़ाँ, मेरी लड़की के ब्याह के लिए ख़ाँ साहब (यानी मेरे बाप) ने छह सौ रुपये मुझे दिए थे। वे जुए में मैं हार गया और अब मेरे वास्ते सिर्फ़ यही एक बात रह गई है कि इस शर्मिंदगी में कुछ खाकर सो जाऊँ।''

बंदेअली ख़ाँ की यह बात सुनकर मेरा दिल धड़कने लगा। उनसे मैंने एक हर्फ़ भी नहीं कहा, मुँह लटकाए ज़नाने में चला गया और बिस्तर पर लेटकर सोचने लगा कि उनकी जान क्योंकर बचाऊँ। देर तक सोचता रहा। कुछ भी समझ में नहीं आया, कि इतने में एक छिपकली मेरी माँ के तकिये पर पट-से आ गिरी। मैंने उस छिपकली को मारने के लिए तकिये पर जूता खींच कर मारा। तकिया नीचे गिर गया, छिपकली भाग गई और यह देखकर मेरी नब्ज़ तेज़ हो गई कि माँ के सिरहाने जड़ाऊ चम्पाकली जगमग-जगमग हो रही है। मैंने छिपकली की दिखाई हुई चम्पाकली चट-से उठाकर नेफ़े में डाल ली। इरादा कर ही रहा था कि उसे जाकर बंदेअली ख़ाँ को दे आऊँ, यकायक मेरी माँ आ गईं। अपना तकिया ज़मीन पर और चम्पाकली ग़ायब देखकर उन्होंने मुझसे पूछा, ''नन्हे, तू यहाँ कब से है!'' मैंने कहा, ''बड़ी देर से।'' उन्होंने पूछा—''इधर कोई लौंडी तो नहीं आई थी, मेरी चम्पाकली ग़ायब हो गई है।'' मैंने कहा, ''कोई नहीं।'' वह सर झुकाकर बैठ गईं। माँ का यों सर झुकाकर बैठ जाना मुझसे बरदाश्त न हो सका। मैंने अपने नेफ़े से निकालकर चम्पाकली उनके हवाले कर दी। उन्होंने कहा, ''तुमने अच्छा किया कि चम्पाकली अपने पास रख ली। नहीं तो कोई लौंडी बाँदी उड़ाकर ले जाती।''

मैंने बंदेअली ख़ाँ की दास्तां सुनाकर यह कहा कि मैंने चम्पाकली इसलिए उठाई थी कि बंदेअली ख़ाँ को दे दूँगा। मेरी माँ ने कहा, ''उन्हें तो फ़क़त छह सौ रुपये की ज़रूरत है और चम्पाकली तो तीन-सवा तीन हज़ार की है,''—यह कहकर मेरी माँ कुछ सोचने लगीं और फिर बड़े जोश के साथ सर उठाकर कहा, ''कोई बात नहीं, यह चम्पाकली उन्हीं की तक़दीर की थी। जा, दे आ।'' और जब मैं ख़ुशी में भरा हुआ दौड़ता हुआ बाहर जाने लगा तो मेरी माँ ने मुझे आधे रास्ते से बुलाकर चुपके से कहा, ''नन्हे, तुमने मेरी चम्पाकली मुझसे माँगे बग़ैर अपने पास रख ली, इसका नाम चोरी है। शरीफ़ बच्चे कभी चोरी नहीं करते। मेरे सर पर हाथ रखकर क़सम खा कि अब कभी ऐसी घटिया बात नहीं करेगा।'' मैंने माँ के सर पर हाथ रखकर क़सम खा ली और यह सोचकर कि मैं चोर हूँ, मेरा दिल धक-धक करने लगा।

जब बाहर जाकर और सबकी नज़र बचाकर वह चम्पाकली मैंने बंदेअली ख़ाँ को दी तो उनके दिल की कली खिल गई। उनके मुरझाए चेहरे

पर सुर्ख़ी दौड़ गई और दोनों हाथ उठाकर उन्होंने मुझे दुआएँ देनी शुरू कर दीं, कि इलाही मँझले भैया की उम्र दराज़ हो, दर-दरबार में कामयाब हों और इनके दरवाज़े पर हाथी झूमें।

मेरी अन्ना लखनऊ की सय्यदानी थीं और मुझे उनसे इस क़दर मुहब्बत थी कि मेरी दूध-बढ़ाई के बाद जब वह लखनऊ चली गईं तो मेरी आँखों में दुनिया वीरान होकर रह गई। मैं मकान के कोने-कोने में 'अन्नाजान, अन्नाजान' कहता फिरने लगा और आख़िरकार इतना हरक गया कि मुझे बुख़ार आने लगा। मेरे बाप ने लखनऊ आदमी भेजकर कई बार अन्ना को ढुँढ़वाया; लेकिन उनका कहीं पता चला ही नहीं।

मेरी पचासी बरस की खिलाई अब्बासी ख़ानम, जो मुझसे बेपनाह मुहब्बत करती थीं, रुई की एक बड़ी-सी गुड़िया बनाकर मेरे पहलू में लिटा देतीं कि ले बेटा, तेरी अन्ना आ गई और मैं उस गुड़िया से चिपटकर सो जाया करता था।

एक रोज़ जबकि बड़े धूम-धड़क्के से ताबड़तोड़ पानी बरस रहा था, ओलतियाँ[16] टपक रही थीं, परनाले धड़ा-धड़ चल रहे थे, अँगनाई के भरे हुए पानी में जा-बजा भँवर पड़ रहे थे कि मुहम्मद शेर ख़ाँ सिपाही ने लहक-लहक-कर मल्हार गाना शुरू कर दिया :

मदनमोहन बिन कल ना पड़े रे—अरी ओ सखी, अरी ओ सखी...

हाय भीगे दरो-दीवार, मस्ताना बौछार, झड़ी का सितार, पीहू की पुकार, बिरह की झंकार और मुहम्मद शेर ख़ाँ का मल्हार—ख़ुदा ही जाने क्या चोट लग गई मेरे मासूम दिल पर कि मैं रोने लगा ज़ारो-क़तार।

अभी मैं बरखा की झड़ी और मल्हार के झूले में झूल ही रहा था कि सारा मज़ा किरकिरा कर दिया जहूरअली ख़ाँ ने यह कहकर कि मुहम्मद शेर ख़ाँ तुम्हें ख़ाँ साहब बहादुर (मेरे बाप) बुला रहे हैं। मैं हाय करके रह गया, ख़न् से चकनाचूर हो गया मेरा साग़रे-सरशार (भरा प्याला), और चट् से टूट गया मेरा झमाझम का तार।

और जब मैंने यह सुना कि मेरे बाप शेर मुहम्मद को ज़ोर-ज़ोर से डाँट रहे हैं कि मैंने कहा कि था कि कहार बुला लाओ और तुम अभी तक नहीं गए तो मैं छतरी लगाकर अपने बाप के कमरे में जाकर बेअख़्तियार रोने लगा।

---

16. खपरैल या छप्पर का वो हिस्सा जहाँ से बारिश का पानी नीचे गिरता है

मेरे बाप ने बड़ी हैरत से पूछा—''बेटा, किस बात पर रो रहे हो ?'' मैंने रुक-रुककर कहा, ''मियाँ, यह मुहम्मद शेर ख़ाँ...'' यह कहते ही मेरी आवाज़ रुंध गई। मेरे बाप ने चारपाई से उठकर मुझे घुटने पर बिठा लिया और बहुत चुमकारकर पूछा—''बेटा, जल्दी बताओ क्या बात है।''

मैंने रुआँसी आवाज़ में कहा—''मियाँ, पेटे का पानी बरस रहा है। यह मुझे अभी मल्हार सुना रहे थे और अब इन पर डाँट-फटकार हो रही है।''

यह सुनते ही मियाँ ने मुझे छाती से लगा लिया और कहा—''बेटा, तू आगे चलकर शायर हो जाएगा और हमारे ख़ानदान का नाम तुझसे रौशन होगा...मुहम्मद शेर, जाओ इसे मल्हार सुनाओ और ज़हूरअली को भेज दो कहार बुलाने के लिए।''

मैं अपनी पचासी बरस की खिलाई अब्बासी ख़ानम का ज़िक्र कर चुका हूँ, जिन्हें मैं 'बड़ी बी' कहा करता था। हम दोनों एक-दूसरे पर जान न्योछावर करते थे। मुझे बरफ़ी बेहद पसंद थी। और 'कुंजा' या 'बिल्लाह' हलवाई की दुकान से, हर सुबह को, बरफ़ी का एक दोना आ जाया करता था। यह क्योंकर हो सकता था कि मैं बरफ़ी खाऊँ और बड़ी बी को न खिलाऊँ—और यही नहीं मेरी यह तमन्ना होती थी कि आधा दोना मैं खाऊँ और आधा दोना अपनी बड़ी बी को खिलाऊँ। लेकिन मेरी उल्टी खोपड़ी में यह बात नहीं आती थी कि बड़ी बी की-सी फूँसी बूढ़ी औरत आधा दोना क्यों-कर खा सकती है। जब बरफ़ी की दो-चार डलियाँ खा चुकने के बाद और यह कहकर खाने से इनकार कर देती थीं कि नन्हे अब मिठाई खाई नहीं जा रही है तो मुझे उन पर इतना ग़ुस्सा आ जाता था कि मैं उन बेचारी के रुई के-से बाल पकड़कर उनका सर ज़मीन से मिला दिया करता था। और वह चीख़ें मार-मारकर कहती थीं कि अरे अल्लाह का बंदा कोई मुझे आकर बचा ले। अरे नन्हा मुझको मारे डाल रहा है। और मामायें-असीलें दौड़कर मेरे पंजे से उन्हें छुड़ा लेती थीं।

मेरी बिस्मिल्लाह

अरे, मैं अपनी बिस्मिल्लाह का हाल लिखना तो भूल ही गया। इसे पहले ही आना चाहिए था। ख़ैर, अब सुन लीजिए। ज़रा-सी तो बात है। उस मौक़े पर क्या-क्या रस्में हुई थीं, विस्तार से याद नहीं है। बस इसी क़दर ख़याल है कि कम-उम्री में मेरी बिस्मिल्लाह हुई थी। चाँदी की थाली में सोने की दवात, सोने के ख़ोल की क़लम और *क़ुरान* मेरे सामने रखी गयी थी और मेरे सबसे पहले अध्यापक मौलवी नियाज़ अली ख़ाँ ने मुझसे कहा—''मियाँ साहबज़ादे, कहिए—बिस्मिल्लाह। इसके बाद हाज़िरीन के गलों में हार डाले गए थे और मिठाई तक़्सीम की गई थी। दादा मियाँ भी मौजूद थे, जिन्होंने बुलंद आवाज़ में यह मिसरा पढ़ा था—

क़लम गोयद कि मन शाहे-जहानम।

(क़लम कहती है कि मैं संसार का सम्राट हूँ।)

उसी रात को ज़नाने में डोमनियों का गाना और मर्दाने में तवाइफ़ों का मुजरा हुआ था—और मुझे दूल्हा बनाकर बीच में बिठा दिया गया था।

मेरे उस्ताद

मेरे फ़ारसी के उस्ताद थे मौलवी नियाज़ अली ख़ाँ, उर्दू के मौलाना ताहिर अली, अरबी के मौलवी क़ुदरतुल्लाह बेग और अंग्रेज़ी के मास्टर थे गोमती प्रसाद।

मौलवी नियाज़अली ख़ाँ एक रूखे ख़ुश्क मिज़ाज आदमी थे। मौलाना ताहिर अली बड़े ही ख़ुशदिल थे और शायर भी। उनका यह एक शे'र अब तक याद है—

शोहरा जो सुना हुस्न का, ताहिर की ज़बानी,
नादीदा मैं आशिक़ हुआ, तुझ पर मिरी जानी।

मौलवी क़ुदरतुल्लाह बेग़ फ़ारसी और अरबी के प्रकांड पंडित थे। मेरे पास उनकी एक मसनवी मौजूद है, जिसमें लगभग पाँच हज़ार शे'र हैं। और अचरज की बात यह है कि इस मसनवी के तमाम शे'र ऐसे हैं कि उनमें एक लफ़्ज़ भी नुक़्तादार मौजूद नहीं है, जिससे अंदाज़ा किया जा सकता है उनके अथाह शब्द भंडार का।

अब रहे मास्टर गोमती प्रसाद, सो वह बड़े ही मिस्कीन और ख़ामोश आदमी थे। लेकिन इस ढंग से पढ़ाते थे कि अक्षर-अक्षर मन पर अंकित हो जाता था। उसके बहुत दिन के बाद मेरे बाप ने हजरत मानी जायसी को मेरा ट्यूटर मुक़र्रर फ़रमाया था।

सूर्योदय का प्रथम दर्शन

हमारे घर के अंदर चुटकुलों, नक़्लों और कहानियों के कारण दिन रहता था रात के ग्यारह बजे तक, और रात रहती थी दिन के बारह-एक बजे तक। इसलिए इस माहौल में पला हुआ बच्चा वाक़िफ़ ही कैसे हो सकता था सुबह की रंगीनियों से?

मेरे बाप रबी और ख़रीफ़ के ज़माने में अपने इलाक़े के दौरे पर तशरीफ़ ले जाया करते थे और उन अवसरों पर वह सो रहते थे आठ-नौ बजे रात को, और जाग उठते थे सुबह तीन-चार बजे।

एक बार जब वह दौरे पर जाने वाले थे तो मैंने दरख़्वास्त की थी कि मियाँ, हमें भी अपने साथ लेते चलिएगा। तो उन्होंने मेरी दरख़्वास्त मंज़ूर करके बुआ लहाज़न को नियुक्त किया था कि मुझे बहुत तड़के जगा दें।

जब लहाज़न बुआ ने बहुत तड़के मुझे झंझोड़कर जगाया कि भैया उठ बैठो, मियाँ के साथ गाँव जाना है, तो मैं उठ बैठा और आँखें मलकर निगाह उठाई तो बड़ी हैरत के साथ जब यह देखा कि गंगा-जमनी परियाँ, नक़ाबों के सेहरों को चुटकियों में तोले, रसमसाते आसमान से, कसमसाती ज़मीन की तरफ़ उड़ती चली आ रही हैं, तो मेरे दिल ने पूछा, अरे यह हो क्या रहा है?—दिन है न रात, अँधेरा है न उजाला—अँधेरे में उजाला—उजाले में अँधेरा।

मैं छलाँगें भरता नीम के नीचे गया। शाख़ पर चहचहाती चिड़ियाँ, भर्रा मारकर उड़ गईं। हाथ फैलाकर नीम को छाती से लगा लिया। डाली को झुकाकर उसकी पत्तियों को चूम लिया—दीवानावार मर्दाने में पहुँचा। देखा कि

म्याना सेहन में रखा हुआ है। कहार चिलमें पी-पीकर खाँस रहे हैं। उनकी खाँसी भी अच्छी लगी। सिपाही 'लाइलाहा इललल्लाह' कहकर मुँह धो रहे हैं। उनके छपकों की आवाज़ ने दिल मोह लिया। फाटक के करीब घोड़े दुमें हिला रहे हैं, कुएँ के पास खड़ी हुई हथिनी झूम रही है, अलाव के गिर्द पासी बैठे ताप रहे हैं, अलाव की उछलती आँच में जुहरा की कमर लचक रही है और यह सारा समाँ इन्द्र के अखाड़े में तब्दील हो गया। मैं वहशी चकारे[1] के मानिंद दौड़कर सामने के कमरे में दाख़िल हो गया। कमरे की समोई सर्दी-गर्मी से दिल ख़ुश हो गया। मैं ज़रा-सा मुड़कर और एक क़द्दे-आदम आईने के सामने जाकर अपना मुँह देखने लगा। गालों पर सुख़्ऱी के हलकोरे, आँखों में गुलाबी डोरे, छरेरा बदन, पतली कमर, घनेरे बाल, पतले-पतले होंठ, लम्बी-लम्बी पलकें—देह पर रेशमी कुर्ता, कुर्ते पर रूई भरी मख़मली सदरी, सर पर आड़ी जनैली टोपी, टोपी के गिर्द आगरे का सुनहरा फीता और दाहिने कान में हिलता हुआ सोने का झलाझुल, उफ़ मैं किस क़दर हसीन हूँ। ज़िन्दगी में पहली बार इसका पता चला। अल्लाह भला करे पौ फटे की रंगीनी का, जिसने मेरे छिपे रूप को मुझ पर ज़ाहिर कर दिया।

गाँव का पहला दृश्य

किरन फूटते ही हमारा क़ाफ़िला चल पड़ा। मेरे बाप आठ कहारों वाले म्याने में, ज़िलेदार और सम्बन्धी घोड़ों पर, मेरे बड़े भाई, मशीर अहमद ख़ाँ रामपुरी और मैं हथिनी पर, बाक़ी तमाम ख़िदमतगार, सिपाही और गोड़ैत[2] पैदल।

पाँच-छह मील का सफ़र तय करके हमारा क़ाफ़िला सैयदपुर में दाख़िल हुआ, तो, चूँकि इससे पहले मैंने कभी गाँव देखा ही न था, मेरी आँखें खुली की खुली रह गईं। अल्लाह-अल्लाह, जहाँ तक नज़र जाती थी, झूमते, लहलहाते और गुनगुनाते खेत और खेतों में धरती माता की उगी हुई तमन्नाएँ। बीच-बीच में बल खाती पगडंडियाँ, चलती बेड़ियों और 'पराहियों' की बदौलत गहरी-गहरी नालियों में शहर के चूल्हों को आग बख़्शने वाले बहते पानी की कुड़-बुड़-कुड़-बुड़, सुनहरी और मुलायम किरणों से झील

---

1. हिरन 2. चौकीदार

की लहरों की झलमल-झलमल, किनारे पर ख़ूबसूरत मुरग़ाबियों की क़तारें पर तोलती हुई और लहरों में उनकी रह-रह कर डुबकियाँ। और मुलायम कंधों पर खेतों की तरावट, और बालियों की ख़ुशबू उठाए हुए ठंडे झोंकों की पाकीज़गी और लताफ़त[3]—और खेतों से दूर कच्चे-कच्चे, लिपे-पुते मकानों, छप्पर, ऊँचे-ऊँचे खलिहान—निकाई[4] करने वाली जवान-जवान औरतें और लदर गदर छोकरियाँ, उधर तूफ़ान-इधर उठान। इनके लाल-पीले लहँगे, ऊदी-ऊदी चुनरियाँ, मेहनत के पाले हुए छलकते शादाब[5] चेहरे और गठे-गठे चटकते बदन, ऐसे बदन कि पूरी तरह कसमसाकर अँगड़ाई आए तो जिल्द मसककर रह जाए और देखने वाले के दिल में यह आरज़ू धूमें मचाए कि इन्हें छूकर भी देख लिया जाए कि ये बनी हैं किन तत्त्वों से। यह समां देखकर मेरे सीने की तमाम खिड़कियाँ खुल गईं—रग-रग में उल्लास के फ़व्वारे छूटने लगे, निचले पपोटों के नीचे ख़ुनकी दौड़ गई, आँखें जैसे एकदम से बड़ी हो गईं, निगाहें झुकीं तो अपने चेहरे की सुर्ख़ी नज़र आ गई, पोर-पोर में ताज़गी अंगुलियाँ चटख़ाने लगी, साँस लेने का ग़ैर-महसूस अमल एक महसूस अय्याशी बन गया और मेरे जिस्म के अन्दर पौ फटने लगी। सवेरा हो गया।

इसी आलम में हमारा क़ाफ़िला, खेतों के पेचो-ख़म से गुज़रता, सैकड़ों धरती चूमने वाले सलामों का सिर्फ़ सर हिलाकर जवाब देता—हथिनी की बार-बार बढ़ती हुई सूँड में टूटते गन्नों की चटाख़-चटाख़ सुनता, कोरे जिस्मों की कच्ची-कच्ची लपटों में झूमता और पीतल की झलकती-छलकती गागरों के नीचे सुराहीदार गर्दनों और पतली-पतली कमरों की लचक देखता हुआ आख़िर थाने[6] पहुँच गया।

हमारे थाने पहुँचते ही रिआया जौक-दर-जौक आने और हम दोनों भाइयों के पाँव छू-छूकर नज़राने देने लगी और हम नज़राने के रुपयों को सामने खुर्रे तख़्त पर बड़ी बेपरवाही के साथ खना-खन और छना-छन फेंकते जाते। थोड़ी देर में प्याज़ के क़तलों के-से चमकते सिक्कों का तख़्त पर अम्बार लग गया, पहाड़ी-सी बन गई।

रिआया जब रुपये बरसा चुकी तो सैयदापुर के ठिंगने महाजन—भल्लू

---

3. आनन्द 4. खेतों से घास निकालना 5. हरा-भरा 6. ज़मींदारों के ठहरने की जगह

शाह, हाथों में सोने की अँगूठियाँ पहने और चाँदी की शाम[7] और लोहे के गोले की हरौती[8] बाँधे झुके-झुके आए—अपने नौकर के सर से रुपयों का भरा हुआ चोटीदार थाल उतारा—उसे हम दोनों भाइयों के सर पर सदक़े के तौर पर तीन मर्तबा घुमाया और फिर एक बड़े खनाके के साथ थाल का तमाम रुपया फ़र्श पर गिरा दिया। ख़ालिस चाँदी के खनकते रुपये फ़र्श पर इधर-उधर नाचने-दौड़ने लगे और हमारे नौकरों ने रीत के अनुसार वे तमाम रुपये लूट लिये।

अब दोपहर के खाने का वक़्त आ गया। जब्र अली फ़क़ीर दस्तरख़्वान पर अपने हाथ का पकाया खाना चुनने लगा और दम-भर में हमारे मुराद, अहीर और ब्राह्मण काश्तकार अपने-अपने सरों पर पकवान उठाए हुए आए और देखते ही देखते हमारे सामने पूरियों, कचौरियों, भाँति-भाँति की तरकारियों, तली मछली के टुकड़ों, गुलगुलों, फुलकियों, दूध-दही की हांडियों, मिठाइयों और रसावल[9] की बड़ी-बड़ी लुटियों का एक अम्बार लग गया।

खाने के बाद मेरे बाप हस्बे-मामूल अन्दर के कमरे में जाकर सो गए। मैं भी थकान के कारण चाह रहा था कि थोड़ी देर के लिए लेट जाऊँ कि बाहर से आलमगीर फूफा की गरजती आवाज़ सुनाई दी। बाहर गया, तो देखा कि एक सर से पाँव तक झुर्रियों में लिपटा हुआ काश्तकार अपने बेटे के कन्धे पर हाथ रखे फूफा से अपनी ज़बान में यह कह रहा है कि ख़ान साहब बहादुर, आप ख़ुद मेरी सामने खड़ी हुई बीवी को देख लें। उसे सूखे का रोग लग गया था। उसकी दवा-दारू ने मुझे ख़ाक कर दिया है। आधा लगान अभी ले लीजिए, आधा दूसरी फ़सल पर अदा कर दूँगा।

उसका यह बहाना सुनकर फूफा ने एक मोटी-सी गाली देकर कहा—‘‘अबे, एक आना भी कम नहीं लूँगा, पूरा लगान अदा कर पूरा।’’ उस बूढ़े फूस ने थरथराती आवाज़ में कहा—‘‘भगवान की क़सम, आधे लगान से ज़्यादा मेरे पास एक झुंजी कौड़ी भी नहीं है।’’ यह सुनते ही फूफा उठे और एक थप्पड़ उसके मुँह पर इतने झन्नाटे से मारा कि वह धड़ाम-से ज़मीन पर गिर पड़ा। उसकी मुरझाई हुई बीवी की आँखों से फुल-फुल आँसू बहने लगे, उसके बेटे ने शर्म से आँखें झुका लीं। गिरे हुए बूढ़े ने अपनी रोती हुई

---

7. छल्ला 8. लाठी 9. गन्ने के रस और चावल से बना मीठा भात

बीवी और झेंपे हुए बेबस लड़के को ऐसी नज़र से देखा कि मेरी साँस मेरे गले में उलझ गई और फिर एक दर्दनाक चीख़ मारकर, मैं थाने में दाख़िल होकर अपने सोए हुए बाप के सिरहाने जाकर खड़ा हो गया और हिचकियाँ ले-लेकर रोने लगा। मेरी हिचकियों से उनकी आँख खुल गई और इन्तहाई घबराहट के साथ उन्होंने मुझसे पूछा—''अरे क्या हुआ, अरे क्या हुआ ?''

मैंने उस बूढ़े किसान की हालत और फूफा की निष्ठुरता का सारा माजरा बयान कर दिया। मेरे बाप की आँखें नमनाक हो गईं। सालह मुहम्मद ख़ाँ को हुक्म दिया कि उस बूढ़े किसान को मेरे पास बुला लाओ। वह बूढ़ा मेरे बाप के क़दमों पर गिरकर कहने लगा—''दुहाई ख़ान बहादुर साहब की।'' इतने में उसकी बीवी भी अपने बेटे के साथ आ गई और वे दोनों भी फूट-फूटकर रोने लगे। मेरे बाप ने उन्हें तसल्ली देकर गौड़ते को हुक्म दिया कि मातादीन पटवारी को बुला लाओ। पटवारी आ गया तो उन्होंने फ़रमाया—''मातादीन, स्याहे में इस किसान के लगान की पूरी बेबाक़ी दर्ज कर लो और इसी वक़्त रसीद इसके हवाले कर दो।''

बूढ़े किसान, उसकी बीमार बीवी और उसके बेटे की आँखें शुक्रिये के आँसुओं की झड़ी बरसाने लगीं। मुझे ऐसा महसूस हुआ, जैसे किसी ने मेरे दिल के घाव पर मरहम रख दिया हो। और जब वे तीनों आदमी 'जय ख़ान साहब बहादुर की, ऐ भगवान, ख़ान साहब बहादुर का राज गंग-धार तक रहे', कहते चले गए, तो मेरे तमाम रोंगटे खड़े हो गए। मुझे अपने बाप की सूरत और भी अच्छी लगने लगी और आलमगीर फूफा से ऐसी नफ़रत हुई कि जब मेरा ज़माना आया तो मैंने बड़े लतीफ़ हीले के साथ उससे ज़िलेदारी निकालकर अपनी फुफेरी बहन के बेटे ख़्वाजा हसन ख़ाँ के सुपुर्द कर दी। लेकिन वह भी बुरे साबित हुए। फूफा नंगी तलवार थे तो वह मीठी छुरी निकले। ग़रज़ कि रिआया को आराम नहीं मिल सका।

मेरा ख़तना

लीजिए, अपनी बिस्मिल्लाह की तरह मैं अपने ख़तने (सुन्नत) का भी ज़िक्र करना भूल गया, आगे—बहुत आगे निकल गया। क्या करूँ, अब सुनाए देता हूँ, कोई लम्बी कहानी तो है नहीं। मेरा ख़तना कम-उम्री में हुआ था और ख़ूब याद है कि दादा मियाँ ने फ़रमाया था कि देख बेटा रोने की आवाज़ मुँह से

निकलने न पाए। लेकिन लाल दाढ़ी के जाँ अली हज्जाम ने, घोड़ी चढ़ाकर, जब झट-से मेरा ख़तना कर दिया—मेरी चीख़ निकल गई थी। दादा मियाँ के माथे पर बल पड़ गए थे और मैं शर्म से गड़कर रह गया। आज भी दादा मियाँ के माथे के बल जब याद आते हैं तो दिल पर कटारियां-सी चलने लगती हैं।

हरचंद मेरे ख़तने की रस्म बड़ी धूमधाम से मनाई गई थी, देगें चढ़ी थीं, तवाइफ़ों के मुजरे हुए थे, कश्मीरियों ने नक़लें की थीं। मगर मेरे दिल की कली मुरझाई ही-सी रही थी। इस मुरझान के दो कारण थे। पहला कारण तो वही मेरी ख़तने के वक़्त की चीख़ थी और दूसरा कारण यह था कि मेरे ख़तने की ख़ुशी में जिस वक़्त मलीहाबाद के एक लोहार ने एक बड़ी ख़ूबसूरत और झलझलाती किरच बतौर नज़्र पेश की थी तो उस किरच को हाथ में लेते ही मुझ पर ऐसा जुनून (उन्माद) तारी हो गया था कि मैंने अपने ग़ुलामज़ादे हुसैनबख़्श के नंगे सर पर खच से मार दी थी। और उस बेचारे के सर से धल-धल ख़ून बहने लगा था। ख़ैर, उसकी तो तुरंत मरहम-पट्टी और उसके बाप की मुँह-भराई कर दी गई थी। लेकिन मेरे दिल का घाव भर नहीं सका था और मुझे ख़ूब याद है कि कश्मीरियों की हँसाने वाली नक़लें भी मुझे हँसा नहीं सकी थीं। दिल ही तो है।

लखनऊ का पहला सफ़र

हमारी गाड़ी अकबरी दरवाज़े के सामने जाकर खड़ी हो गई और हमारा सामान 'बाँसवाली सराय' में जाने लगा। लखनऊवाले हमारे अफ़ग़ानी नैन-नक़्श, डील-डौल, हमारे सिपाहियों की सज-धज, उनके बड़े-बड़े पग्गड़, उनके मोटे-मोटे लट्टु देखने के लिए ठट लगाकर हमारे गिर्द जमा हो गए।

मैंने अकबरी दरवाज़े के अन्दर क़दम रखा तो देखा कि इस चौड़े-चकले दरवाज़े के दायें-बायें, लकड़ी के तख़्तों पर मिट्टी के इस क़दर सजल, सुंदर, और नाज़ुक खिलौने ऊपर-तले रखे हुए हैं कि उन्हें देख यह ख़याल होने लगा कि करीब जाऊँ तो हर खिलौना पलकें झुकाने और बातें करने लगेगा और गुजरिया भाव बताने लगेगी और सक्क़ों[1] को अगर ज़रा-सा भी छू लिया तो उनकी भरी मशकों से धल-धल पानी बहने लगेगा।

खिलौने ख़रीदकर जब मैंने चौक में क़दम रखा, तो ख़ुशबूदार लकड़ियों और लोबान की लपटों ने मेरा स्वागत किया। आगे बढ़ा तो चाँदी के वर्क़ कटने की नपी-तुली आवाज़ ने मेरे पाँव में ज़ंजीर डाल दी। वह व्यवस्थित और संगठित खटा-खट ऐसी मालूम हुई जैसे तबले पर बोल कट रहे हैं। फिर हारवाले की सुरीली आवाज़ आई, 'हार बेले के, फूल चम्पा के,' वहाँ से आगे बढ़ा तो क्या बताऊँ क्या-क्या देखा? हाय तंबोलियों की वे झलझलाती तितरी कुलाहें[2], वे दुपल्ली टोपियाँ, वे शरबती अंगरखे, वे घने-घने पट्ठे, वे चूड़ीदार पायजामे, कंधों पर वे बड़े-बड़े रेशमी रूमाल, आड़ी-तिरछी माँगें, कल्लों (दाढ़ों) में दबी हुई सुगंधित गिलोरियाँ, साक़ियों और साक़िनों के हाथों में वे ख़ुशबूदार तम्बाकू के हुक्क़ों पर वे लिपटे हार, हारों से पानी के क़तरों का वह

---

1. भिश्ती 2. लम्बी टोपी

टपकना, वे बजते कटोरे, वे सारंगियों की थरथराहट के हवाओं में हल्कोरे, वे गमकते हुए तबले, बालाख़ानों[3] के छज्जों से वह मुखड़ों की बरसती हुई चाँदनी और जुल्फ़ों के गिरते हुए सियाह आबशार (प्रपात), कोठेवालियों में कोई गोरी, कोई चम्पई, कोई साँवली-सलोनी, नैन-नक़्श इस क़दर बारीक गोया हीरे की क़लम से तराशे हुए, कोई कड़ियल जवान, कोई नौजवान और कोई इन दोनों के दरमियान, गोया हुमकती हुई उठान, कोई गठे जिस्म की और कोई धान-पान—किसी की नाक में नथ, किसी की नाक में नीम का तिनका, तमाशाइयों का हुजूम, कन्धे से कन्धे छिलते रैले और कोठों पर नज़र जमाए हुए विपरीत दिशाओं से आने-जाने वालों के सीनों का टकराव और टकराव पर वह विनीत क्षमा-याचना। मैं अभी इस तिलिस्म के दरिया में गोते खा रहा था कि मशीर ख़ाँ ने मेरा हाथ पकड़कर अपनी तरफ़ खींचा। मैं किनारे पर आ गया। सारा तिलिस्म टूट गया। और मैं सबके साथ, मियाँ के पीछे-पीछे सर झुकाकर सराय आ गया। सराय में क़दम रखते ही दम-सा घुटने लगा। मैंने बड़ी लजाजत के साथ कहा—''मियाँ, हम सिपाहियों को साथ लेकर नीचे घूम आएँ?'' मशीर ख़ाँ मुस्कुराए और मियाँ ने बड़ी भयंकर संजीदगी से कहा—''चौक बच्चों के टहलने की जगह नहीं है।'' मैं कलेजा मसोसकर रह गया।

इतने में सालह मुहम्मद ख़ाँ ढोरे[4] को साथ लिए आ गए। उसने जस्ते की बड़ी-बड़ी कुल्फ़ियों को दोनों हाथों की हथेलियों में बड़े माहिराना अन्दाज़ से घुमा-घुमाकर और बालाई के काग़ज़ी आबख़ोरों को मिट्टी की सौंधी-सौंधी रकाबियों में खोल-खोल कर पेश किया। और मिट्टी के कोरे-कोरे चमचे भी सामने रख दिए। क्या बताऊँ इन कुल्फ़ियों और आबख़ोरों की लज्ज़त और मुलायमियत, ज़बान ने इससे पहले कभी कोई ऐसी चीज़ चखी ही नहीं थी। उनके मज़े को बयान करूँ तो क्योंकर? उपमा दूँ तो किस चीज़ से?—और मुलायमियत का तो यह आलम कि उन्हें सिर्फ़ होंठों से और तालू से खाया और नज़र की हरारत से पिघलाया जा सकता था। रात होते ही हमारे बावर्ची के पकाए हुए खानों के साथ-साथ—अब्दुल्ला की दुकान की पूरियाँ, अहमद की बाक़रख़्वानियाँ, सआदत की शीरमालें, शबराती के अठारह-अठारह परतों के पराँठे, झुम्मन रकाबदार के भुने हुए मुर्ग़, शाहिद का बटेरों का पुलाव, हैदर हुसैन ख़ाँ के फाटक की गली

का अनन्नास का मीठा चावल, ग़ुलामहुसैन ख़ाँ के पुल के कबाब, कप्तान के कुएँ केपिस्ते-बादाम की मिठाई और हुसैनबाद की बालाई। और न जाने क्या-क्या नेमतें हमारे दस्तरख़्वान पर चुन दी गईं—और मैं खा-पीकर सो रहा।

भोर-दर्शन की चाट तो पड़ ही चुकी थी। मैं सबसे पहले बेदार होकर बालाख़ाने की छत पर चढ़ गया। सुबह का स्वागत करने को जब आसमान की तरफ़ नज़र उठाई, शहर की ऊँची-ऊँची इमारतों के कारण उषा की रंगीनी दूर-दूर भी नज़र न आई। आँखें मुरझा गईं। मैंने देखा पौ तो ज़रूर फट रही है और मुर्ग़ भी बाँग दे रहे हैं; लेकिन न पौ फटने में सुहानापन है और न मुर्ग़ों की बाँग में ज़ोर—ज़मीन से आसमान तक एक फीकापन छाया हुआ है। साँस लेता हूँ तो धांस-भरी, मोटी-मोटी हवा सीने को खुरच और दिल पर बोझ डाल रही है। प्रात-समीर चल रही है; पर उसके झोंकों में प्यार नहीं है। प्रकृति की दुल्हन के पाँव में न चाँदी के घुँघरू हैं न सर पर छपका। मेरे वलवले ऐसी मलगज़ी-मलगज़ी, खोई-खोई, फीकी-फीकी, उबली-उबली, हेठी-सेठी, रूठी-रूठी, औंधी-औंधी, गूँगी-गूँगी, भिंची-भिंची और बुझी-बुझी सुबह को देखकर, गुल हो गए और धुआँ देने लगे। मैं भारी दिल के साथ नीचे आया और मुँह-हाथ धोने लगा—मुँह पर बार-बार छपक्के मारे, दिल की कली नहीं खिली।

इतने में नाश्ता आ गया। रोग़नी रोटी, अंडों के सितारे, बालाई, शीरमाल और नमश का नाश्ता करके फ़ारिग़ हुआ तो मेरे बाप ने दो सिपाहियों और मशीर ख़ाँ को साथ करके मुझे लखनऊ की सैर के लिए रवाना कर दिया।

मैंने लखनऊ में हफ़्ता-भर रहकर नीचे लिखे स्थान देखे—

हुसैनाबाद की शाही कोठी, उसका क्लॉक-टॉवर, हुसैनाबाद का इमामबाड़ा उसकी भूलभुलैया, आसिफ़ुद्दौला का इमामबाड़ा, रूमी दरवाज़ा, हज़रत अब्बास की दरगाह, नजफ़ अशरफ़, ताल कटोरे और भूल कटोरे की करबलाएँ, बेलीगारद[5], अजायबघर, शाह पीर मुहम्मद, टीले की मस्जिद, शाह मीनार[6] की मज़ार और मोती महल, हज़रतगंज, चुनिया बाज़ार, अमीनाबाद, गोमती, ठंडी सड़क, लोहे का पुल, लाल बाग़, सिकंदर बाग़, बंदरिया बाग़, विक्टोरिया बाग़ और बनारसी बाग़ और छतर मंज़िल का फ़क़त वह हिस्सा

____

5. उत्साह 6. वह इमारत जिसमें बेली साहब ने शरण ली थी और 1857 के विद्रोही सैनिकों ने उसे गोलियों से छलनी कर दिया था।

जो सड़कों से नज़र आता है। हरचंद मेरी लड़कपन की नज़र में ये सारे स्थल बड़े अजीब थे; लेकिन इनसे भी अजीबतर नज़र आए लखनऊ के वे रईस, आलिम, अदीब और शायर जो मेरे बाप के पास आते थे। वह उनके वहाँ तशरीफ़ ले जाया करते थे। अल्लाह-अल्लाह उनके वे लचकीले सलाम, उनके उठने-बैठने के वे पाकीज़ा अंदाज़, उनके वे तहज़ीब में डूबे हाव-भाव, उनके लिबास की वह अनोखी तराश-ख़राश, सामाजिक और साहित्यिक समस्याओं पर उनका वह वाद-विवाद, उनके शब्दों का ठहराव, उनके लहज़ों के वे कटाव, ग़ज़ल सुनाते समय शे'र के भाव के अनुसार उनकी आँखों का रंग और चेहरों का उतार-चढ़ाव, वह क़हक़हों से बचाव, उनका हल्का-हल्का तबस्सुम, विनम्रता के साँचे में ढला हुआ उनका वह स्वाभिमान, और बावजूदे-कमाल उनका वह हाथ जोड़-जोड़कर अपनी कम-इल्मी का एतराफ़[7] ये सारी बातें देखकर मैं आश्चर्यचकित रह गया। वे तमाम लोग इस क़दर सभ्य, शालीन और सुसंस्कृत थे कि ऐसा मालूम होता था, वे इस दुनिया के नहीं किसी प्रकाशमंडल के वासी हैं।

इन्हीं बुज़ुर्गों की जूतियाँ सीधी करके मैंने शाईस्तगी (शालीनता) सीखी और यह ज़रा-सी सुध-बुध जो आज मुझे अदब और ज़बान पर हासिल है, यह उन्हीं की सोहबत का असर है।

अब वह लखनऊ है न लखनऊवाले। एक-एक करके सब चले गए ख़ाक के नीचे। खा गई मिट्टी उनके जौहरों को। बहुत दिन हुए, मैंने एक रुबाई कही थी :

जलती हुई शमओं को बुझाने वाले,
जीता नहीं छोड़ेंगे ज़माने वाले,
लाशे-देहली पे, लखनऊ ने यह कहा,
अब हम भी हैं कुछ रोज़ में आने वाले।

---

7. स्वीकृति

फिरंगी से नफ़रत

एक रोज़ मैं लखनऊ के बाज़ार वाले मकान की ऊपरी मंज़िल के बरामदे में अपनी खिलाई 'बड़ी बी' के साथ बैठा हुआ था कि सड़क से अचानक 'तड़ाक़-तड़ाक़' की आवाज़ें आईं। बड़ी बी ने झुककर देखा और ज़ोर-ज़ोर से रोने लगीं। मैंने पूछा—"यह बैठे-बिठाए रोने क्यों लगीं, बड़ी बी?" उन्होंने रोते हुए कहा—''बेटा! मुआ गाड़ीवाला घोड़े को चाबुक से मार रहा है, तड़ाक़-तड़ाक़। हाय हमारे जाने-आलम पिया के ज़माने में इन घोड़ों को रईसों की आबरू समझा जाता था। इन्हें दूध-जलेबी और बालाई खिलाई जाती थी। जब से इन बंदर फ़िरंगियों का राज हुआ है, इन बहादुर मर्दों को चाबुकों से मारा जाने लगा है। बेटा, ये बहादुर मर्द किस क़तार में शुमार हैं, इन बंदरों का जब से दौर-दौरा हुआ है, बड़े-बड़े शरीफ़ज़ादे गलियों में जूतियाँ चटख़ाते फिरने लगे हैं।'' इन्होंने यह कहते-कहते अपने बे-बोटी के खोखले सीने पर हाथ मारकर कहा—''हाय हमारे जाने-आलम पिया अब कभी नहीं पलटेंगे।'' बड़ी बी की यह बात सुनकर मैं बिलबिला गया और मुझे फ़िरंगी से नफ़रत हो गई और वही लड़कपन की नफ़रत आगे चलकर मेरी सियासी नज़्मों के रूप में व्यक्त होने लगी।

अब ज़रा मेरी मूँछों के कूंडों[1] का धूम-धड़क्का भी देख लीजिए। उधर ज़नाने मकान के चौड़े-चौड़े दरवाज़ों और ऊँची-ऊँची महराबों के लम्बे-चौड़े दालानों में चाँदनी का फ़र्श बिछा हुआ है। दीवारगीरियाँ, इक्के और गैस के हंडे जल रहे हैं। औरतें गाव तकियों पर टेक लगाए बैठी हैं। इधर-उधर फ़र्शी

---

1. अवध के सामंती वर्ग में जब लड़कों की मसें भीगने लगती थीं तो कोरे कूंडों में जलेबियाँ भर हज़रत यूसुफ़ की नमाज़ दिलाई जाती थी। इसका नाम ही कूंडों की रस्म पड़ गया।

उगालदान और बड़े-बड़े चाँदी के पान-दान रखे हुए हैं और उनके सामने डोमनियाँ, ढारने, सरोदनियाँ और मीरासिनें नक़लें पर रही हैं और नक़लों के बाद ढोलक पर गाना हो रहा है और गानेवालियों को बेल दी जा रही है।

इधर मर्दाने सेहन में दल-बादल शामियाना लगा हुआ है। शामियाने के गिर्द नौकर-चाकर वगैरह पैर जमाए हुए हैं। चारों तरफ़ गैस के बड़े-बड़े हंडे सनसना रहे हैं। मशालची मशालें उठाए तस्वीर बने बीच में खड़े हुए हैं। शामियाने के नीचे भद्र लोग ऊँचे-ऊँचे गाव तकियों पर कोहनियाँ टेके बड़ी शान के साथ क़ालीनों पर बैठे हुए हैं। और वह देखिए, अपने कश्मीरियों के तायफ़े के साथ पंद्रह-सोलह बरस का अलीजान जिसके हसीन चेहरे की शक्कर पर हल्का-सा नमक छिड़का हुआ है, चला आ रहा है, बड़ी लटक के साथ छम-छम करता हुआ। शामियाने में क़दम रखते ही उसने बड़ी लोच के साथ फ़र्शी सलाम किया—सलाम करने में उसकी कलाई इस क़दर लचकी कि डर लगने लगा कहीं टूट न जाए। सलाम करके वह अपने साज़िंदों के आगे ऐसे दिल-फ़रेब घुमाव के साथ बैठ गया जैसे उड़ता हुआ कबूतर अपनी छतरी पर आकर बैठ जाता है—उसके बैठते ही—'मैं चमन में क्या गया गोया दबिस्तां खिल गया' की तरह—साज़िंदे अपने-अपने साज़ मिलाने लगे। साज़ों के मिलाए जाने में जो वक़्त लगता है, वह कितनी मुश्किल से गुज़रता है—

हरचंद सुरीले नग़्मों से जज़बात जगाये जाते हैं,
उस वक़्त की तल्ख़ी याद करो जब साज़ मिलाये जाते हैं।

लेकिन कश्मीरियों (भांडों) ने अपनी उछल-कूद, अपने 'कू, ओ, ओ,' के नारों और पेट में बल डाल-डाल देने वाली अपनी नक़लों से इस तल्ख़ी को ढाँप लिया और इस क़दर हँसाया कि लोग लोटने लगे। जब साज़ मिल गए और हँसी की बारिशें रुक गईं, तो अलीजान फुरहरी लेकर यों खड़ा हो गया भाव बताने, जैसे पहली किरण फूटते ही दरिया साँस लेकर चलने लगती है। पल-भर में अच्छी तरह मिले हुए साज़ बजने लगे। सारंगी की रूँ-रूँ, जोड़ी की दूँ-दूँ और मंजीरे की खुन-खुन की नपी-तुली और घुली-मिली आवाज़ों के जादू-भरे दायरे में अलीजान ने अपने भाव बताने के वास्ते जब अपने लचकीले हाथ, यानी चप्पू, उठाए अपने छरहरे जिस्म की किश्ती खेने के लिए, तो कश्मीरियों ने उसे घेरे में ले लिया, और बड़ी सुरीली आवाज़

में कहने लगे—''इधर देखो ख़ुशवक़्ती, अल्लाह ने यह दिन दिखाया कि ख़ाँ साहब बहादुर की ड्योढ़ी पर अलीजान का तायफ़ा आया...वह महफ़िल वीरान जहाँ भाँड न हो।'' इस पर बड़ा क़हक़हा पड़ा।

इसके बाद साज़ों की गूँज में अलीजान कश्मीरियों का हल्का तोड़कर यों अपना चेहरा सामने लाया गोया काली बदली को फाड़कर चाँद निकल आया। सामने आते ही इस छलावे ने यों पाँव फ़र्श पर मारा कि उबल पड़ा धरती से नाच का फ़व्वारा और दायें-बायें खड़े कश्मीरियों ने उसके नृत्य के हर सम पर तालियाँ बजा-बजाकर कहना शुरू कर दिया—'ताता थई, थई थई थई—ऐ ताता थई।' जब उसके नाच में तेज़ी आई तो कश्मीरियों ने 'ऐ बढ़के, ऐ बढ़के, बेटा बढ़के, हाँ, बढ़के बेटा बढ़के—थई थई थई थई, ता ता ता' के नारे लगाने शुरू कर दिए और भाव बताने और नाचने के बाद जब उसने 'बिन पानी का चला जा रे बजरा' गाना शुरू कर दिया तो ऐसा मालूम हुआ कि वह एक बजरा है और फ़र्श पर हिचकोले खा-खाकर बहता चला जा रहा है और साज़ उसके बोलों में इतने गुथ गए हैं गोया सोने की उड़ती हुई सुइयों में झलझलाते सोने-चाँदी के तारों के डोरे पिरो दिए जा रहे हैं।

अलीजान के मुजरे के बाद शामियाने पर एक सन्नाटा छा गया एक खनखनाता सन्नाटा छा गया। इसके बाद चार तवाइफ़ें ताबड़तोड़ आईं; लेकिन उनके मुजरे का रंग जमा ही नहीं और ऐसा लगा जैसे हाफ़िज़ शीराज़ी के कलाम के बाद जौक़ की नज़्म पढ़ी जा रही हो या शराब के बग़ैर ख़ाली सोडा पिया जा रहा हो।

ख़ुदा-ख़ुदा करके अब पिछले पहर कोई चौदह बरस की पाँचवीं तवाइफ़ आई मुजरे के वास्ते। उसका चम्पई मुखड़ा, गोया बसंत के शुरू में पहाड़ पर प्रभात हो रहा है। जब इस सितमगर ने नाचने के लिए अपने तराशे हुए कूल्हे के दिलफ़रेब कटाव पर बायाँ हाथ रखकर छल्ला-सी कमर लचकाई तो ऐसा लगा, गोया नृत्य की देवी के सुनहरे रथ का धुरा बड़ी लचक के साथ घूम रहा है और ब्रह्मांड की गति उसकी परिक्रमा कर रही है।

उसकी जवानी का सेब अभी पाल से बाहर नहीं निकाला गया था। उसके मुखड़े पर जवानी और बालकपन गले मिल रहे थे। उसका वजूद एक ऐसा झुटपुटा था, जिसकी छाँव में धुंधलका हुमक रहा था—उसकी नाक की नथ गवाही दे रही थी कि उसका पिंडा अभी तक कोरा है और सीने पर उसके

आबी आँचल के नीचे गोया एक बलवा-सा हो रहा है।

वह बहुत कमसिन थी और संगीत में कच्ची होने की वजह से उसके गले में पत्ती लगती थी। लेकिन उसकी नीम-पुख़्ता जवानी की वहशी आँखों के शरबती डोरों में वह अनोखी रागिनी छिड़ी हुई थी, जिसे दुनिया के किसी साज़ पर बजाया ही नहीं जा सकता और जिसे कानों से नहीं, आँखों से सुना जा सकता है।

और आख़िरकार डूबते सितारों की छाँव में चाँद की इस बेटी ने जब यह ग़ज़ल छेड़ी—

नसीम जागो, कमर को बाँधो, उठाओ बिस्तर कि रात कम है

तो रागिनी की चलत-फिरत उसके नीम-रवां और कच्चे गले में यों घूमने लगी गोया पुरवा के मुलायम झोंकों में पटे[2] से कटा हुआ चाँद-तारा[3] फ़िज़ा में लहरा रहा है।

और जब नाचते-नाचते, इनाम की ख़ातिर, वह हिचकोले खाती, किश्ती की मानिंद आहिस्ता-आहिस्ता मेरी तरफ़ बढ़ने लगी तो मेरा गला रुँधने-सा लगा। मेरी गर्दन के हारों की ख़ुशबू तेज़ हो गई। और जब वह एक घुटना टेककर छम से मेरे सामने बैठ गई तो उसकी कमसिनी की साँस की सुगंध खच से मेरे सीने में चुभ गई और उसकी पेशवाज़[4] का सिरा मेरे हाथ की हथेली से छू गया तो मेरे बदन में पौ-सी फटने लगी।

मेरी ज़िन्दगी के अट्ठारह मुआशिक़ों[5] में वह मेरा अस्पष्ट-सा पहला मुआशिक़ा था—जो स्वप्नावस्था में शबनम के मानिंद मुझ पर गिरा और मेरे तन-बदन में रच-बस गया।

अब अगर वह ज़िन्दा भी होगी तो मेरी तरह बूढ़ी हो चुकी होगी। हम एक-दूसरे को पहचान भी नहीं सकेंगे। हाय, ज़ालिम वक्त कितने चाँदों को लील चुका है।

लेकिन इतनी तवील[6] मुद्दत गुज़र जाने के बाद भी जब उस मुजरे की याद आ जाती है तो मेरे झुर्रियों-भरे हाथ की हथेली पर उसकी पेशवाज़ का दामन सरसराने और करवटें-सी लेने लगता है। हाय क्या करूँ मेरे अल्लाह!

---

2. पतंगबाज़ी का एक पेच 3. एक किस्म की पतंग 4. बड़े घेरे का लहँगा 5. इश्क़ का बहुवचन
6. लंबी

तालीम का जोश

मेरे तालीम के जोश ने मेरे बाप के दिल के साथ वह सलूक किया जो बिजली खलिहान से करती है। बात यह नहीं थी कि वह मुझे जाहिल रखना चाहते थे; मगर सारा खेल बिगाड़े हुए थी उनकी ग़ैरमामूली मुहब्बत, बेहद्दो-हिसाब मुहब्बत। वह दिल से चाहते थे कि मैं पढ़ूँ तो ज़रूर, मगर उनकी आँखों से पल-भर के लिए भी जुदा न होने पाऊँ। जब मैं दांत निकाल-निकाल कर उनकी ख़िदमत में अर्ज़ करता था कि, मियाँ, मुझे पढ़ने के लिए कहीं बाहर भेज दीजिए, मैं घर पर नहीं पढ़ सकूँगा। मौलवी उल्टे मुझसे डरते हैं। डरने वाले मौलवी पढ़ा नहीं सकते।—तो उनके चेहरे पर एक तीव्र पीड़ा का रंग दौड़ जाया करता था। तंग आकर मैंने तमाम घर की दीवारें कोयले से 'तालीम का भूखा शब्बीर' लिख-लिखकर स्याह कर डालीं। मियाँ नौकरों से उन तहरीरों को मिटवा देते थे और मैं फिर लिख देता था।

आख़िरकार मैंने अपने फुफेरे भाई और तालीम के शैदाई सफ़दर हुसैन ख़ाँ को पकड़ा कि आप मियाँ से मेरी सिफ़ारिश कर दें। उन्होंने मेरी मदद का वादा किया। मैं उनका यह एहसान कभी नहीं भूलूँगा कि उन्होंने मेरी तालीम के बारे में मेरे बाप से बार-बार कहा और आग्रह के साथ कहा; पर मियाँ ने इस कान से सुना, उस कान से उड़ा दिया।

लेकिन सफ़दर भाई धुन के पक्के थे, हिम्मत नहीं हारे और एक दिन शाम के वक़्त मियाँ को बड़े अच्छे मूड में पाकर उन्होंने बड़े साहस के साथ यहाँ तक कह दिया कि मामूँ, अब ज़माना बदल चुका है। जो बच्चा घर के रईसख़ाना माहौल से बाहर निकलकर नहीं पढ़ेगा, वह 'शरीफ़ज़ादों की औलादे-बेतरबीयत है' के जत्थे में आकर तबाह हो जाएगा। मामूँ, आप ख़ानदान-भर

में सबसे ज़्यादा पढ़े-लिखे हैं और अक़्लमन्द हैं और फिर भी तालीम से इस क़दर ग़फ़लत[1] बरत रहे हैं !

यह सुनकर मियाँ बिगड़ गए और इरशाद फ़रमाया, ''सफ़दर, एक छोड़ चार-चार उस्ताद, उसे पढ़ा रहे हैं। यह इस उम्र में गुलिस्तान, बोस्तान, सिकन्दरनामा और दीवाने-हाफ़िज़ चाट चुका है और गोमती प्रसाद से अंग्रेज़ी भी पढ़ रहा है। क्या इसी का नाम है तालीम से ग़फ़लत ?'' सफ़दर भाई ने हाथ जोड़कर कहा, ''मैं सर झुकाए लेता हूँ, आप चाहें तो मुझे मार लें। मगर इस क़दर अर्ज़ ज़रूर करूँगा कि चार क्या दस उस्ताद भी इस माहौल में बेकार हैं। मामूँ, रईसों के बच्चे मौलवियों से नहीं डर सकते, बल्कि उल्टा मौलवी उनसे ख़ौफ़ खाते हैं। मामूँ, यह तो आपके सामने की बात है कि नसीम नाना के एक बच्चे को बाहर से आए हुए एक उस्ताद ने जब हल्का-सा एक थप्पड़ मार दिया था तो उन्होंने उसका हाथ फ़ौरन तुड़वा डाला था। उस दिन से यहाँ के उस्ताद और भी डर गए हैं और अपने शागिर्दों को घुड़की तक देने की जुरअत नहीं करते।'' यह सुनकर मियाँ कुछ सोचने लगे। सफ़दर भाई ने इशारे से बताया कि आसार अच्छे हैं। थोड़ी देर ग़ौर करने के बाद मियाँ ने कहा, ''सफ़दर, यह तो बताओ कि शब्बीर को भेजूँ तो कहाँ भेजूँ? लखनऊ हरचंद क़रीब है मगर वहाँ के रंगीन माहौल में बिगड़ जाएगा।'' सफ़दर भाई ने कहा, ''मामूँ, मैं ख़ुद भी नहीं चाहता कि उनकी तालीम लखनऊ में हो। मैं अपने बेटे असरार हसन को सीतापुर में पढ़ा रहा हूँ। आप शब्बीर मियाँ को सीतापुर भेज दें। वहाँ मलीहाबाद के बहुत-से लड़के यानी अब्दुल बारी, अब्दुल अज़ीज़, फ़ख़रुल हसन पढ़ रहे हैं। और शब्बीर मियाँ का लंगोटिया यार अबरार भी वहीं तालीम पा रहा है।''

मियाँ ने यह सुनकर इरशाद फ़रमाया, ''अच्छा सफ़दर, एक महीने के बाद शब्बीर को सीतापुर ले जाना। मैं इस एक महीने में अपने दिल को भी समझा लूँगा।'' यह सुनते ही मेरा दिल क़िलक़ारियाँ मारने लगा।

लेकिन जब पूरा महीना गुज़र जाने के बावजूद मियाँ का वादा पूरा नहीं हुआ तो मेरी उम्मीदों पर पानी फिर गया।

उसी बीच में जब लेफ़्टिनेंट गवर्नर से मिलने मियाँ लखनऊ गए, तो मैं भी साथ हो लिया और जब वह लाट साहब से मिलकर रुख़सत होने लगे तो

---

1. असतर्कता

मैं फूट-फूटकर रोने लगा। लाट साहब ने मेरे बाप से पूछा, ''आपका लड़का क्यों रो रहा है?'' तो मैंने उनसे तमाम माजरा बयान कर दिया। लाट साहब ने आगे बढ़कर मेरे सर पर हाथ फेरा और मेरे बाप से अपनी टूटी-फूटी उर्दू में जो कहा, उसका मतलब यह था कि ख़ाँ साहब आप बड़े ख़ुशक़िस्मत हैं। ऐसे इल्म के शौक़ीन लड़के तो विलायत में भी नहीं हैं। आप इसे एक महीने के अन्दर-अन्दर किसी स्कूल में दाख़िल करके मुझे सूचित कर दें। उसने बड़े प्यार से मेरे गाल थपथपाए और कहा, ''अगर ख़ाँ साहब ने मेरी बात नहीं मानी तो मैं सरकारी वज़ीफ़ा दिलाकर तुम्हें तालीम के लिए लंदन भेज दूँगा।''

गवर्नमेंट हाउस से निकलकर जब मियाँ गाड़ी में बैठे तो बरस पड़े मुझ पर। फ़रमाया, ''मरदूद, तूने लेफ़्टिनेंट गवर्नर से मेरी शिकायत की और वह भी मेरे मुँह पर। क्या तू समझता है कि मैं इस लाल मुँह वाले बंदर से डर जाऊँगा? ख़ूब कान खोलकर सुन ले कि अगर लेफ़्टिनेंट गवर्नर भी कहेंगे, फिर भी मैं तुझे घर से बाहर भेजकर नहीं पढ़ाने का। ऐसी-तैसी लाट साहब की।'' यह सुनते ही मैं फूट-फूटकर रोने लगा। हिचकियाँ बँध गईं रोते-रोते और मेरी साँस मेरे गले में घूमकर रह गई और कुछ ऐसे ज़बरदस्त झटके लगे कि मेरे आशिक़ बाप का मुँह फ़क़ हो गया। उन्हें यह ख़तरा पैदा हो गया कि मेरा दिल बैठ जाएगा। उन्होंने दीवानावार दोनों हाथ बढ़ाकर मुझे अपने सीने से लगा लिया और जल्दी-जल्दी कहा, ''तेरे सर की क़सम, एक महीने के अन्दर मैं तुझे सीतापुर भेज दूँगा।'' मेरी साँस ठहर गई, हिचकियाँ रुक गईं, आँसू थम गए। मेरे बाप ने मुझे बहुत ग़ौर से देखकर पूछा, ''बेटा, अब तबियत कैसी है?'' मैंने मुस्कुराकर कहा, ''अच्छा हूँ मियाँ।'' उनके चेहरे पर बहाली आ गई और मैं दिल ही दिल में सीतापुर जाने के दिन गिनने लगा।

मलीहाबाद आते ही मियाँ ने सफ़दर भाई को बुला भेजा और कहा, ''सफ़दर, तुम जुमा के दिन शब्बीर को सीतापुर ले जाओ।'' मेरा दिल ख़ुशी के मारे उछलने लगा।

दो दिन के अन्दर-अन्दर मेरे साथ जाने वाले बावर्ची की, जिसे 'सैयद' के नाम से पुकारा जाता था, नियुक्ति कर दी। सफ़दर भाई ने चार-पाँच दिन के अन्दर-अन्दर मेरे तमाम सुनहरे और भड़कीले कपड़े नापसन्द करके सादा जोड़े सिलवा दिए।

ख़ुदा-ख़ुदा करके जुमा आया। मेरा तमाम सामान गाड़ी पर रखवा दिया गया। लेकिन बड़ी बी, दादी, माँ और सबसे ज़्यादा मेरे बाप के रुख़सती

आँसुओं में गाड़ी का वक़्त निकल गया और मैं कलेजा थाम कर रह गया।

दूसरा जुमा आया। मैं गाड़ी के वक़्त से दो घंटे पहले ही तैयार हो गया। दादी और माँ ने मेरे बाजू पर इमाम-ज़ामिन बाँधे। सबने मुझे बारी-बारी गले लगाया। बड़ी बी ने भी मुझे सीने से चिपटा लिया। मियाँ ने इस क़दर भींचकर मुझे सीने से लगाया कि पसलियाँ लचक गईं और मेरे सीने पर उनके धड़कते दिल की ज़रबें[2] पड़ने लगीं। आँगन में पहुँचकर जब हस्बे-दस्तूर क़ुरआन के नीचे से निकलने लगा तो मियाँ ने भर्राई आवाज़ में हुक्म दिया कि इधर आओ बेटा। मैं उनके पास पहुँचा। उन्होंने इरशाद फ़रमाया—‘‘थोड़ी देर के वास्ते बैठ जाओ।’’ दो-चार मिनट के बाद मैंने घड़ी पर नज़र जमाई तो गाड़ी का वक़्त निकला जा रहा था।

इतने में सफ़दर भाई आ गए और हाथ जोड़कर कहा, ‘‘मामूँ, गाड़ी छूट जाएगी।’’ मियाँ ने मेरे चेहरे पर निगाहें जमा दीं और फिर इशारे से मुझे रुख़सत की इजाज़त देकर सर झुका लिया। मियाँ के साथ पूरा घर रोने लगा। मैंने आँसू-भरी आँखों से झुक-झुककर सबको सलाम किया। जब बाहर जाने के लिए ड्योढ़ी से गुज़रने लगा तो हिचकियाँ मेरा पीछा करती रहीं...

थर्ड क्लास और इक्के का पहला सफ़र

सफ़दर भाई ने स्टेशन जाते हुए मुझे एक लम्बा लेक्चर पिलाया, जिसका ख़ुलासा यह था कि ज़माना अब बड़ी तेज़ी के साथ बदल रहा है। अमीरी की बू अपने सर से निकाल दो। मामू ने मुझे फ़र्स्ट क्लास का किराया दिया है; मगर मैं तुम्हें ले जाऊँगा थर्ड क्लास में—मंजूर है तुम्हें ? मुझे क्या मालूम था कि थर्ड-क्लास के मुसाफ़िरों को किन-किन बलाओं से दो-चार होना पड़ता है। मैंने उनकी तजवीज़ मंजूर कर ली।

मगर थर्ड-क्लास में क़दम रखा तो जी सन्न-से होके रह गया। पाँव के नीचे से ज़मीन निकल गई। सबसे पहले उस डिब्बे की उस बदबू ने मेरे दिल पर घूँसा मारा, जिससे मैं कभी दो-चार हुआ ही नहीं था। फिर मैंने देखा कि वह डिब्बा औंधा-औंधा-सा है और बेगद्दों की खुरदरी ज़लील बैंचें मुझे मुँह चिढ़ा रही हैं। एक बैंच पर चन्द गँवार बिच्छू मार्का तम्बाकू की चिलमें पी-पीकर बुरी तरह खाँस रहे हैं। नाक में डंक मारने लगी तम्बाकू की बदबू।

---

2. चोटें

मरता क्या न करता, सर झुकाकर खर्री सीट पर बैठ गया। सीट चुभने लगी, साँस मेरे सीने में उलझ गई और इमाम-ज़ामिन गर्म होकर मेरे बाजू पर दाग़ लगाने लगे। मैं खिड़की से मुँह निकालकर बैठ गया। चारबाग़ से निकलकर सफ़दर भाई ने दो ख़बीस[3] इक्केवालों को इशारे से बुलाया और वे दो कौड़ी के ज़लील इक्के, अपने गधों के से अफ़यूनी घोड़ों के साथ चूँ-चूँ करते जब मेरी तरफ़ रेंगने लगे तो मुझे ऐसा लगा जैसे मुँह काला करके मुझे गधे पर बिठाया जा रहा है। सफ़दर भाई ने मेरी हालत का अन्दाज़ा लगाकर क़हक़हा मारा और वह क़हक़हा घाव पर नमक छिड़कने की तरह मुझे बहुत बुरा लगा। उन्होंने मुझे परेशान देखकर कहा, 'शब्बीर मियाँ, यह ऑपरेशन बहुत फ़ायदेमन्द है। इससे तुम्हारे दिल में ग़ुरूर का जो मवाद है, वह निकल जाएगा।'' मैं चुप हो गया।

इक्का मेरे क़रीब आया तो मैंने कहा, ''सफ़दर भाई, इस पर बैठूँ कैसे?'' उन्होंने मेरी बग़लों में हाथ देकर मुझे हज़ार दिक़्क़त के साथ बिठा दिया और दूसरे इक्के पर सैयद बावर्ची सामान समेत सवार हो गया।

इक्के के चिकने गद्दे की बू से मुझे मतली होने लगी। अब चारबाग़ से हमारे ज़लील इक्के आग़ामीर की ड्योढ़ी की तरफ़ धीरे-धीरे रेंगने लगे।

जब हमारा इक्का झाऊलाल के पुल से गुज़रने लगा तो मेरी नज़रों के सामने से अपने परदादा का मुहल्ला गुज़रने लगा, जिसके नुक्कड़ के पत्थर पर 'अहाता-ए-फ़क़ीर मुहम्मद' मोटे अक्षरों में अंकित था। इस बोर्ड को देखकर मेरे तमाम रोंगटे झन-से हो गए। ख़याल आया कि इधर से दादा जान हाथी पर गुज़रते और उनकी सवारी के आगे चोबदार बोला करते थे। आज उसी तरफ़ से उनका पोता एक तुच्छ तोता बना हुआ इक्के में बैठा टरख़टूँ-टरख़टूँ गुज़र रहा है। शर्म के मारे मैंने अपना मुँह छिपा लिया।

ख़ैर, ये दिक़्क़तें और ज़िल्लतें उठाता हुआ सीतापुर पहुँच गया। मलीहाबाद के तमाम लड़के निहाल हो गए। अबरार ने दौड़कर मेरे गले में बाँहें डाल दीं।

दूसरे ही दिन मेरा नाम ब्रांच स्कूल में लिखा दिया गया। सफ़दर भाई ने हाई स्कूल के देवता-स्वरूप हैड मास्टर घमंडीलाल और बोर्डिंग के हँसमुख इन्चार्ज घोषबाबू से भी मुझे मिला दिया और मैं हज़ारों वलवलों[4] के साथ

---

3. गंदा 4. जोश

बाक़ायदा स्कूल आने-जाने और जी लगाकर लिखने-पढ़ने में व्यस्त हो गया।

अभी सीतापुर आए मुश्किल से पन्द्रह-बीस दिन ही गुजरे होंगे। एक रोज़ शाम के वक़्त क्या देखता हूँ कि हमारे घर के दारोग़ा शेख़ मुहम्मदअली चले आ रहे हैं। शेख़ साहब को देखकर मैं समझा कि मियाँ सीतापुर तशरीफ़ ले आए हैं। लेकिन जब दारोग़ा साहब ने मियाँ का ख़त दिखाया तो मालूम हुआ कि मियाँ ने फ़क़त दो रोज़ के लिए मलीहाबाद बुलाया है। दो दिन की छुट्टी लेकर जब रात की ग्यारह बजे वाली गाड़ी से मलीहाबाद आया और अपने मकान की गली में पहुँचा तो देखा कि मियाँ, डॉक्टर अब्दुल करीम और चंद सिपाहियों को लिए, आदत के विपरीत अचकन और टोपी के बग़ैर फाटक से निकल रहे हैं। जैसे ही मुझ पर उनकी नज़र पड़ी, 'हाय मेरा बेटा' कहकर वह झपट पड़े और मुझे सीने से लगाकर रोने लगे। डॉक्टर अब्दुल करीम ने कहा, ''खाँ साहब, आप खुश होने के बदले रो रहे हैं?'' मेरे बाप ने इरशाद फ़रमाया, ''डॉक्टर साहब, काकोरी के पुल से गुज़रते ही रेल हमेशा सीटी देती है। लेकिन आज उसने सीटी नहीं दी। मैं यह खयाल करके दीवाना हो गया कि कहीं ख़ुदा न ख़ास्ता पुल तो नहीं टूट गया है। डॉक्टर साहब, जिसका बेटा रेल में आ रहा है, उसके जी से पूछिए कि अपने वक़्त पर रेल का सीटी न देना कितने वहम पैदा कर सकता है।''

सीतापुर में मेरी तालीम का सिलसिला साल-डेढ़ साल से ज़्यादा जारी नहीं रह सका। मेरी जुदाई की ताब न लाकर शायद 1902 में मेरे बाप ने मुझे लखनऊ तलब फ़रमाकर हुसैनाबाद हाई स्कूल में दाख़िल करा दिया और मेरी रिहायश के लिए नख़्खास (चिड़िया बाज़ार) में सैयद एजाज़ हुसैन साहब के मकान के ऊपर का पूरा खुला हिस्सा किराये पर ले लिया गया। मेरे मकान के नीचे मुंशी वाहिदअली की नवादर⁵ की दुकान थी। उनकी दुकान के सामने किसी बुजुर्ग की मज़ार थी जिस पर हर जुमेरात (बृहस्पतिवार) को चिराग़ां (रोशनी) हुआ करता था और उसके आस-पास हर इतवार को चिड़ियों का बाज़ार लगा करता था। और मेरे मकान के ऐन सामने हज़रत रियाज़ ख़ैराबादी रहते थे।

उस ज़माने में मेरे मकान के सामने और हज़रत रियाज़ ख़ैराबादी के

---

5. दुर्लभ अमूल्य वस्तुएँ

मकान की दीवार के नीचे दूर तक घोड़ा-गाड़ियों का अड्डा था, जहाँ पचीस-तीस गाड़ीवाले रहते थे। हर रोज़ बिला नाग़ा सुबह से चार बजे एक साहब विक्टोरिया रोड की तरफ़ से 'मौला अली', इमाम अली, मुर्तज़ा अली,' गाते हुए जैसे ही मेरे मकान के सामने से गुज़रते थे तो गाड़ीवाले ठुमकीदार आवाज़ में नारा लगाया करते थे, 'नवाब साहब, बकरा हाज़िर है।' और वह 'नवाब साहब' उन्हें गालियों पर धर लिया करते थे। पर क्या मजाल कोई अश्लील शब्द ज़बान पर आ जाए।

जैसे ही गाड़ीवालों की आवाज़ बुलंद होती थी—''नवाब साहब, बकरा हाज़िर है,'' वैसे ही वह बड़ी सुरीली और ठहरी हुई आवाज़ में कहने लगते थे, ''ऐ आले-रसूल के दुश्मनो, ऐ मुआविया के दुम्बो, ऐ इब्ने-ज़याद के ऊँटो, तुम पर लानत, तुम पर आख़ थू, ऐ यज़ीद के पिल्लो, ऐ इब्ने मलजम के बोकड़ो, ऐ हिंदे-जिगरख़्वार के पड्डो, तुम पर लानत, हज़ार बार लानत, आख़ थू, आख़ थू, आख़ थू।'' और उन गालियों पर गाड़ीवालों के क़हक़हे बुलंद हो जाते थे। और जब वह गालियाँ देते हुए धड़े वाली सराय की तरफ़ मुड़ने लगते थे तो गाड़ीवालों की आवाज़ फिर बुलंद हो जाती, ''नवाब साहब, बकरा हाज़िर है, नवाब साहब बकरा हाज़िर है।'' और वह उसी क़िस्म की गालियाँ देते हुए मुड़ जाया करते थे। उस तरफ़ मेरे गोंडे के बाशिंदे मियाँ नौरोज़ बावर्ची का भी यह मामूल था कि जब वह 'नवाब साहब, बकरा हाज़िर है' की आवाज़ें सुनते थे तो चारपाई पर उठकर बैठ जाते और बड़बड़ाने लगते थे, ''इन साले गाड़ीवालन पर नालत (लानत), रोज़-रोज़ बकरा हाज़िर, बकरा हाज़िर चीखा करते हैं। यू का वाहियातपना है। साले सबेरे-सबेरे अल्लाह रसूल का नाम तो लेत नाहीं, बकरा हाज़िर, बकरा हाज़िर का गुल मचा देत हैं। थू है उनकी औकात पर।''

मेरा निकाह

मेरा निकाह ऐसा-वैसा नहीं, बड़ा ज़िद्दम-ज़िद्दा और बड़ी चोटम-चाटा का निकाह था। उसका थोड़ा-सा हाल सुन लीजिए। मेरे दादा नवाब मुहम्मद अहमद ख़ाँ के सौतेले भाई थे नवाब मुहम्मद नसीम ख़ाँ—उन दोनों भाइयों के दरमियान ख़ानदानी दस्तूर के मुताबिक़ बड़ी अनबन और बड़ी तुन-फुन रहा करती थी। मेरे ससुर नवाब मुहम्मद नसीम ख़ाँ के बेटे थे और मैं नवाब मुहम्मद अहमद ख़ाँ का पोता। इसलिए मेरे ससुर के बड़े भाई नवाब मुहम्मद अली ख़ाँ को यह बात पसन्द नहीं थी कि उनके छोटे भाई की लड़की से मेरा ब्याह हो। लेकिन चूँकि मेरे ससुर और मेरे बाप के दरमियान ख़ानदानी दस्तूर के ख़िलाफ़ बड़ी मुहब्बत थी, इसलिए मेरे बाप ने जब मेरा पयाम दिया तो उन्होंने मंजूर फ़रमा लिया। उनकी मंज़ूरी से मेरे ससुर का तमाम क़बीला बिगड़ गया और मेरे चचा नवाब मुहम्मद अली ख़ाँ को खसूसियत के साथ बेहद मलाल हुआ। इस कारण मेरे निकाह के मौक़े पर ख़ुशी के साथ-साथ यह भावना भी काम कर रही थी कि मेरे ससुर के तमाम क़बीले के विरोध के बावजूद मेरा निकाह हो रहा है। अल्लाह-अल्लाह मेरे निकाह का धूम-धड़क्का—बड़े धूम से मुजरे हुए, दावतें हुईं और ऐन निकाह के दिन 'दुश्मनों' को जलाने और तपाने के लिए इस क़दर ज़ोर-ज़ोर से ढोल पीटे गए, इस क़दर शिद्दत के साथ ताशे बजाए गए और इतने बड़े-बड़े हौदज़र गोले छोड़े गए कि उनकी दूँ-दूँ, दनादन-दनादन से दूर-दूर तक ज़मीन हिलने लगी। हाय पठानों का मिज़ाज।

लेकिन यह निकाह आगे चलकर क्या रंग लाया, कितना बड़ा बवाल खड़ा हुआ उसके बाद और मेरे सेहरे के फूलों ने कितने काँटे बो दिए मेरे

बाप की राह में, आगे इसका ज़िक्र आएगा।[1]

यों तो नौ बरस की उम्र ही से शे'र की देवी ने मुझे आग़ोश में लेकर मुझसे शे'र कहलाना शुरू कर दिया था। लेकिन आगे चलकर जब शायरी से मेरा लगाव बढ़ने लगा तो शायद इस ख़याल से कि अगर मैं शायरी में डूब गया तो मेरी तालीम नाक़िस[2] रह जाएगी, मेरे बाप के कान खड़े हो गए और उन्होंने मुझसे इरशाद फ़रमाया कि ख़बरदार अब अगर तुमने शायरी की तो मुझसे बुरा कोई न होगा। इसके साथ उन्होंने ज़नाने में बुआ गुलज़ार और मर्दाने में उम्मीदअली को मामूर फ़रमाया कि वे जब मुझे शे'र कहते देखें तो उनकी जनाब में रिपोर्ट कर दें। बाप के इस हुक्म और ज़नाना-मर्दाना की ख़ुफ़िया पुलिस ने मुझे बौखला दिया।

भाग्य का यह फ़रमान कि शायरी कर, शरीयत का यह हुक्म कि ख़बरदार शायरी के क़रीब भी न फटक। मैं इस कशमकश में पड़ गया कि अपनी फ़ितरत का हुक्म मानूँ कि अपने बाप का ख़ारिजी[3] फरमान क़बूल करूँ।

सोचने लगा, मैं अपनी ज़ात से जुदा क्योंकर हो जाऊँ। शे'र कहता हूँ तो बाप बिगड़ते हैं, नहीं कहता तो दिल पर बिगाड़ आते हैं। क्या करूँ और क्या न करूँ? शे'र कहूँ तो बाप डाँट पिलाएँ, अपने दस्तरख़्वान पर खाना न खिलाएँ और शे'र न कहूँ तो दिमाग़ के परखचे उड़कर रह जाएँ।

इसलिए मैं शायरी छोड़ नहीं सका। चोरी-छिपे शे'र कहता, इधर-उधर देखता हुआ किसी गोशे में जाकर उन्हें लिखता और पर्चे अपने सन्दूक़चे के अंदर बन्द कर देता और स्मगलरों की तरह इस सन्दूक़चे को अपनी माँ के हवाले कर देता था कि वह इसे छिपाकर रख दें। मेरी माँ को मेरी इस हालत पर बड़ा तरस आता था। मगर वह उदास हो जाने के सिवा और कर ही क्या सकती थीं।

लेकिन इस एहतियात के बावजूद मैं अंदर और बाहर ऐन मौक़े पर शे'र कहता पकड़ा गया। मेरा जेब-ख़र्च बंद हुआ, बाप ने अपने साथ खाना खिलाना तरक[4] कर दिया और अक्सर थप्पड़ भी मारे। अपनी हर ज़िल्लत के बाद मैंने बार-बार कान पकड़-पकड़कर क़समें खाईं कि अब कभी शे'र नहीं

---

1. निकाह मंसूख़ कराने के लिए बरसों मुक़दमा चला। हज़ारों रुपये चौपट होने के अलावा बेहद परेशानी उठानी पड़ी। आख़िर में जीत 'जोश' के बाप की हुई। 2. अधूरी 3. अतिरिक्त 4. त्याग

कहूँगा। अब खाई सो खाई, अब खाऊँ तो राम दुहाई। लेकिन जैसे ही मेरे दिल में शायरी की रुगरुगाहट होने लगती थी, मेरी तमाम क़समें चूर-चूर होकर रह जाया करती थीं और हज़रते-वहशत का यह शे'र मुझ पर लागू होता था :

मजाले तर्के-मुहब्बत न एक बार हुई
ख़याले तर्के-मुहब्बत तो बार-बार आया।

शे'र कहने की इजाज़त

एक बार मैं अपने सन्दूकचे में जेब से पुर्ज़े निकाल-निकालकर रख रहा था कि बुआ गुलज़ार ने देख लिया। वह भाँप गईं। मियाँ को ख़बर कर दी। मियाँ आए। मेरी माँ से कहा, ''शब्बीर का सन्दूकचा कहाँ है?'' मेरी माँ का रंग हल्दी का-सा हो गया। मियाँ का ख़ौफ इस क़दर था कि वह इनकार नहीं कर सकीं और मेरा सन्दूकचा उनके सामने रख दिया। मियाँ ने मुझसे कुंजी मांगी। काँपते-लरज़ते हाथों से मैंने कुंजी दे दी। उन्होंने सन्दूकचा खोला। मेरे पुर्ज़े एक-एक करके निकाले। मैं अपने बाप को इस तरह देखने लगा जिस तरह गाय अपने बछड़े को छुरी के नीचे देखकर काँपती है। जब उन्होंने मेरे तमाम पुर्ज़े चर-चर फाड़कर फेंक दिए, मेरे मुँह से एक दर्दनाक चीख निकली और मैं बेहोश हो गया। मेरी माँ दीवानावार मुझसे चिमटकर रोने लगीं। मियाँ के हवास उड़ गए। दादी जान ने आकर मेरे बाप को डाँटा कि क्या बच्चे को मार डालेगा?

डॉक्टर अब्दुलकरीम को मेरे बेहोश हो जाने की ख़बर की गई। वह तुरन्त आ गए। मेरी नब्ज़ देखी और कहा, ''ख़ाँ साहब, घबराइए नहीं। मैं दवा साथ लाया हूँ।'' उन्होंने मेरा मुँह खोलकर दवा पिलाई। रईस की अन्ना ने मुँह पर छींटे मारे और दस-पन्द्रह मिनट के बाद मुझे होश आ गया। मेरे बाप ने मुझे सीने से लगाकर इरशाद फ़रमाया, ''बेटा, मैंने तुम्हें शे'र कहने की इजाज़त दे दी है। मैं ख़ुद तुझे इस्लाह दिया करूँगा। इधर आकर दम-भर के लिए इस पलंगड़ी पर लेट जा।'' मैं लेट गया तो मेरा जी बहलाने के लिए उन्होंने मुझसे कहा—बेटा इस शे'र के मानी बयान कर—

वो जल्द आयेंगे या देर में शबे-वादा
मैं गुल बिछाऊँ कि कलियाँ बिछाऊँ बिस्तर पर।

अब शे'र की इजाज़त मिल जाने के बाद मेरी तबियत बहाल हो चुकी थी। मैंने ज़रा-सा ग़ौर करके अर्ज़ किया—''शायर से उसके दोस्त ने वादा किया है कि आज मैं आऊँगा। अब शायर इस असमंजस में है कि मैं गुल बिछाऊँ कि कलियाँ। अगर वह ठीक वक़्त पर आने वाला है तो मैं खिले हुए फूल और अगर देर में आने वाला है तो बेखिली कलियाँ बिछा दूँ।''

मियाँ ने पूछा, ''डॉक्टर साहब, मानी सही बयान किए हैं शब्बीर ने?'' डॉक्टर साहब ने कहा, ''इससे ज़्यादा सही मानी बयान नहीं किए जा सकते।'' मियाँ ने कहा, ''मुझे आपकी राय से इत्तफ़ाक़ है। लेकिन तर्ज़े-बयान[5] में उसने दो ठोकरें खाई हैं।'' डॉक्टर साहब ने कहा, ''साहबज़ादे, फिर तशरीह[6] कर दीजिए!'' मैंने फिर एक-एक लफ़्ज़ दोहरा दिया। डॉक्टर ने कहा, ''मेरे नज़दीक तो साहबज़ादे ने कहीं ठोकर नहीं खाई है।'' मियाँ ने हँसकर कहा, ''आप लाख सुखन-संज (शे'र समझने वाले) और हाली के हम वतन सही फिर भी जाए-उस्ताद ख़ालीस्त। सुनिए, उसकी पहली ग़लती तो यह है कि उसने 'खिले हुए फूल' कहा है। कली जब चटककर खिल जाती है तो उसे फूल कहा जाता है। खिलावट तो फूल की ऐन ज़ात है। इसलिए 'खिले हुए फूल' कहना हश्वो-जवाइद (व्यर्थ) में दाख़िल है। दूसरी ग़लती यह है कि उसने कली को 'बेखिली कली' कहा है। हालाँकि कली को तो इसीलिए कली कहते हैं कि वह अभी चटककर खिली नहीं है और बेखिलापन उसकी ऐन ज़ात है।'' डॉक्टर साहब ने कहा, ''बेशक आपका ख़याल दुरुस्त है। फूल और कली के साथ किसी सिफ़त की कोई ज़रूरत नहीं।'' इसके बाद मियाँ ने इरशाद फ़रमाया—अच्छा, एक और शे'र के भी मानी बता दो तो मैं तुम्हारी शे'र-फ़हमी को मान जाऊँगा—

आ रहे हैं लाश के वो साथ-साथ

अब हमारी क़ब्र कितनी दूर है।

शे'र सुनकर मैं उलझन में पड़ गया। दोनों मिसरों में कोई रब्त[7] ही नज़र नहीं आया और सोचने लगा। दस-पन्द्रह मिनट सोचने के बाद मैं ख़ुशी से उछल गया। बिस्तर से उठ बैठा। मैंने कहा, ''शायर के जनाज़े में उसका दोस्त

---

5. बयान की शैली 6. व्याख्या 7. संबंध

शरीक है। शायर को यह ख़याल सताने लगता है कि उसके दोस्त को पैदल चलने में तकलीफ़ हो रही होगी। इसलिए वह उकताकर पूछ रहा है कि अब हमारी क़ब्र किस क़दर फ़ासले पर रह गई है।'' मियाँ ने झुककर मुझे सीने से लगा लिया। डॉक्टर साहब ने भी बहुत दाद दी और इस बात को स्वीकारा कि उन्हें यह शे'र निरर्थक लग रहा था। मियाँ ने कहा, ''तुम्हें इस शे'र में फ़न के नुक़्ताए-नज़र से कोई ऐब तो नज़र नहीं आ रहा है?'' मैं बेचारा फ़न से वाक़िफ़ ही कब था। मैंने कहा, ''कोई ऐब नहीं है।'' मियाँ ने फ़रमाया, ''इसके पहले मिसरे में ताक़ीद है।'' और फिर मिसालें देकर समझाया कि ताक़ीद क्या चीज़ होती है।

डॉक्टर ने कहा, ''ख़ाँ साहब, आप साहबज़ादे को शायरी से बाज़ तो नहीं रख सकते। लेकिन यह बात ज़रूर समझा दीजिए कि पढ़ाई खत्म करने से पहले इस मश़ग़ले[8] पर ज़्यादा वक़्त सर्फ़ न किया जाए।''

मियाँ ने फ़रमाया, ''मैं तालीम से भी आगे की बात सोच रहा हूँ। यानी शायरी वह चीज़ है जो शायर को इस बात की इजाज़त ही नहीं देती कि वह शे'र कहने और शायराना ज़िन्दगी बसर करने के अलावा दुनिया का कोई और काम भी कर सके। यह वह बद बला है कि शायर के दिल में दौलत को इस क़दर हक़ीर कर देती है कि वह उसकी तरफ़ आँख उठाकर भी नहीं देखता। नतीजा यह कि वह मुफ़्लिसी[9] का शिकार होकर रह जाता है...'' इतना कहकर उनकी आँखों में आँसू भर आए। उन्होंने मेरी तरफ़ निगाह करके दुआ के लिए हाथ बुलंद फ़रमाए कि ऐ अल्लाह मेरे शब्बीर को तबाही[10] से बचाना और उस पर ऐसी करम की निगाह रखना कि रोज़गार की ख़ातिर इसे दूसरों का मुँह न देखना पड़े।''

---

8. काम, शगल 9. गरीबी 10. मियाँ आपकी दुआ क़बूल नहीं हुई। आपको ख़बर नहीं कि आपकी आँखों का तारा शब्बीर वादीए-गुरबत (विदेश) में ठोकरें खा रहा है। वह पाकिस्तान आकर एक मामूली-सी तनख़्वाह पर ज़िन्दगी बसर कर रहा था। लेकिन इस जुर्म पर मुलाज़मत और दूसरे ज़रियों से महरूम कर दिया गया कि वह (i) स्वाभिमानी है (ii) किसी की सत्ता के सामने सर नहीं झुकाता, (iii) अपनी आत्मा और क़लम को बेचता नहीं, (iv) उसे अपनी जन्मभूमि से नफ़रत नहीं है और (v) उसका सबसे बड़ा कुसूर, जिससे बगावत की बू आती है, यह है कि वह फ़कत पाकिस्तानियों और हिन्दुस्तानियों ही को नहीं सारी दुनिया के बाशिंदों को एकता की जंजीर में जकड़कर एक दृढ़ इकाई और एक विश्व-राज्य बनाने का 'शैतानी' सपना देखता रहता है।

पहला मुशायरा

यह शायद 1910 या 1911 की बात है कि मैं अपने बाप के हमराह हज़रत मौलाना रज़ा फिरंगी महली के मुशायरे में पहली बार शरीक हुआ और दंग रह गया।

आइए, मैं आपको मुशायरे में ले चलूँ ताकि आप ख़ुद देख लें कि शफ़्फ़ाफ़ चाँदनी बिछी हुई है, चाँदनी पर क़ालीन हैं। गावतकिये दीवारों से लगे हुए हैं। इधर-उधर साफ़-सुथरे उगालदान, नेचों में हार लिपटे हुक्के, शालबाफ़ से मढ़ी हुई छोटी-छोटी कोरी हाँडियाँ, हाँडियों में चाँदी के वरक़ की सुगंधित गिलोरियाँ और इलायची दाने, तम्बाकू और क़िवाम की डिब्बियाँ रखी हुई हैं। शायर ज़्यादातर अंगरखे और कमतर शेरवानियाँ पहने अपने-अपने मर्तबे के लिहाज़ से दोज़ानू बैठे हुए हैं। सबके सरों पर टोपियाँ हैं। श्रोताओं में से कोई भी नंगे सर नहीं है। आपस में आहिस्ता-आहिस्ता बातें हो रही हैं, गिलोरियाँ खाई और हुक्के पिए जा रहे हैं। और जो शायर मुशायरे के फ़र्श पर क़दम रखता है वह हाज़िरीन को झुक-झुककर सलाम कर रहा है। हाज़िरीन उसके मर्तबे के मुताबिक़ नीमक़द या सरूक़द जवाबी सलामों से उसका स्वागत कर रहे हैं। लीजिए अब मीरे-मुशायरा के सामने शम्अ आ गई है और मौलाना रज़ा की ग़ज़ल से मुशायरे का आग़ाज़ हो रहा है और दाद से छत गूँजने लगी है। किसकी मजाल है कि ग़ज़ल पढ़ने के दौरान कोई मिसरा न उठाए, हुक्का पी ले, पान खा ले, आपस में सरगोशी करने लगे या कोई इधर से उठकर उधर बैठ जाने की जसारत[1] कर सके।

मीरे-मुशायरा के बाद शम्अ घूम रही है। नौ-मश्क़ नौजवानों की

---

1. धृष्टता

सफ़ों में और कमी-बेशी के साथ सबको दाद मिल रही है और मामूली शे'रों के सरों पर भी 'माशा अल्लाह' के सेहरे बाँधे जा रहे हैं। लीजिए, नौ-मश्क़ों में अब मेरी बारी आ गई। अरे ग़ज़ब हो गया। शम्अ सामने रखी हुई है, रोबे-महफ़िल से मैं काँप रहा हूँ। शायरों की सफ़ों से आवाज़ें आ रही हैं—बिस्मिल्लाह, साहबज़ादे बिस्मिल्लाह! लेकिन साहबज़ादे का दम निकला हुआ है। क्या मजाल कि मुँह से एक हर्फ़ भी निकल सके। अब मेरे बाप मुझसे फ़रमा रहे हैं, ''पढ़ते क्यों नहीं? पठान का बेटा तो बारह बरस की उम्र ही से रण में तलवार चलाने लगता है। और एक तुम हो कि तुमसे ग़ज़ल नहीं पढ़ी जा रही है।'' अब मिर्ज़ा मुहम्मद हादी साहब रुसवा अपनी जगह से उठकर मेरे पहलू में आ गए हैं और मेरी पीठ ठोंककर फ़रमा रहे हैं—साहबज़ादे आप तो शायर, शायर के बेटे, शायर के पोते और शायर के परपोते हैं, पढ़िए और गरजकर पढ़िए। अब बड़ी हिम्मत करके मैं मतला (ग़ज़ल का पहला शे'र) पढ़ रहा हूँ। मतला पर दाद मिल रही है! और दाद के नशे में शे'र पढ़ रहा हूँ—

> *ऐ नसीमे-सुबह के झोंको, यह तुमने क्या किया*
> *मेरे मस्ते-ख़्वाब की ज़ुल्फ़ें परेशां हो गईं।*

इस शे'र पर मतला से ज्यादा दाद पा रहा हूँ। और वलवले के साथ दूसरा शे'र सुना रहा हूँ—

> *मेरी आँखें जानती हैं करबे इफ़राते ख़ुशी[2]*
> *खंदाज़न[3] देखा किसी को और गिरियां[4] हो गईं।*

अब दाद का ग़लग़ला ज्यादा बुलंद हो रहा है और 'सुब्हान अल्लाह, माशा अल्लाह' से मुशायरा गूँज रहा है। मिर्ज़ा मुहम्मद हादी रुसवा, हजरते-सफ़ी से कह रहे हैं, ''देखे आपने इस शे'र के तेवर, यह उम्र और इतनी गहरी बात!'' और अब मैं आख़िरी शे'र पढ़ रहा हूँ—

> *हाय मेरी मुश्किलो, तुमने भी क्या धोका दिया*
> *ऐन दिलचस्पी का आलम था कि आसां हो गईं।*

---

2. अधिक उल्लास की पीड़ा 3. मुस्कुराते 4. रोने लगीं।

देखिए छतें उड़ रही हैं और धुएँ पार हो रहे हैं इस शे'र की दाद से, और उस्ताद फ़रमा रहे हैं—अल्लाह नज़रे-बद से बचाए।

मुशायरे से दाद का बड़ा जाम पीकर झूमता-झामता घर आया। ख़ुशी के मारे देर तक नींद नहीं आई। और सो गया तो ख़्वाब में रात-भर यह देखता रहा कि परियाँ भींच-भींचकर मुझे गले लगा रही हैं।

सुबह उठते ही नहाया और नाश्ते से फ़ारिग़ होकर जब अपने बाप की ख़्वाबगाह के बरामदे से होकर गुजरने लगा तो बाप की आवाज़ आई, ''इधर आइए जनाब!'' दम निकल गया इस आवाज़े-ग़ज़ब से। जब मैं लरज़ता हुआ उनकी ख़्वाबगाह में गया तो उन्होंने बड़ी भारी आवाज़ में इरशाद फ़रमाया, ''देखिए साहब, यह मेरी दिली तमन्ना है कि आप इस दुनिया में फूलें-फलें, आपकी दौलत मेरी दौलत से बढ़ जाए, आपका मर्तबा मुझसे हज़ार गुना ऊँचा हो जाए, आप ज़िन्दगी के हर शोबे (क्षेत्र) में मुझसे आगे बढ़ जाएँ; मगर कान खोलकर सुन लीजिए कि मैं इसे बरदाश्त नहीं कर सकता कि ख़ाँ साहब आप मुझसे शायरी में भी बढ़ जाएँ। रात के मुशायरे में आपको मुझसे ज़्यादा दाद मिली। अब आपका मेरे साथ मुशायरे जाना बन्द—क़तई बन्द। ग़ज़ब ख़ुदा का, बाप से ज़्यादा बेटे को दाद मिले। मैं यह उल्टी गंगा बहने का मौक़ा नहीं देने का—सुना ख़ाँ साहब आपने!''

मेरे बाप मीर को ग़ालिब पर तरजीह देते थे। हल्की-फुल्की ज़बान में शे'र कहते और दाग़ के इस शे'र पर अमल करते थे—

कहते हैं उसे ज़बाने-उर्दू
जिसमें न हो रंग फ़ारसी का।

एक रोज़ मैंने उनकी ख़िदमत में अपनी एक ग़ज़ल इस्लाह के लिए पेश की, जिसमें जा-बजा[5] फ़ारसी तरकीबें[6] थीं और एक मिसरा था—

हमारी ज़िन्दगी यानी वफ़ाए-राज़दाँ तक है

उन्होंने त्योरियों पर बल डालकर फ़रमाया, ''सुब्हान अल्लाह, यानी वफ़ाए-राज़दां तक है। इस 'यानी' की दाद नहीं दी जा सकती। मुझे इस बात का शदीद ख़ौफ़ है कि तुम कुछ दिन में 'शुमारे-सुब्ह-ए-मरग़ूब-बुत-मुश्किल पसंद आया' (ग़ालिब) तक आ जाओगे। ना साहब, मैं तुम्हें इस्लाह

---

5. जगह-जगह 6. रचना

नहीं दूँगा और तुम्हें अज़ीज़ साहब के सुपुर्द कर दूँगा। वह भी 'यानी वफ़ाए राज़दां' और 'शुमारे-सुबहा' के बरतने वालों में से हैं। दोनों में ख़ूब निबाह हो जाएगा।'' उन्होंने अज़ीज़ साहब को बुलाकर मुझे उनका शागिर्द बना दिया और शागिर्दी-उस्तादी का यह सिलसिला छह बरस के अंदर ही टूट गया।

इसमें कोई शक नहीं कि अज़ीज़ साहब बहुत ही अच्छे उस्ताद और बहुत ज्ञानी बुज़ुर्ग थे। जहाँ तक ज़बान की सेहत और लहज़े की नजाबत[7] का तअल्लुक़ है, उनकी ज़ात से मुझे बहुत ज़्यादा फ़ायदा हासिल हुआ। जब मुझे साफ़ तौर पर यह महसूस होने लगा कि मेरे चिंतन की राह उनसे मुख़्तलिफ़ है और हम दोनों की कल्पना एक ही सम्त में सफ़र नहीं कर रही है और उनकी इस्लाहों से शे'रों का लफ़्ज़ी रंगो-रोग़न तो ज़रूर उभर आता है, लेकिन मानवीयत (भावार्थ) धुँधली होकर रह जाती है तो मैंने इस्लाह लेना छोड़ दिया।

लेकिन इससे मेरे और उनके तअल्लुक़ात में किसी क़िस्म की तल्ख़ी राह नहीं पा सकी। मैं हमेशा उनके रू-ब-रू सर झुकाता और वह हमेशा मेरे सर पर हाथ फेरते रहे।

---

7. शराफ़त

अलीगढ़ में

एम.ए.ओ. कॉलेज में मेरा दाख़िला[1]

मेरा शायद 1912 में वहाँ के स्कूल में दाख़िला हुआ था और मुमताज़ हाउस के नम्बर 42 कमरे में जगह दी गई थी। इस कमरे में काकोरी के दो सगे भाई साबितअली और सामिनअली पहले से मौजूद थे। मेरे आने से तिकोन बन गई। इन दोनों भाइयों के चले जाने के बाद, रामपुर के दो सगे भाई बरकतुल्लाहख़ाँ और मुहसनुल्लाहख़ाँ आ गए। हमारा वह दो सगे भाइयों और एक दूसरे ख़ानदान के तालिबे-इल्म वाला कमरा बोर्डिंग हाउस के सब-प्रॉक्टर मज़हर अलीम फ़रीदाबादी के कमरे से मिला हुआ था। हरचंद मज़हर अलीम ख़ाँ मेहरबान उस्ताद थे मगर उनकी एक बुरी आदत के कारण

---

1. यानी मुहम्मडन एंग्लो ओरियंटल कॉलेज। यह मुसलमानों को ग़ैर इस्लामी खिताब देने वाला गुलामान अंग्रेज़ी नाम उस कॉलेज के बानी उन सैयद अहमद ख़ाँ (जिनके भेजे में 'सर' का हिन्दुस्तान-दुश्मन खिताब अपना आशियाँ बना चुका था) ने अपनी ज़हनियत के उसे तोशाए-ज़बूं से तराशा था जिससे हुब्बे-वतन के पहाड़ काटे जाते हैं और 'इशरताक़दाए-परवेज़' की तरफ़ जूए-शीर (दूध की नदी) लाई जाती है। दरअस्ल अलीगढ़ तहरीक़ उठाई ही गई थी। इस ग़रज़ से कि 1. मुसलमानों को 1857 की जंगे-आज़ादी से बेताल्लुक करके यह साबित कर दिया जाए कि मुसलमान का दिल हुब्बे-वतनी की-सी जलील चीज़ से कतई आलूदा नहीं है। 2. मुसलमान को पेट पालने की खातिर सिर्फ़ इस क़दर तालीम दी जाए कि वह बाबू या डैप्यूटी कलक्टर बनकर बड़ा बाबू बन सके 3. अपनी ज़बान भूलकर अंग्रेज़ी में इतना डूब जाए कि अंग्रेज़ी ही में सोचे और अंग्रेज़ी ही में ख़्वाब देखे। 4. वह पश्चिमी रंग अख़्तियार करके अपनी ज़बान, अदब, रवायत (परम्परा) और सांस्कृतिक विरासत को जलील और यहाँ तक कि अपने बाप-दादा को अहमक़ समझने लगे और 5. इसका नतीजा यह कि ब्रिटिश हुकूमत की जड़ें जम गईं। इसमें शक नहीं कि इससे थोड़ा-सा लाभ पर हानि ज़्यादा हुई।

हमारे दरमियान टकराहट पैदा हो गई थी। और वह मुहसनुल्लाह ख़ाँ, अब्दुल जलील ख़ाँ और मुझसे नाख़ुश रहा करते थे।

हमारे ज़माने में कॉलेज के डॉक्टर थे शफ़ायतुल्लाह साहब, जिन्हें हमारी बदमाश पार्टी ने यह धमकी देकर हमवार[2] कर लिया था कि अगर आप हम लोगों को हमारे मुतालिबे[3] पर फ़र्जी बीमारी की छुट्टियाँ नहीं दिलाएँगे और हमारे परहेज़ी खानों में कबाब, पराँठे और मुर्ग़-मुसल्लम तजवीज़ नहीं करेंगे तो हम आपका नाम 'हलाकतुल्लाह' रखकर इस नाम को इस क़दर शोहरत देंगे कि मुआइने के वक़्त आप जिस बोर्डिंग-हाउस में भी दाख़िल होंगे वहाँ के दरो-दीवार 'हलाकतुल्लाह, हलाकतुल्लाह' के नारों से गूँजने लगेंगे।

इसी तरह हमारी मज़बूत पार्टी ने डाकख़ाने वालों को भी इस क़दर डरा दिया था कि जब अलीगढ़ से बाहर सैर करने जाना चाहते थे तो वे हमारे घरों से बुलावे के फ़र्जी तार हमारे नाम भेज दिया करते थे।

अपनी पार्टी के तमाम मेम्बरों के नाम मुझे याद नहीं रहे हैं। पटने के सैयद अलीअब्बास, सैयद मुबारकअली रामपुर के मुहसनउल्लाह ख़ाँ अलीगढ़ के पास के, अब्दुल जलील ख़ाँ के नाम भूले नहीं हैं और यह भी याद है कि उस पन्द्रह-बीस लड़कों की टोली के सरदार अब्दुल जलील ख़ाँ और उनके नायब थे मुहसनउल्लाह ख़ाँ।

एक बार जब हम पाँचों लड़के यानी अब्बासअली, मुहसनउल्लाह, अब्दुल जलील और मैं सालाना इम्तहान में पास हो गए तो हम लोगों में यह मिस्कौट हुई कि पास होने की ख़ुशी में आगरे जाकर दिवाली देखें।

लेकिन इस अय्याशी के वास्ते रुपया कहाँ से आए? और छुट्टी कैसे मिले? यह बड़ा टेढ़ा सवाल था। अब्बासअली ने मशविरा दिया कि हम सब अपने-अपने बापों को ख़त लिखकर पास हो जाने की ख़ुशख़बरी सुनाएँ और नये कोर्स की किताबों की ग़लत-सलत और लम्बी-चौड़ी फ़ेहरिस्त भेजकर पाँच-पाँच सौ रुपये मँगवाएँ। यह तजवीज़ पंचों ने बहुत पसंद की।

मुझे ख़त लिखे जब छह-सात रोज़ हो गए तो एक दिन देखा कि दारोग़ा उम्मीदअली चले आ रहे हैं। उन्हें देखते ही मेरा माथा ठनका। हो-न हो दाल में कुछ काला ज़रूर है। मैंने सलाम किया, सबकी ख़ैरियत पूछी और उनके

---

2. राज़ी 3. माँग

आने का सबब दरियाफ़्त किया। उन्होंने कहा—''ख़ाँ साहब मनीऑर्डर कर रहे थे, मगर बड़े भैया ने कहा कि रक़म किसी के हाथ सीधा हैड मास्टर के पास भेज दी जाए।'' मैं सन्न होकर रह गया; लेकिन चेहरे से परेशानी ज़ाहिर नहीं होने दी और मुहसनउल्लाह के पास जाकर जो इस वक़्त जलील के कमरे में गए हुए थे, सारा माजरा बयान कर दिया। मुहसन थोड़ी देर ग़ौर करने के बाद आईना देखने लगे। मैंने कहा—''माशा अल्लाह! मैं मुसीबत में घिरा हुआ हूँ और तुम आईना देख रहे हो।'' उन्होंने मुस्कुराकर कहा, ''तुम्हारी मुश्किल हल करने के लिए ही आईना देख रहा हूँ।'' मैंने कहा, ''यह क्या बकवास कर रहे हो?'' उन्होंने कहा, ''तुम तो चुग़द हो। मेरी बात समझ ही नहीं रहे हो। मैं आईने में यह देख रहा हूँ कि मैं अंग्रेज़ों की तरह गोरा-चिट्टा हूँ और तुम्हारी ख़ुशक़िस्मती से मेरी आँखें भी अंग्रेज़ों की तरह करंजी हैं।'' उन्होंने कहा, ''तुम भी कितनी मोटी अक़्ल के आदमी हो—जाओ कमरे से मेरा काला सूट, मेरा बूट, टाई और हैट ले आओ; मगर इस तरह कि कोई देख न पाए।'' मैंने पूछा—''क्यों?'' उन्होंने होंठ पर अँगुली रखकर कहा, ''ख़ामोश, वक़्त ज़ाया न करो। जो चीज़ें मैंने कही हैं जल्दी से ला दो।'' मैं उनका सब सामान ले आया। उन्होंने जल्दी-जल्दी सूट पहना और सर पर हैट लगाकर कहा, ''आओ मेरे साथ।'' मैं सिटपिटा-सा गया और उनके साथ हो लिया। वह सीधे हैड मास्टर के कमरे के बरामदे में दाख़िल हो गए और हैड मास्टर के चपरासी से कहा, ''हम इस वक़्त एक मज़ाक़ करने आए हैं। अभी हैड मास्टर के आने में आध घंटा बाक़ी है। तुम मुझको इजाज़त दो कि मैं हैड मास्टर की कुर्सी पर बैठ जाऊँ और जब शब्बीर एक आदमी को अपने साथ लेकर यहाँ आए तो उसे दरवाज़े पर रोककर मेरे पास आओ। फिर कमरे से बाहर निकलकर उस आदमी से कहो, 'चलिए साहब बहादुर के पास'।'' मुहसन ने चपरासी के हाथ पर पाँच रुपये रख दिए और वह हैड मास्टर की कुर्सी पर जा बैठे। मैं दौड़ता हुआ मुमताज़ हाउस गया और दारोग़ा साहब को लेकर आ गया। चपरासी ने हिदायत के मुताबिक़ अन्दर जाकर सूचना दी और बाहर निकलकर दारोग़ा साहब से कहा, ''चलो साहब बहादुर के पास।''

दारोग़ा साहब ने हैड मास्टर को सलाम किया और जेब से किताबों की फेहरिस्त और पाँच सौ के नोट निकालकर हैड मास्टर की मेज़ पर रख दिए और पूछा, ''हुज़ूर! इस रक़म में कोई कमीबेशी तो नहीं होगी?'' हैड मास्टर

ने कहा, ''वेल, यह रक़म एकदम बराबर है। अच्छा, ख़ान साहब से हमारा सलाम बोलना—अब आप जाइए।''

दारोग़ा उम्मीद अली सलाम करके मेरे साथ बाहर निकल आए।

अलीगढ़ में बड़ी धूमधाम से हर साल नुमाइश हुआ करती थी। एक रात को जब हम पेशावरी पराँठे, कबाब और ख़ोरजे की चटनी खाकर निकले तो हमारी चंडाल-चौकड़ी एक चाकू-छुरी बेचनेवाले की दुकान के सामने जा खड़ी हुई। नुमाइश की तेज़ रोशनी में छुरियाँ और चाकू ऐसे जगमग हो रहे थे कि मेरा जी चाहा, मैं उन्हें बढ़कर सीने से लगा लूँ। मैंने पठान दुकानदार से पूछा तो उसने कहा, ''एक रुपया चार आना।'' मुहसन ने कहा, ''नहीं, दस आना।'' पठान बोला, ''नाईं, एक रुपया चार आना। ख़ुशी चाहे टेक (Take), ख़ुशी चाहे तो न टेक।''

इन आवाज़ों को सुनकर कॉलेज के दूसरे लड़के भी उसी तरफ़ आ गए और घट के थट लग गए दुकान के सामने। मुहसन ने कहा, ''दस आना, दस आना।'' पठान ने फिर वही जवाब दिया, ''एक रुपया चार आना। ख़ुशी चाहे टेक, ख़ुशी चाहे न टेक।'' यह सुनकर मुहसन चिढ़ गए और तमाम लड़कों से इशारा करके कहा, ''ग़ाज़ियो, बढ़ो, टूट पड़ो और लूट लो माले-ग़नीमत को।'' यह दावते-आम सुनकर टूट पड़े लड़के छुरियों-चाकुओं पर। पठान झपटा। लड़कों ने उसे दबोच लिया और लुटने लगी दुकान धड़ाधड़। पठान ने 'पुलिस! पुलिस! पुलिस!' चिल्लाना शुरू कर दिया। पुलिसवाले झपट पड़े। हमने छुरियाँ तान लीं। वे ठिठक गए। इतने में एक शामत का मारा अंग्रेज़ पुलिस अफ़सर, मोटरसाइकिल पर बैठा इधर आ गया। जब उसने मोटरसाइकिल से एक पैर नीचे उतारकर हमें डाँटना शुरू किया तो टूट पड़े हम सब उस पर। और इतना पीटा कि वह बेहोश होकर गिर पड़ा। हम सब के सब माले-ग़नीमत लिए और 'ख़ुशी चाहे टेक, ख़ुशी चाहे न टेक' के नारे लगाते वहाँ से भागकर कॉलेज में आ गए।

एक रोज़ मेरे एक लखनवी दोस्त और मेरे दोस्त प्रिंस मिर्ज़ा आलमगीर क़दर का भाई जहाँगीर क़दर हमारे पास आया फ़रियादी बनकर। कहने लगा, ''शब्बीर साहब, एक फ़र्स्ट ईयर फूल लड़का फ़ज़ले इलाही है। वह साला अपने हुस्न पर इस क़दर मग़रूर है कि सीधे मुँह बात ही नहीं करता। पुट्ठे

पर हाथ ही नहीं रखने देता। तुम्हारी पार्टी माशाअल्लाह बड़ी तगड़ी है। उसे नीचा दिखाओ तो मैं तुम्हारा ग़ुलाम हो जाऊँ।''

हमारी पार्टी लंगर-लंगोटे कसकर जहाँगीर क़दर की मदद के वास्ते आमादा हो गई। इतवार के दिन जहाँगीर क़दर को दूल्हा बनाकर और हार-फूल, दुपट्टा, नक़ली दाढ़ी और ढोलक लेकर हम दस-पन्द्रह लड़के बरातियों की तरह कच्ची पार्क पहुँचकर फ़ज़ले इलाही के कमरे में 'मुबारकबाद, मुबारकबाद, मुबारकबाद,' के नारों के साथ दर्राना घुस पड़े। फ़ज़ले इलाही ने, जिसके मुतअल्लिक़ 'सारी दुनिया एक तरफ़, फ़ज़ले इलाही एक तरफ़' का ग़लग़ला हर तरफ़ बुलन्द था, तेवरियों पर बल डालकर कहा, ''मैंने तो आप लोगों को नहीं बुलाया था?'' जलील ने कहा, ''दुल्हनें भी किसी को बुलाया करती हैं, जनिया? हम जहाँगीर क़दर दूल्हा से तुम्हारा निकाह पढ़ाने आए हैं।''

उस लड़के ने कोशिश की भाग निकलने की। हमारे साथियों ने उसे पकड़ लिया, दुपट्टा उसके सर पर डाल दिया। जहाँगीर क़दर को हार-फूल पहनाए, जलील ने जेब से नकली दाढ़ी निकालकर मुँह पर लगा ली और क़ाज़ी बनकर उस लौंडे का जहाँगीर क़दर से निकाह पढ़ा दिया। साथियों ने ढोलक बजा-बजाकर नीचे स्वरों में शादियाने गाने शुरू कर दिए। बरामदे में मेला-सा लग गया और हर तरफ़ क़हक़हे गूँजने लगे।

इतने में किसी ने यह देखकर कि हैड मास्टर राउंड लगाता चला आ रहा है, हमें आगाह कर दिया। हम सब डरे हुए हिरनों की मानिंद भाग खड़े हुए—और दूल्हा मियाँ अभी उठ ही रहे थे कि हैड मास्टर सर पर आ पहुँचा। फ़ज़ले इलाही ने उससे फ़रियाद की। उसने जहाँगीर क़दर से पूछा, ''तुम कौन हो?'' जहाँगीर क़दर की ज़बान से घबराहट में निकल गया, ''Sir, I am bridegroom (जनाब, मैं दूल्हा हूँ।)'' हैड मास्टर ने 'वेल मिस्टर ब्राइडग्रूम, वेल मिस्टर ब्राइडग्रूम' कह-कहकर उसे बैंतों पर धर लिया।

बराती तो साफ़ बचकर निकल गए और बेचारे ब्राइडग्रूम साहब पिट गए। इस वाक़्ये के एक हफ़्ते के अंदर हम तीनों लड़कों यानी मुहसनुल्लाह ख़ाँ, अब्दुल जलील ख़ाँ और आगे चलकर हज़रते-जोश मलीहाबादी बनने वाले शब्बीर हसन ख़ाँ को भी स्कूल से निकाल दिया गया—

बहुत बे-आबरू होकर तेरे कूचे से हम निकले।

मेरी जवानी तक का हिन्दुस्तान

मेरे हालात के साथ-साथ मेरे उस हिन्दुस्तान के सांस्कृतिक और सामाजिक हालात भी सुन लीजिए, जिसने मुझे प्रभावित किया और साँचे में ढाला था।

तहज़ीबी एतबार से उस वक़्त हिन्दुस्तान दोराहे पर खड़ा सोच रहा था कि मशरिक़ीयत (पूर्वीपन) पर क़ायम रहे या मग़रिबीयत (पश्चिमपन) की ओर मुड़ जाए। मुल्क उस वक़्त 'ख़ालिस मशरिक़ी[1]', 'नीम मशरिक़ी[2]' और 'मग़रिबी'—तीन गिरोहों में बँटा हुआ था।

ख़ालिस मशरिक़ी गिरोह की अक्सरीयत[3] थी, नीम-मशरिक़ी गिरोह की तादाद कम थी और मग़रिबी गिरोह अक़लीय्यत (थोड़ी गिनती) में था।

ख़ालिस मशरिक़ी गिरोह के चेहरों पर लांबी या ख़शख़शी दाढ़ियाँ थीं और सरों पर पट्टे, पट्टों पर अम्मामे, दस्तारें, शिमले या दोपल्ली और चौकोनी टोपियाँ, पाँव में गितले और सलीमशाही जूते, बड़े पाइंचों के पायजामे या औरेबी घुटन्ने, अबायें-क़बायें, अंगरखे, दगले, कंधों और कमरों पर बड़े-बड़े रूमाल, चिकन के कुर्ते, रुई की सदरियाँ और हाथों में खाके-शिफ़ा की तस्बीहें, अँगुलियों में फ़िरोज़े की अँगूठियाँ, होला और शाम लगी जरीबें।

नीम-मशरिक़ी गिरोह दाढ़ी मुंडाता, शेरवानियाँ, चुस्त पायजामे, पम्प जूते इस्तेमाल करता और जेबों में घड़ियाँ रखता था, जिनकी ज़ंजीरें दोनों जेबों के दरमियान लटकती रहती थीं।

और मग़रिबी गिरोह सूट-बूट और हैट में ग़र्क़ रहता था। लेकिन दाढ़ी के साथ मूँछें नहीं मुंडाता था।

---

1. शुद्ध पूर्वी (हिन्दुस्तानी) 2. अर्द्ध पूर्वी (आधा हिन्दुस्तानी) 3. बहुतायत

नवाब साहब की बेगम हों या बैरिस्टर साहब की बेटर हाफ़ (Better Half), दोनों बड़ी सख़्ती के साथ पर्दे की पाबंद थीं। डोली और पालकी के सिवा कोई बीवी घर से बाहर क़दम नहीं रखती थी। और तो और, औरतों की आवाज़ें और उनका वज़न भी पर्दानशीन था। यानी कोई बीवी इस क़दर ज़ोर से नहीं बोलती थी कि मर्दाने तक उसकी आवाज़ जा सके। और जब कोई औरत पालकी में सवार होती थी तो पत्थर का टुकड़ा या सिल पालकी में रख दी जाती थी ताकि कहारों को उसके जिस्म का सही अंदाज़ा न हो सके। बीबियाँ तो बीबियाँ, मामाएँ, असीलें और लौंडियाँ तक पर्दे की पाबंद थीं।

ज़नाने में आने-जाने वाले बाहर के बच्चों से भी, जबकि वे दस-ग्यारह बरस के हो जाते थे, पर्दा शुरू कर दिया जाता था। और तो और, बाप, दादा, नाना, चाचा, फूफा के सामने भी औरतें सरों पर पल्लू डालकर जाया करती थीं और किसी औरत की यह मजाल नहीं थी कि वह अपने बुज़ुर्गों की मौजूदगी में अपने बच्चे को गोद में ले ले।

ज़नाने मकान की फ़िज़ा को पवित्र रखने का यहाँ तक ख़याल किया जाता था कि किसी तरकारीवाली को यह इजाज़त नहीं थी कि वह लम्बी-लम्बी तरकारियाँ जैसे लौकी, तुरई, केले, चचेंड़े वगैरह को टुकड़े-टुकड़े किए बग़ैर सालम[4] हालत में अन्दर ले जाएँ, इसलिए कि सूरत के लिहाज़ से इन तरकारियों को 'अश्लील तरकारी' ख़याल किया जाता था।

अपने लड़कपन का एक वाक़या बयान करता हूँ। मलीहाबाद के एक लड़के की शादी में नाच हो रहा था कि बालाख़ाने से एक औरत झाँककर इधर देखने लगी और साहबाने-महफ़िल में से एक साहब ने उसे बंदूक़ मार दी। साहबे-ख़ाना देगों के हल्क़े में खड़े थे कि उन्होंने गोली चलने की आवाज़ सुनी और दौड़े हुए महफ़िल में आए। गोली मारनेवाले ख़ाँ साहब ने उनसे कहा, ''भाई, आपकी बीवी ऊपर से झाँक रही थीं। मुझसे यह बेहयाई बरदाश्त नहीं हुई, मैंने गोली मार दी।'' साहबे-ख़ाना ने उसकी पीठ ठोंककर कहा, ''बहुत अच्छा किया आपने।'' वह तुरन्त अन्दर चले गए। थोड़ी देर में एक लाश खींचते हुए आए और कहा, ''भाइयो, देख लीजिए मेरी बीवी नहीं लौंडी झाँक रही थी। अल्लाह ने मेरी आबरू और मेरी जान दोनों चीज़ें बचा लीं।''

---

4. साबुत

सियासी एतबार से उस वक़्त सन्नाटा छाया हुआ था। पौ फटने में बहुत देर थी। रात के दो या तीन बजे का वक़्त था। लोगों की अक्सरीयत ख़र्राटे ले रही थी। कुछ बिस्तरों पर पड़े करवटें ले और कुनमुना रहे थे और बहुत थोड़े लोग तिलक और गोखले के गजर[5] सुनकर बेदार हो गए थे और धीमे स्वरों में आज़ादी के चर्चे कर रहे थे। भारत माता चौकन्ना होकर और इधर-उधर देखकर दिल ही दिल में सोच रही थी—

(मुझे यह दोस्त की आवाज़ कहाँ से सुनाई पड़ रही है?)

फ़िरंगी के कान तक भी वे आवाज़ें पहुँच रही थीं, लेकिन उसका ग़ुरूर कह रहा था कि, 'यह हवा मेरे चिराग़ों को बुझा सकती नहीं।'

लेकिन महात्मा गाँधी जिस वक़्त लंगोटी बाँधकर मैदान में कूद पड़े तो पौ फट गई और हर तरफ़ से ये आवाज़ें आने लगीं कि तख़्त या तख़्ता—आज़ादी या मौत।

गाँधी की आँधी ने हुकूमत के औसान[6] उड़ा दिए। हुकूमत यह सोचकर हाथ मलने लगी कि हमने मुसलमानों के एक फ़िरक़े को दूसरे फ़िरक़े और हिन्दुओं के एक फ़िरक़े को दूसरे फ़िरक़े और फिर समूचे हिन्दुओं और मुसलमानों को एक-दूसरे से टकरा देने के सिलसिले में जो लाखों रुपया पानी की तरह बहा दिया, वह बेकार गया और सारे मुसलमान और हिन्दू मिलकर आज हमारे मुक़ाबले के वास्ते आ गए। यह संकेत निहायत ख़तरनाक है। क्या इलाज किया जाए इस भयानक फ़ितने[7] का?

आख़िरकार हुकूमत ने एक मंसूबा तैयार कर लिया। पुलिस और फ़ौज के हल्के में बिगुल बजा दिया। एक तरफ़ जेलों के दरवाज़े खोल दिए गए, लाठियाँ बरसने और गोलियाँ चलने लगीं और दूसरी तरफ़ पकड़ बुलवा लिया गया हिन्दुओं और मुसलमानों के दीनी रहनुमाओं यानी महामहोपाध्यायों और शम्सुल-उलेमाओं को, जिन्हें हिन्दू-मुस्लिम फ़साद बरपा कर देने के लिए बरसों से घर बैठे वज़ीफ़े मिल रहे थे और बुरी तरह फटकारा गया उन्हें कि उन्होंने ऐसी ग़फ़लत क्यों बरती कि हिन्दू-मुस्लिम एकता का फ़ितना बरपा हो गया।

और इसके साथ-साथ पुकारा गया उन तमाम नवाबों, राईट ऑनरेब्लों,

---

5. बार-बार बजनेवाला घंटा 6. होश 7. उत्पात

ख़ान बहादुरों, रायबहादुरों, रईसों, ताजरों, सेठों, सूदख़ोरों, ज़मींदारों, जागीरदारों, तअल्लुक़ेदारों और देशी रियासतों के राजे-नवाबों को, जिन्हें हुकूमत सांड़ों की तरह पाले थी कि ऐ पिट्ठुओ! कांग्रेस की तरफ़ अपनी तोपों के मुँह मोड़ दो और आज़ादी के दीवानों पर अपने कुत्ते छोड़ दो।

अब क्या था, हर तरफ़ पकड़-धकड़ का तूफ़ान बरपा हुआ, जेलें भरी जाने लगीं, सूलियाँ खड़ी कर दी गईं और हर तरफ़ से शोर बुलंद होने लगे कि ख़ाक में मिलाकर रख दो अंग्रेज़ बहादुर के ग़द्दारों को। यहाँ तक कि आगे चलकर जलियाँवाला बाग़ की ज़मीन ख़ून में डूब गई और तड़प-तड़पकर ठंडी होने लगीं लाशें देशभक्तों की।

राष्ट्रीय आंदोलन से लगाव

यह घटना शायद 1918 की है कि सबसे पहले मुहम्मद मुस्तक़ीम ने मुझे गाँधीजी की शख़्सियत और तहरीके-आज़ादी की अहमियत से आगाह करके कांग्रेस के सालाना इजलास में शरीक होने के वास्ते अहमदाबाद भेजा था। मैं शाम के वक़्त अहमदाबाद पहुँचा। एक कैम्प में जाकर ठहर गया। थका-माँदा था, खाना खाकर सो गया। पिछले पहर यह सपना देख ही रहा था कि मैं तख़्ते-सुलेमान पर बैठा उड़ रहा हूँ कि मेरा कैम्प तानों से गूँजने लगा। आँख खुल गई, घड़ी देखी। सवा चार का वक़्त था। उठकर बाहर आ गया।

देखा कि मेरे कैम्पों के शहर पर सलोनी-सी गुलाबी रोशनी बरस रही है और सैकड़ों सुन्दर गुजराती लड़कियाँ, पतली-पतली कमरों में सुर्ख पट्टियाँ बाँधे और हाथों में शमएँ उठाए क़ौमी तराने गा रही हैं और पूरी दुनिया छम-छम नाच रही है।

मैं सुबह होते मौलाना अबुलकलाम आज़ाद के पास पहुँचा। उन्होंने हँसकर कहा, ''मलीहाबाद में जो लतीफ़ा आपने सुनाया था, आज तक उसका मज़ा ले रहा हूँ।''

महात्मा गाँधी से पहली मुलाक़ात

मौलाना आज़ाद के साथ गाँधीजी से मिला। उनकी सूरत ने मेरे सौंदर्य-बोध के मुँह पर तड़ाक से थप्पड़ मार दिया। मेरे दिल में उस वक़्त यह बात आई कि इस क़दर टूटे हुए जिस्म और इस क़दर बिगड़े हुए चेहरे का आदमी दुनिया में कर ही क्या सकता है? हिन्दुस्तान की आज़ादी और गाँधी? यह मुँह और मसूर की दाल? निराशा ने मुझे ढाँक लिया।

लेकिन जब विभिन्न समस्याओं पर उन्होंने अपनी ज़बान खोली तो उनकी

राय और उनके लहज़े की परिपक्वता और दृढ़ता ने यक़ीन दिला दिया कि हिन्दुस्तान को जिस मर्दे-मैदान का इंतज़ार था, वह आ गया है। अब हमारे दिन बहुर जाएँगे। गाँधीजी के पास पंडित मोतीलाल की साहबज़ादी विजयलक्ष्मी सर झुकाए हुए बैठी थीं। उस वक़्त तक मैंने उदास हुस्न देखा नहीं था। मेरा दिल काँप उठा और इस सोच में पड़ गया कि अगर सैयद हुसैन के साथ उनकी शादी हो जाती तो कौन-सी क़यामत आ जाती। हम सब छुटभैये हैं। आज़ादी के बाद भी हम कुत्तों की तरह लड़ते और एक-दूसरे को भंभोड़ते रहेंगे।

इतने में मौलाना मुहम्मद अली, मौलाना शौकत अली, मौलाना आज़ाद, सुबहानी और पंडित नेहरू आ गए। नेहरू ने मुझे गले लगा लिया और मुझे वह ज़माना याद आ गया जब मैं लड़कपन में अपने बाप के साथ उनके बाप के मकान में ठहरा और वहाँ सबसे पहले उन्हें देखा था। उस वक़्त वह भी क़यामत थे और मैं भी।

इसके बाद हम सब पंडाल जाने के लिए बाहर आए। अल्लाह-अल्लाह, वो हिन्दू-मुस्लिम इत्तहाद का वह जोशोख़रोश, वह कौसरो-गंगा की मौजें कंधे दर कंधे। आँखों में वे इरादों के हाँकते भँवर, वे सूरमाओं के गरजते शबाब, वे गुजराती वालंटियर लड़कियों के जोशीले गीत, वह पीत की रीत, वह उमंगों का ज़ोर, वह तरंगों का शोर, वह बहादुरों की सजधज, वह नारों की गूँज-गरज, वह तमन्नाओं के तूफ़ान, वे लौ देते अरमान—ऐसा मालूम हो रहा था कि हिन्दुस्तान की ज़मीन आसमानों की तरफ़ हुमक रही है। हर तरफ़ एक बिजली है कि लपक रही है। फ़िरंगी खड़े सीना कूट रहे हैं, हुकूमत के ग़ुरूर के शीशे छनाछन टूट रहे हैं। तूफ़ान बनकर आ रहा है स्वराज और हिन्दुस्तान के नंगे सर नौजवानों के क़दमों की तरफ़ बहता चला आ रहा है बरतानिया का ताज।

कांग्रेस पंडाल में क़दम रखा, लोगों के जोशोख़रोश को देखा और ख़ून मेरे बदन में तीन करोड़ मील प्रति क्षण की रफ़्तार से गरदिश[1] करने लगा।

ख़िलाफ़त कमेटी का इजलास

रात के वक़्त जब ख़िलाफ़त कमेटी के इजलास में शरीक होने के लिए पंडाल के पीछे से गुज़रने लगा (जहाँ रोशनी और आवाजाही कम थी) तो मैंने एक

---

1. दौड़ने

वालंटियर लड़की का दीवानावार बोसा ले लिया और मेरे बोसा लेते ही पंडाल से आवाज़ बुलंद हुई—नसरे मिन अल्लाह व फ़तह क़रीब।

मैंने इस नारे को बहुत अच्छा शगुन समझा। थोड़ी देर बाद ख़िलाफ़त के पंडाल में आ गया। देखा कि मौलाना हसरत मोहानी और महात्मा गाँधी के दरमियान बड़ी रस्साकशी हो रही है। एक तरफ़ गाँधीजी और उनके दूसरे साथी इस बात पर अड़े हैं कि अभी ब्रिटिश राज के भीतर स्वराज की माँग की जाए और दूसरी तरफ़ फ़क़त मौलाना हसरत मोहानी हैं जो मुकम्मिल आज़ादी का प्रस्ताव पास कराना चाह रहे हैं।

हज़रत हसरत मोहानी को सबने लाख-लाख समझाया। लेकिन वह नहीं माने और सीधे स्टेज की ओर चल पड़े, देकर अपना मुकम्मिल आज़ादी का प्रस्ताव लेकर। स्टेज ऊँचा था और हसरत ठिगने क़द के आदमी थे। मैंने सहारा देकर उन्हें स्टेज पर पहुँचा दिया और जब उन्होंने अपना प्रस्ताव पेश किया तो पंडाल में हंगामा बरपा हो गया। मैं इस हंगामे से ऊबकर उस वालंटियर लड़की के पास पहुँच गया, जो पंडाल के पीछे मेरा इंतज़ार कर रही थी।

जब मैं अहमदाबाद से लौटने लगा तो छोटे दादा (जिनका ज़िक्र आगे आएगा) ने कहा, ''भाई शब्बीर हसन ख़ाँ, मुझे अजमेर शरीफ़ की ज़ियारत करा दो। ऐसे मौक़े रोज़-रोज़ नहीं आएँगे।'' मैंने उनकी बात मंज़ूर कर ली। अजमेर से दो-चार स्टेशन पहले ही डिस्टेंट सिगनल डाउन न होने से गाड़ी एक जगह रुक गई। मैंने देखा कि एक बला की हसीन लड़की सामने खड़ी हुई है। उसके हुस्न ने मजबूर कर दिया कि उसे पास से जाकर देखूँ। मैं गाड़ी से उतरकर उसके नज़दीक पहुँच गया और इस क़दर मंत्रमुग्ध हुआ कि गाड़ी रेंगने लगी। छोटे दादा ने गला फाड़-फाड़कर आवाज़ दी।

मैंने पुकारकर कहा, ''आप जाएँ, अजमेर के वेटिंग-रूम में ठहर जाएँ। मैं दूसरी गाड़ी से आ जाऊँगा।'' दूसरी गाड़ी से शाम के वक़्त मैं अजमेर पहुँच गया। जब खाना खाकर लेटने लगे तो छोटे दादा ने कहा, ''भाई शब्बीर हसन ख़ाँ, आओ ज़ियारत[2] कर आएँ।'' मैंने कहा, ''आप जाएँ। मैं ख़्वाजा साहब का मेहमान हूँ और जब तक ख़ुद मेज़बान बुलाने नहीं आएँगे, मैं नहीं जाऊँगा।'' छोटे दादा ने मुझे इस तरह घूरकर देखा जैसे मैं कुफ़्र बक रहा हूँ। और मुँह बनाकर दरगाह चले गए।

---

2. दर्शन

दस्तूर के मुताबिक़ कोई चार बजे मेरी आँख खुली। नहा-धोकर शेरवानी पहनी और चाहा कि जुगनू को जगाकर टहलने निकल जाऊँ। लेकिन दस्तूर के ख़िलाफ़ नींद का एक ऐसा गहरा झोंका आया कि जूता और शेरवानी उतारे बग़ैर मैं चारपाई पर लेटा और सो गया। इसी आलम में यह सपना देखा कि एक मर्दे-बुजुर्ग मेरे सिरहाने खड़े बड़ी दिलदारी से मुस्कुरा रहे हैं। मैंने नाम पूछा तो उन्होंने सस्नेह कहा, ''मेरा नाम है मुईनुद्दीन और मेज़बान की हैसियत से आपको बुलाने आया हूँ। शर्त आपकी पूरी हो गई। अब तो आइएगा ना?''

मेरी आँख खुल गई। छोटे दादा को जगाकर सपना सुनाया। उन्हें हैरत हुई। कहने लगे, ''भाई शब्बीर हसन ख़ाँ, आप तो छुपे रुस्तम निकले।'' इसके बाद हम दोनों दरगाह चले गए।

अजमेर से पलटकर जब लखनऊ पहुँचा तो ग़लग़ला सुना कि टैगोर आए हैं। उनसे मिलने गया। उन्होंने मुझे सर से पाँव तक देखने के बाद अंग्रेज़ी में पूछा, ''क्या यह बात सच है कि मैं एक नौजवान शायर के चेहरे को देख रहा हूँ?'' मैंने सर झुकाकर अंग्रेज़ी में जवाब दिया, ''शायद!'' उन्होंने मेरा नाम पूछा। जब मैंने अपना तख़ल्लुस बताया तो उन्होंने बड़े तपाक से हाथ मिलाया और कहा, ''यह अजीब इत्तफ़ाक़ है कि कल ही सरोजिनी नायडू ने आपकी एक नज़्म 'तुलूए-सहर' (सूर्योदय) का अनुवाद सुनाया और आज आपसे मुलाक़ात हो गई। आपकी नज़्म लाजवाब है।''

इसके बाद उन्होंने बताया कि मेरे बाप फ़ारसी के बड़े स्कॉलर थे और 'दीवाने हाफ़िज़' उनके सिरहाने रखा रहता था।

जब मैं रुख़सत होने लगा तो उन्होंने कहा, ''क्या यह मुमकिन नहीं कि आप शान्ति निकेतन आकर कुछ रोज़ के लिए मेरे साथ रहें और हाफ़िज़ की स्पिरिट से मुझे बख़ूबी आगाह कर दें?'' मैंने बड़ी ख़ुशी के साथ उनकी दावत क़बूल कर ली और जुगनू ख़िदमतगार को लेकर वहाँ पहुँच गया और पढ़ने के लिए बहुत-सी किताबें भी साथ ले गया।

वहाँ की ज़िन्दगी बड़ी सादा थी। लेकिन गोश्त वहाँ नहीं खाया जा सकता था। इसकी तकलीफ़ ज़रूर थी। फिर भी जुगनू चोरीछिपे गोश्त का इन्तज़ाम कर दिया करता था।

लड़के और लड़कियों के मेलजोल के मामले में टैगोर कितने विशाल हृदय थे इसका अंदाज़ा इस घटना से किया जा सकता है कि एक दिन किसी

बूढ़े प्रोफ़ेसर ने आकर जब एक लड़की और एक लड़के के बीच हद से ज्यादा सम्बन्धों की शिकायत की तो उन्होंने उससे पूछा, ''यह सूरत अत्याचार से पैदा हुई है?'' जब उस प्रोफ़ेसर ने बताया कि इसमें अत्याचार का कोई दख़ल नहीं, तो टैगोर ने क़हक़हा मारकर कहा, ''तो फिर इसमें एतराज़ की बात ही क्या है, क़ुदरत के तक़ाज़ों पर बन्द बाँधना मानव-स्वभाव के ख़िलाफ़ ना-इंसाफ़ी ही नहीं, बग़ावत भी है।'' (यह बात सुनकर मैं भी लड़कियों के साथ खुलकर मिलने-जुलने लगा।)

मैं चाहे सूफ़ीवाद के दायरे से निकलकर भौतिक चिंतन की ओर आहिस्तगी से बढ़ रहा था; पर इसके बावजूद टैगोर की शायरी मुझे बहुत प्रभावित किया करती थी। मैं उनके अनुवाद पढ़-पढ़कर सर धुनता था। अब भी मेरे दिल में यह चोर है कि कभी-कभी सूफ़ियाना शायरी पर मैं झूम उठता हूँ। कारण इसका शायद यह है कि शायर किसी मंज़िल पर भी ख़ुश्क और खुरदरा फ़लसफ़ी नहीं बन सकता। अगर मैं बंगाली ज़बान से वाक़िफ़ होता तो टैगोर की शायरी को बंगालियों की तरह समझ सकता। लेकिन मुझे इसका बेहद अफ़सोस है कि मैंने उनकी शायरी को अंग्रेज़ी अनुवादों के माध्यम से पढ़ा और बंगालियों की तरह समझ नहीं सका।

टैगोर विशाल हृदय, विनोदप्रिय, भले, हमसे ज़्यादा बेतकल्लुफ़, भावुक और हुस्नपरस्त इन्सान थे।

लेकिन एक चीज़ उनमें ऐसी थी जो मेरे दिल में खटका करती थी और वह थी उनकी दिखावे की आदत। मैंने हमेशा इस बात को बुरी नज़र से देखा कि जब कोई विदेशी उनसे मिलने आता था तो उसके आने से पहले वह बन-सँवरकर एक ख़ास मुक़ाम पर बैठ जाते थे। धूपदान उनके पीछे सुलगा दिया जाता था और वह रूपवती कन्याओं को अपने इर्द-गिर्द खड़ा करके यों इन्टरव्यू दिया करते थे कि आनेवाले को यह गुमान होने लगे कि मैं किसी रहस्यमय देवता को देख रहा हूँ।

एक सपना

यह 1922 का ज़िक्र है कि एक दिन शाम के वक़्त जब मैं 'क़स्रे-सहर' में बैठा हुआ सामने की फूली हुई लालिमा की तरफ़ इशारा कर रहा था तो मेरी बीवी ने मुझसे कहा, ''दिन-रात तुम्हें इन्हीं बातों की धुन लगी रहती है। भूले से भी अपने गाँव-गिराँव की ख़बर नहीं लेते। ख़्वाजा हसन को तुमने ज़िलेदार बना दिया है। वह ऐसा उत्पात मचाए हुए हैं कि अल्लाह दे और बंदा ले। दोनों हाथों से लूट रहे हैं तुम्हारी रिआया को। हर तरफ माधो लूट मची हुई है, गाँव-गिराँव का न हिसाब है न किताब और जब तुम हिसाब माँगते हो, वे बातों के तोते उड़ाने लगते हैं और ज़बानी हिसाब बताकर उलटे कुछ तुम्हारे ही ज़िम्मे निकाल देते हैं। तुम्हें दस हज़ार देकर बीस हज़ार अपनी जेब में रख लेते हैं। यह कागज़ की नाव आख़िर चलेगी कब तक!'' मैंने कहा, ''अशरफ़जहाँ, अब मैं ख़ुद ही काम करूँगा।'' उन्होंने तुनककर कहा, ''अरे तुम इस क़ाबिल होते तो फिर रोना क्यों होता? तुम तो अपनी जायदाद का एक बड़ा हिस्सा और लाख-डेढ़ लाख रुपये नक़द आँखें बन्द करके अपने बड़े भैया की नज़र कर चुके हो। जो कुछ बचा-खुचा रह गया है उसे भी किसी की भेंट चढ़ा दोगे। ढाक के तीन पात रह जाएँगे। लड़की का ब्याह हो सकेगा न लड़के की पढ़ाई।''

मैंने कहा, ''अशरफ़जहाँ, इतना दिल छोटा न करो। मेरे पास जो कुछ बच रहा है वह भी ख़ुदा के फ़ज़ल से इस क़दर है कि हम-तुम बड़े आराम के साथ ज़िन्दगी बसर कर सकते हैं।'' उन्होंने बिगड़कर कहा, ''सदा अपने ही बारे में सोचते हो। अरे यह तो सोचो कि हमारे बच्चों का हश्र क्या होगा? मैं पूछती हूँ कि क्या हमारे बच्चे अपने बाप-दादा का भ्रम क़ायम रख सकेंगे?''

बीवी की ये बातें सुनकर मैं सन्नाटे में आ गया। दिल ने कहा, कहती तो ठीक है। वह पहला दिन था कि यह सोचने लगा, अपनी आमदनी और अपनी जायदाद कैसे बढ़ाऊँ? जब ख़ाक कुछ समझ में न आया तो दिल उदास हो गया और चेहरे पर बड़ी बेकसी बरसने लगी।

दूसरे कमरे में आकर अपने बच्चों के भविष्य पर ग़ौर करने लगा। इतने में ख़ुदा जाने यकायक क्या लहर आई कि मैं नात[1] कहने लगा।

ऐ कि तिरे जलाल से हिल गई बज़्मे-काफ़िरी

रेशाए-खौ़फ़ बन गया, रक़्से-बुताने आज़िरी।

नात कहकर खाना खाया, बिस्तर पर लेटा और लिहाफ़ ओढ़कर सो गया। नात सर में गूँजने लगी। बीवी के खर्राटों ने मेरे पपोटे[2] बोझल कर दिए। फ़ारान[3] की हवाओं ने लोरी दी और दो-बार करवटें बदलकर सो गया।

पिछले पहर एक अनोखा सपना देखा—सच्चा सपना या मेरी कल्पनाओं का जाल। मैं क्या फ़ैसला करूँ? यह दुनिया बड़ी विचित्र और रहस्यमय है।

हाँ तो, यह सपना देखा कि एक चमकदार चेहरे के बुजुर्ग मेरे सामने खड़े हैं और चाँद उनकी परिक्रमा कर रहा है। मैंने उनकी तरफ़ निगाह उठाई, आँखें चुंधिया गईं। बार-बार आँखें मलीं, ग़ौर से उन्हें देखा। पलभर में हाफ़िज़ा[4] जाग उठा। मैं पहचानकर उनके क़दमों पर गिर गया और मुँह मलने लगा उनके जूते पर। उन्होंने हाथों का सहारा देकर मुझे उठा लिया। मैंने रोते हुए पूछा, ''क्या आप वही मेरे रसूल हैं, जिन्होंने अपना दीदार लड़कपन में मुझे दिखाया था।'' यह सुनकर वह मुस्कुराए और इरशाद फ़रमाया, ''हाँ, मैं वही तुम्हारे पहले ख़्वाब का मुहम्मद हूँ।'' यह सुनते ही मैं उनके क़दमों पर गिरकर और उनके जूते से मुँह रगड़-रगड़कर रोने लगा।

मेरे मुहम्मद ने फ़रमाया, ''उठ खड़े हो।'' मैं हाथ बाँधकर उनके रू-ब-रू खड़ा हो गया। उन्होंने कहा, ''तुम हँसने के लिए बने हो, रोते क्यों हो?'' और मेरी पाईंती की जानिब इशारा करके हुक्म दिया कि तुम उस शख़्स के पास चले जाओ। मैंने उधर निगाह उठाई तो देखा कि एक बादशाह सर झुकाए और हाथ बाँधे खड़ा हुआ है। मैंने कहा, ''ऐ मेरे रसूल, यह कौन

---

1. वह कविता जो हज़रत मुहम्मद की स्तुति में गाई जाती है। 2. पलक 3. मक्का के क़रीब एक पहाड़ 4. याददाश्त

है ?'' उन्होंने इरशाद फ़रमाया, ''दकन का निज़ाम है। तुम्हें दस बरस तक उसके ज़ेरे-साया रहना है।''

यह सुनकर मेरा दिल इस तरह धड़कने लगा कि उसकी धड़कनों से आँख खुल गई और रोते-रोते मेरी हिचकियाँ बँध गईं।

जी भरकर रो चुका तो बिस्तर से उठा। मुँह-हाथ धोने लगा। मुँह पर दो-चार छपक्के ज़ोर-ज़ोर से मारे तो होश बजा हो गए। होश बजा होते ही एक असीम आश्चर्य ने मुझे आ घेरा। सर पकड़कर सोचने लगा कि मैंने ऐसी बंजर ज़मीन पर मकान बनाया है, जहाँ दूर तक बाग़ नहीं है। और तो और, अभी तक इस मकान को फूलों के गमलों से भी नहीं सजाया। इसके बावजूद एक निराली ख़ुशबू मेरा अहाता (घेरा) किए हुए है और ख़ुशबू भी ऐसी कि इत्र और फूल भी उसका मुक़ाबला नहीं कर सकते। आख़िर यह तिलिस्म क्या है ? यह ख़्वाब के असर का जादू है या सचमुच की ख़ुशबू है ? यह ख़याल करके मैंने बीवी को जगाया कि देखूँ वह भी ख़ुशबू महसूस करती हैं कि नहीं।

बीवी आँखें मलती हुई उठीं, पूछा, ''टहलने जा रहे हो ?''

मैंने कहा, ''और क्या, नौकर ही इस बात के हैं। जल्दी से एक गिलोरी बना दो।'' बीवी ने उठकर कुल्लियाँ कीं, पानदान खोला और जैसे ही उन्होंने चूने की चमची उठाई, बिगड़कर मुझे देखा और पूछा, ''सच-सच बताओ, रात को मुझे सोता छोड़कर कहाँ चले गए थे कि ऐसे महके-महकाए और फूलों में बसे चले आ रहे हो ?'' मैंने कहा, ''अल्लाह-अल्लाह करो अशरफ़जहाँ! इस चटियल मैदान में कहाँ जाऊँगा ? लखनऊ होता तो बात भी थी।'' कहने लगीं, ''अल्लाह री ढिठाई। जूतियों समेत आँखों में घुसे जा रहे हो। तुम्हारे पास से ख़ुशबू की लपटें चली आ रही हैं। मैंने तुम्हारे कपड़ों में इत्र नहीं लगाया था। फिर यह निगोड़ी ख़ुशबू कहाँ से आ रही है ? यह किस ग़ैबानी की ख़ाक में मिली सेज की ख़ुशबू है ?''

मैंने कहा ''मैं तुम्हें जगाकर गुनाहगार बन गया। आओ और सूँघकर देख लो मेरे कपड़ों को। अगर मेरे कपड़ों में ख़ुशबू हो तो मैं गुनाहगार ठहर जाऊँगा।''

वह मेरे कपड़े सूँघने को उठीं और सूँघकर कहा, ''तुम्हारे कपड़ों से बराबर ख़ुशबू आ रही है। अब भी इनकार करोगे ?'' मैंने कहा, ''दूसरे कमरे में चलकर मेरे कपड़े सूँघो। तब ठीक-ठीक पता चल जाएगा तुम्हें।'' उन्होंने

कहा, ''यह कह क्या रहे हो?'' मैंने कहा, ''चली तो चलो दूसरे कमरे में, फिर मैं सारा माजरा बयान कर दूँगा।'' दूसरे कमरे में जाकर उन्होंने ख़ूब ज़ोर-ज़ोर से मेरे कपड़े सूँघे, बार-बार सूँघे और कहने लगीं, ''मेरी समझ में नहीं आता कि यह क्या तिलिस्म है? वहाँ तुम्हारे कपड़ों में ख़ुशबू थी यहाँ बिलकुल नहीं, क्या तुमने कोई जंतर-मंतर सीख लिया है?'' मैंने उन्हें अपना सपना बताकर कहा कि यह इस ख़्वाब का करिश्मा है। उन्होंने पहले तो अपने मुँह पर थप्पड़ मार-मारकर और कान पकड़-पकड़कर तौबा की। अल्लाह मुझे माफ़ करे कि मैंने इस ख़ुशबू को निगोड़ी कहा था। फिर मुझसे कहा, ''तुम्हें बड़ी बशारत (ज्ञान) हुई है। मैं तुम्हें मुबारकबाद देती हूँ।'' मैंने कहा, ''तुम कुछ बोलना नहीं। मैं गुलाबो को ऊपर बुलाता हूँ। देखना यह है कि वह क्या महसूस करती है।'' गुलाबो को आवाज़ देकर ऊपर बुलाया और मैंने कहा, ''हुक़्क़ा भर लाओ।'' वह तम्बाकू निकालने के लिए अलमारी की तरफ़ बढ़ी और दो क़दम चलकर उसने एक लम्बी साँस लेकर पूछा, ''बीवी, यह ख़ुशबू कैसे आ रही है?'' मैंने होंठों पर अँगुली रखकर उसे ख़ामोश रहने का इशारा किया। वह भौंचक्की-सी मुझे देखने लगी। इतने में नीचे से छोटे दादा की आवाज़ आई, ''भाई शब्बीर हसन ख़ाँ, आज टहलने नहीं चलिएगा?'' मैंने कहा कि ऊपर आ जाइए। हुक़्क़े के एक-दो कश लेकर चलेंगे। छोटे दादा हस्बे-आदत क़हक़हे मारते ऊपर आए, अपनी टोपी तड़-से तख़्त पर फेंक दी और कान खड़े करके गहरी-गहरी साँसें लेने लगे। पूछा, ''भाई शब्बीर हसन ख़ाँ की बीवी, आज तुमने यह कैसा इत्र लगाया है कि सारा कमरा महक रहा है। एक फुरेरी हमें भी दे दो।'' ग़रज़ कि कोई आध घंटे तक वह ख़ुशबू मेरे कमरे के अन्दर मचलती रही।

निज़ाम की नौकरी

धर्मभीरु बीवी मेरे पीछे पड़ गई कि तुमको रसूल अल्लाह ने हुक्म दिया है दकन जाने का, जाओ और जल्दी जाओ।

बीवी बेचारी को तो मैंने खट से 'धर्मभीरु' कह दिया; लेकिन अपने गरेबान में मुँह डालकर यह बात नहीं सोची कि उस वक़्त मैं भी कौन-सा बुक़राते-आज़म था। मैं ख़ुद इस बशारत के इम्तहान के लिए हैदराबाद जाना चाहता था। यानी बीवी के दिल में ही नहीं मेरे दिल में भी चोर था, जो रंग लाए बग़ैर न रह सका।

यह स्पष्ट कर देना भी ज़रूरी है कि दकन का सफ़र ख़ाली रोज़ी ही का मसअला नहीं था, बल्कि मेरी एक रुमानी गुत्थी भी ऐसी थी जो हैदराबाद जाए बग़ैर खुल ही नहीं सकती थी।

हैदराबाद जाने की बात मेरे दिल में ठन चुकी थी; मगर सोचता था कि वहाँ मुझे पूछेगा कौन? न एम.ए. हूँ न सदरुल फ़ाज़िला। ले-देकर मेरी सिर्फ़ एक किताब *रूहे-अदब* छपकर लोकप्रिय हो चुकी थी। मगर एक टुटरूँटूँ किताब से होता क्या है? व्यक्तित्व तो बनता है एक जुग बीत जाने और सालहा-साल ख़ूने-जिगर थूकने के बाद।

ख़ैर, उस्मानिया यूनिवर्सिटी के प्रोफ़ेसर वहीदुलदीन साहब सलीम से पत्र-व्यवहार करके और महाराजा किशनप्रसाद के नाम हज़रत इक़बाल, मौलाना अब्दुल माजिद दरियाबादी, हज़रत अकबर इलाहाबादी और मौलाना सुलेमान नदवी से सिफ़ारिशी ख़त हासिल करके मैं 1924 के शुरू में हैदराबाद पहुँच गया।

वहाँ मैं सबसे पहले महाराजा किशनप्रसाद से मिला। मुझे देखते ही

उन्होंने कहा, ''जोश साहब, आपका मजमूअ-ए-कलाम *रूहे-अदब* देखकर मैंने तमन्ना की थी कि अल्लाह इस दरवेश-सिफ़त रईसज़ादे से मिलाए। सो मेरी वह तमन्ना आज पूरी हो गई।'' मैंने वे सिफ़ारिशी ख़त पेश किए। उन्हें पढ़कर वह कुछ सोचने लगे और मुझे अलग ले जाकर कहा, ''जोश साहब, यह बात अपने तक रखिएगा कि सरकार आजकल मुझसे नाराज़ है। अगर आप मेरे ज़माने में तशरीफ़ लाते तो मैं उसी दिन आपका इंतज़ाम कर देता। बहरहाल मैं फ़ायनांस मिनिस्टर अकबर हैदरी के नाम अभी ख़त लिखे देता हूँ। वह मुझे बहुत मानते हैं। मुझे उम्मीद है कि वह आपकी ख़िदमत में कोताही नहीं करेंगे।'' यह कहते ही कोई तीन सफ़े का लम्बा-चौड़ा ख़त लिखकर मेरे हवाले कर दिया और उसी वक़्त फ़ोन करके उन्होंने हैदरी से मेरी ज़बरदस्त सिफ़ारिश भी की। साथ ही सर राय मसऊद को भी फ़ोन पर हिदायत कर दी कि वह मुझे अपने साथ लेकर हैदरी से मिला दें। राय मसऊद मुझे हैदरी के पास ले गए और कहा कि हमारी क़ौम के यह एक उभरते हुए शायर हैं। हमारा फ़र्ज़ है कि हम इनकी हौसला अफ़ज़ाई करें। आपके दोस्त हज़रत इक़बाल ने भी इनकी ज़बरदस्त सिफ़ारिश की है और महाराजा ने भी यह ख़त आपको भेजा है। हैदरी साहब ने ख़त पढ़कर कहा, ''इनके मुतअल्लिक़ महाराजा मुझे फ़ोन भी कर चुके हैं।'' फिर मेरी तरफ़ मुँह करके हैदरी साहब ने कहा, ''आप आईंदा जुमेरात के दिन सुबह दस बजे मेरे पास आ जाइएगा, मैं आपको सरकार से मिला दूँगा।''[1]

अभी जुमेरात में दो दिन बाक़ी थे कि हैदरी साहब ने मुझे बुला भेजा। राय मसऊद भी वहाँ मौजूद थे। निहायत नफ़ीस चाय पिलाई और इधर-उधर की बातें करके उन्होंने मुझे उन क़तआत का बंडल दिया, जो शायरों ने उनके ख़िताब 'सर' की मुबारकबाद के तौर पर कहकर उनकी ख़िदमत में पेश किए थे। मैं वह क़तआत पढ़ चुका तो हैदरी ने कहा, ''जोश साहब, आप भी एक 'कता' कर दें।''

एक तरफ़ तो लफ़्ज़ 'क़ता' को 'कता' सुनकर मैं भन्ना गया और दूसरी

---

1. हैदरी साहब के वादे से मुझे बड़ी ख़ुशी हुई थी। मगर वह जो कहावत है कि बकरी ने दूध दिया, सो वह भी मींगनी भरा। मुझे उनके लहज़े से बड़ी तक़लीफ़ हुई थी। वह बकरियों की तरह 'मैं-मैं' कर रहे थे और मैं दिल ही दिल में कह रहा था कि अल्लाह ने रोज़गार की सूरत निकाली; मगर एक बकरी की मारफ़त।

तरफ़ चूँकि मैं फ़िरंगी हुकूमत से बेज़ार था, मेरे चेहरे का रंग बदल गया।

हैदरी साहब ने मुझसे पूछा कि आप यकायक इस क़दर सीरियस क्यों हो गए। मैंने कहा, ''आप बुरा न मानें तो कहूँ कि फ़िरंगी जिस शख़्स को ख़िताब देता है, उस पर माँ की गाली पड़ जाती है।'' यह सुनकर राय मसऊद और हैदरी चिराग़-पा होकर खड़े हो गए मुझे तनहा छोड़कर दूसरे कमरे में चले गए और मैं अपने ठिकाने पर लौट आया।

जब यह बात सुनी तो नवाब मेहदीयारजंग मेरे पास आए और कहा कि मैं आपको अपने वालिद अमादुल मलिक के पास ले जाना चाहता हूँ। मेरे वालिद सिफ़ारिश के मामले में इस क़दर सख़्त हैं कि जब मैं कैम्ब्रिज से इम्तहान पास करके आया था तो उन्होंने मेरी सिफ़ारिश तक करने से इनकार कर दिया था। बहरहाल मैं आपको उनके पास लिए चलता हूँ, हरचंद मुश्किल से दो फ़ीसदी उम्मीद है। लेकिन अगर उन्होंने सिफ़ारिश कर दी तो हैदरी साहब की लाख सिफ़ारिशों पर भारी होगी।

उनके साथ वहाँ पहुँचा तो देखा कि एक अस्सी-पचासी बरस के बुज़ुर्ग बरामदे की बड़ी-सी आरामकुर्सी पर दराज़ हैं और उनके चेहरे पर विद्वत्ता और दृढ़ चरित्र की आभा बरस रही है। मेहदी साहब ने परिचय दिया। दिलचस्पी की एक धारा भी उनके चेहरे पर नहीं दौड़ी। मेरे दिल पर ज़बरदस्त चोट लगी। लेकिन पी गया। मेरी अहमियत ज़ाहिर करने के लिए मेहदी साहब ने कहा, ''अब्बा, यह जोश साहब हुस्सामुलदौला तहव्वरजंग नवाब फ़क़ीर मुहम्मद ख़ाँ 'गोया' के पोते हैं।'' यह सुनकर वह चौंक पड़े और कहने लगे, ''उत्तरी हिन्दुस्तान का ऐसा कौन-सा बाशिंदा है जो इनके दादा के नाम से वाक़िफ़ न हो। लेकिन इनकी ज़ात में भी कोई जौहर है?'' मेहदी साहब ने कहा, ''यह बहुत अच्छे शायर हैं। आप इजाज़त दें तो जोश साहब कुछ सुनाएँ।''

उन्होंने कहा, ''अच्छा।'' मेहदी साहब ने मुझसे कहा, ''जोश साहब, इरशाद।'' और जब मैंने छह पंक्तियों की कविता के तीन-चार बन्द सुनाए तो वह उठकर बैठ गए और कहने लगे, ''इस नौजवान में तो अनीस की रूह बोल रही है—यह उम्र और इस क़दर पुख़्तगी! मैं तो समझता था कि आजकल के नौजवानों की तरह यह भी आयँ-बायँ-शायँ कहते होंगे। मगर इनके कलाम में रवानी भी है और मानी भी। मेहदी, ख़त लिखने का कागज़ लाओ।'' मेहदी की बाँछें खिल गईं। जल्दी से अन्दर जाकर काग़ज़ और

क़लम ले आए। आरामकुर्सी के दोनों हत्थों पर एक तख़्ता रख दिया। नवाब अमादुल मलिक ने पूरे एक सफ़े का सिफ़ारिशी ख़त लिखा और कहा कि मेहदी, तुम यह ख़त सर अमीनजंग के हवाले करके मेरी तरफ़ से कह देना कि सरकार के रू-ब-रू पेश कर दें।

नवाब अमादुल मलिक के मकान से गेस्ट-हाउस आया। छोटे दादा ने तार दिया। तार खोलकर पढ़ा तो मालूम हुआ कि मेरी बीवी परसों शाम की गाड़ी से हैदराबाद आ रही हैं। मैं हैरान हो गया कि आख़िर यह माजरा क्या है। मुलाज़मत तो दरकनार, मैंने तो अभी तक निज़ाम को देखा भी नहीं और बीवी हैं कि चली आ रही हैं।

तीसरे दिन मेरी बीवी दोनों बच्चों और अपने मामू को साथ लिए हैदराबाद आ गईं और गेस्ट-हाऊस पहुँचते ही बिगड़कर बोलीं, ''मैं यहाँ इसलिए आई हूँ कि तुम्हारे दोनों बच्चे तुम्हारे हवाले कर दूँ और ख़ुद अपनी हीरे की अँगूठी कुचलकर खा लूँ और इस दुनिया से सिधार जाऊँ।'' यह सुनते ही मेरे होश उड़ गए और घबराकर पूछा, ''अशरफ़जहाँ, ख़ुदा के वास्ते जल्दी बताओ कि आख़िर बात क्या है।'' उन्होंने रोते हुए कहा, ''मामूँ को बुलाकर पूछ लो।''

मामूँ ने जेब से एक तार निकाला। मैंने तार पढ़ा तो मालूम हुआ कि किसी अल्लाह के बन्दे ने उनके पास यह तार भेजा है कि तुम्हारे शौहर दूसरी शादी कर रहे हैं। तुरन्त हैदराबाद पहुँच जाइए। मैंने कहा, ''अशरफ़जहाँ, यह तार बिलकुल झूठा है।'' बीवी ने कहा कि अगर यह तार झूठा और तुम सच्चे हो तो अपने बच्चों के बाजू पकड़कर क़सम खा लो कि तुम दूसरा निकाह नहीं कर रहे हो।'' जब मैंने बड़े वलवले के साथ क़सम खा ली तो उनका चेहरा बहाल हुआ।

इतने में छोटे दादा हँसते हुए आए और मेरी बीवी के दिल पर अपनी ख़ैरख़्वाही का सिक्का बिठाने की ख़ातिर कहा, ''भाई शब्बीर हसन ख़ाँ की बीवी, यह तार मैंने दिया था।'' मैंने बुरा मानकर कहा, ''छोटे दादा, आपको हरगिज़ ऐसा नहीं करना चाहिए था।'' उन्होंने कहा, ''मेरे भाई बुरा न मानो। मुझसे यह कब हो सकता था कि तुम्हारा घर बिगड़े और मैं बैठा तमाशा देखता रहूँ।'' मैंने कहा, ''आप कैसी बातें कर रहे हैं, मेरा घर बिगड़ कब रहा था?'' उन्होंने कहा, ''वह शौक़ वाली बात याद करो जो एक लड़की का पयाम लेकर तुम्हारे पास आए थे।'' बीवी ने बिगड़कर मुझे देखा और

कहा, ''लो, अब तो बात खुल गई। हाय, तुम कैसे बाप हो कि तुमने अपने दोनों बच्चों की बाँहें पकड़कर झूठी क़सम खा ली।''

मैंने झल्लाकर कहा, ''अपने बच्चों की झूठी क़सम खाने वाले कसाई पर मैं हज़ार लानत भेजता हूँ। अब पूरी बात मुझसे सुन लो। यहाँ एक बहुत बड़े जागीरदार हैं। उनकी साहबज़ादी ने ख़ुदा जाने मुझे कैसे देख लिया और वह मुझ पर आशिक़ हो गई। अपनी ख़ादिमा के हाथ ख़त भेजा कि मेरी माँ ने मेरे बाप को इस बात पर राज़ी कर लिया है कि वह आपसे मेरी शादी कर दें। कल अब्बा के मुसाहिब शौक़ साहब आएँगे आपके पास। चुनांचे दूसरे रोज़ ही शौक़ साहब ने आकर मुझसे यह कहा कि अगर आप साहबज़ादी से निकाह करने पर आमादा हों तो आपके रहने के लिए एक कोठी और एक कार का इन्तज़ाम कर दिया जाएगा। आपके घर का तमाम ख़र्च जागीर से अदा होगा और पन्द्रह सौ रुपये महीना जेब-ख़र्च भी आपको दिया जाएगा।'' बीवी ने बड़ी घबराहट के साथ बात काटकर पूछा, ''और फिर तुमने क्या जवाब दिया?'' मैंने कहा कि मैंने यह जवाब दिया कि शौक़ साहब, मेरी शादी हो चुकी है। मैं दो बच्चों का बाप हूँ। हम मियाँ-बीवी को एक-दूसरे से बेहद मुहब्बत है और मैं गवारा नहीं कर सकता कि उन पर सौत लाऊँ। इसके बाद मैंने छोटे दादा से कहा, ''क्यों साहब, मैंने आपसे यही बात कही थी या कुछ और?'' छोटे दादा ने कहा, ''नहीं, यही बात कही थी।'' मैंने कहा, ''जब आपको यह मालूम हो चुका था तो आपने मेरी बीवी को तार क्यों दे दिया?'' छोटे दादा ने कहा, ''मेरे भाई, आदमी को बदलते देर नहीं लगती। मैंने सोचा कि तुम्हारी बीवी को बुलाकर तुम पर मुसल्लत[2] कर दूँ।''

यह बात सुनकर मेरी बीवी के दिल का काँटा निकल गया। कहने लगीं कि उस भड़ुवे शौक़ को अब कभी अपने घर में न आने देना। अली की तेग़ टूटे उस निगोड़े पर। मेरा लाख का घर ख़ाक करने आया था मुँआ।

एक रोज़ मैं इस बात पर ग़ौर कर रहा था कि नवाब अमादुल मलिक के ख़त को भी लगभग एक महीना गुज़र चुका है, लेकिन निज़ाम ने अब तक मुझे तलब नहीं किया है। शायद वह तीर भी ख़ता कर गया कि उसी आन दरवाज़े पर मोटर आ गई जन-जन करती, और बरामदे में ताली बजने लगीं ठन-ठन।

---

2. आच्छादित

बाहर आया तो देखा क़ादिर नवाज़जंग खड़े हैं। मुझे देखते ही उन्होंने कहा, ''मुबारक हो जोश साहब, सरकार ने आपको याद फ़रमाया है। अभी तैयार हो जाइए।''

किंग कोठी की काई लगी काली-काली दीवारों और उसके शाहाना फाटक के पुराने पर्दों पर इबरत[3] से निगाह डालता हुआ मैं जब महल-सरा के अन्दर पहुँचा तो यह हसरतनाक तमाशा देखा कि वहाँ सब्ज़े का फ़र्श है न क्यारियाँ, फूलों के पौधे हैं न सरू व चिनार—सूखा-रूखा सेहन है और उस बुझे-बुझे सेहन में हज़ारों चीज़ें निहायत बेक़ायदगी के साथ इधर-उधर बिखरी पड़ी हैं। सामने एक निहायत छोटा-सा तीन सीढ़ियों का बरामदा है। बरामदे में एक बे-पॉलिश छोटी-सी कुर्सी पर, एक अधेड़ और ख़ुश्क चेहरे का दुबला-पतला आदमी, मैले और पैबन्द लगे कपड़े पहने अकड़ा हुआ बैठा है और उसकी बेफंदे की बोसीदा तुर्की टोपी के किनारों पर मैल की एक चौड़ी तह जमी हुई है। उसके सामने तीस-चालीस रईस और अहलकार[4] दस्तारो[5]-बकलोस लगाए ऊँघी मुर्ग़ाबियों की मानिंद हाथ जोड़े सर झुकाए खड़े हुए हैं और उनके पीछे बहुत-से चीड़ के नाकारा बक्स पड़े हुए हैं।

मेरी नज़र क़बूल करके उस दुबले आदमी ने अपने दस्त-बस्ता[6] हाज़िरीन से कहा—''इन्हें पछानते (पहचानते) हो! अमादुल मलिक ने लिखा है कि यह फ़क़ीर मुहम्मद ख़ाँ गोया के पोते हैं। अगर अवध की सल्तनत बरबाद न हो जाती तो यह दकन क्यों आते? आधे मुसलमानों को अवध सँभाल लेता, आधे मुसलमानों को दकन।''

इसके बाद निज़ाम ने अपने उस्ताद हज़रत जलील मानिकपुरी को मुख़ातिब करके कहा, ''उस्ताद, इनके खानदान से तुम तो ख़ूब वाक़िफ़ होगे।'' उस्ताद ने हाथ जोड़कर कहा, ''ख़ुदावंद, इनके वालिद नवाब बशीर अहमद ख़ाँ ने उस वक़्त मेरी इमदाद की थी, जबकि मेरे उस्ताद अमीर मीनाई के इंतक़ाल के बाद कोई मेरा सरपरस्त बाक़ी नहीं रहा था।'' जलील साहब की इस शराफ़त पर मेरी आँखें डबडबा गईं। निज़ाम ने कहा, ''उस्ताद, तुम और जोश दोनों बड़े शरीफ़ आदमी हो। तुमने सबके सामने यह बात बेझिझक कह दी

---

3. बुरी अवस्था में देखकर मानसिक खेद 4. सरकारी दफ़्तर में काम करने वाला व्यक्ति 5. पगड़ी
6. हाथ जोड़े हुए

कि उनके वालिद ने तुम्हारी मदद की थी। और तुम्हारा यह एतराफ़ सुनकर जोश साहब की आँखों में आँसू आ गए। मुझे तुम दोनों की यह बात बहुत पसंद आई।'' फिर मुझसे मुख़ातिब होकर निज़ाम ने कहा, ''अमादुल मलिक ने यह भी लिखा है कि नौजवान होने के बावजूद तुम्हारी शायरी में उस्तादों की-सी पुख़्तगी पाई जाती है। अपनी कोई चीज़ सुनाओ।''

मैंने मतला सुनाया—

मिला जो मौक़ा तो रोक दूँगा जलाल रोज़े-हिसाब तेरा
पढ़ूँगा रहमत का वह क़सीदा कि हँस पड़ेगा अताब तेरा।

निज़ाम के चेहरे पर पसन्दीदगी का रंग दौड़ गया। आहिस्ता से 'वाह' कहा और जब मैंने यह शे'र पढ़ा—

जड़ें पहाड़ों की टूट जातीं फ़लक तो क्या अर्श काँप उठता
अगर मैं दिल पर न रोक लेता तमाम ज़ोरे-शबाब तेरा।

तो निज़ाम ने झूमकर कहा, 'बहुत अच्छा! बहुत अच्छा! बहुत अच्छा!' और तमाम हाज़िरीन ज़ोर-ज़ोर से दाद देने लगे। मेरी ग़ज़ल के इख़्ताम (अंत) पर निज़ाम ने कहा, ''उस्ताद जलील, इनके तेवर बता रहे हैं कि बूढ़े होकर यह तुम्हारे दर्जे के हो जाएँगे।''

इसके बाद उन्होंने पूछा, ''जोश, तुम्हारी शादी हो चुकी है?'' मैंने कहा, ''मेरी शादी हो चुकी है और मेरी बीवी यहाँ आ भी चुकी है।'' ''यहाँ आ चुकी है?'' उन्होंने हैरत से कहा और फ़रमाया, ''तुम्हारी मुलाज़िमत से पहले वह यहाँ क्यों चली आईं! अगर तुमको मुलाज़िमत न मिल सकी तो उनका यहाँ आना बेकार हो जाएगा।''

मैंने कहा, ''सरकार, मेरी बीवी को इस बात का यक़ीन है कि ऐसा हो ही नहीं सकता कि मुझे यहाँ मुलाज़िमत न मिले।''

निज़ाम ने पूछा, ''तुम्हारी बीवी को इस बात का यक़ीन क्यों था?'' मैं चुप हो गया। सोचने लगा कि उस ख़्वाब का माजरा कहूँ या न कहूँ।

मेरे इस असमंजस को देखकर निज़ाम ने कहा, ''बोलो जी, बोलते क्यों नहीं?''

इस मौक़े पर नवाब मेहदीयार जंग हाथ जोड़कर खड़े हो गए और चूँकि मैं उनसे अपना ख़्वाब बयान कर चुका था, उन्होंने कहा, ''ख़ुदावंद की इजाज़त

हो तो फ़िदवी इसका सबब बयान कर दे।'' और जब मेहदी साहब ने मेरा तमाम ख़्वाब बयान कर दिया तो निज़ाम की आँखों में आँसू भर आए और कहा, ''तो यह बोलो कि सरकारे-दोआलम ने जोश को मेरे सुपुर्द फ़रमाया है।'' वह अपने दोनों हाथ अपने सीने पर रखकर झुक गए और तमाम दरबार पर गहरी ख़ामोशी छा गई।

एक हफ़्ते के बाद उस्मानिया यूनिवर्सिटी के शोबा-ए-दारुल तरजुमा के नाज़िम (अनुवाद विभाग के निदेशक) इनायतुल्ला साहब ने, जो मौलवी ज़काउल्लाह साहब के बेटे और अकबर हैदरी व राय मसऊद के परस्तार[7] होने के कारण मेरे बदख़्वाह[8] बन चुके थे, मुझे बुलाकर कहा, ''जोश साहब, मुबारक हो। यह लीजिए शाही फ़रमान। सरकार ने पॉलिटिकल इकोनॉमी के अनुवादक की हैसियत से आपका तक़र्रुर[9] फ़रमाया है।''

मैंने कहा कि पॉलिटिकल इकोनॉमी से मेरा कोई तआल्लुक नहीं। उन्होंने खुश होकर कहा, ''तो फिर आप इनकार लिख दें।'' मैंने फ़रमान के हाशिया पर यह लिख दिया कि सरकारे-वाला-बतार का बेहद शुक्रिया। लेकिन चूँकि पॉलिटिकल इकोनॉमी मेरा सब्जेक्ट नहीं रही है, इसलिए मुझे अफ़सोस है कि मैं इस काम को अच्छी तरह नहीं कर सकूँगा। अलबत्ता अगर अंग्रेज़ी अदब के तरजुमे का काम मेरे सुपुर्द किया जाए तो उसे बड़ी ख़ूबी के साथ अन्जाम दे सकूँगा।

इनायतुल्ला ने कहा कि अंग्रेज़ी अदब तो अंग्रेज़ी ही में पढ़ाया जाता है; इसलिए उसके तरजुमे की ज़रूरत ही नहीं है। आप यह इबारत काट दें। मैंने कहा, ''क्या मज़ायका है, रहने दीजिए। काटूँगा तो बदनुमाई पैदा होगी।''

इनायतुल्ला ने कहा, ''नाज़िमे-शोबा की हैसियत से मेरा यह फ़र्ज़ है कि मैं आपकी इबारत के नीचे यह नोट लिख दूँ कि अंग्रेज़ी अदब सीधा अंग्रेज़ी ही में पढ़ाया जाता है, उसका तरजुमा बेकार होगा, आपको कोई एतराज़ तो नहीं होगा?'' मैंने कहा—''बड़े शौक़ से लिख दें, आप।''

उसके चौथे-पाँचवें दिन इनायतुल्ला ख़ुद मेरे पास आए और कहने लगे, ''जोश साहब, मुबारक हो। सरकार ने अंग्रेज़ी अदब के अनुवादक की हैसियत से आपका तक़र्रुर फ़रमा दिया है। यह लीजिए फ़रमान और लिख दीजिए इस पर अपनी मंजूरी।''

---

7. भक्त 8. बुराई चाहने वाला 9. नियुक्ति

फ़रमान में लिखा हुआ था कि हरचंद इस नये ओहदे की ज़रूरत नहीं है; लेकिन अभी जोश मलीहाबादी का मुतरज्जम अंग्रेज़ी अदब के ओहदे पर फ़ौरन तक़र्रुर किया जाए, और जब उन्हें तरक़्क़ी मिल जाए तो इस ओहदे को तोड़ दिया जाए। मैंने शुक्रिये के साथ इस फ़रमान पर दस्तख़त कर दिए।

शुक्रिये की नज़्र लेकर पहुँचा। एक नज़्र अपनी तरफ़ से और दो बीवी-बच्चों की तरफ़ से पेश की। निज़ाम ने कहा, ''अभी क्या है, मैं तुम्हें इतना दूँगा कि घर में रखने की जगह बाक़ी नहीं रहेगी। कै बीवियाँ हैं तुम्हारी?'' मैंने कहा, ''मेरी तो सिर्फ़ एक ही बीवी है।'' उन्होंने कहा, ''मैंने तो सुना है कि अवध के तअल्लुक़ेदारान की बहुत-सी बीवियाँ होती हैं।'' मैंने कहा, ''सरकारे-वाला, पहली बात तो यह है कि हम मियाँ-बीवी एक-दूसरे से बेहद मुहब्बत करते हैं, और दूसरी बात यह है कि मेरी बीवी भी मेरी ही तरह पठान नस्ल की हैं, और फिर वह बेचारी कई बरस से दिल के दौरे के रोग से मुब्तला हैं। अगर मैं दूसरी शादी कर लूँगा तो उनकी पठानों का मुहल्ला और उनका रोग दोनों मिलकर उन्हें हलाक कर डालेंगे।''

निज़ाम ने रोग का हाल सुना तो पूछा, ''कब से है?'' मैंने कहा, ''चार-पाँच बरस से है।'' पूछा, ''किस-किस का इलाज करा चुके हो?'' मैंने उन डॉक्टरों के नाम बता दिए। फिर सवाल किया, ''अब तक इलाज पर किस क़दर रुपया बरबाद कर चुके हो?'' मैंने कहा, ''कम-से-कम पन्द्रह-बीस हज़ार तो उजाड़ चुका हूँ; लेकिन मर्ज़ है कि जाने का नाम ही नहीं लेता।'' निज़ाम ने सीधे होकर बड़े गर्व के साथ कहा कि मैं डॉक्टरी और इलाज में इस क़दर दस्तगाह (दक्षता) रखता हूँ कि हरचन्द मैं बाक़ायदा हकीमी नहीं करता, लेकिन बड़े-बड़े डॉक्टरों और हकीमों के लबां नहीं खुलते हैं मेरे सामने।'' यह कहकर वह अन्दर गए और दो-चार मिनट के बाद आकर चोबदार को आवाज़ दी कि ले ये पाँच रुपये, ईसा मियाँ के बाज़ार के दवाख़ाने से गावज़बां और खमीरा मरवरीद ले आ। जब दोनों दवाएँ आ गईं तो उन्हें मेरे हवाले करते हुए इरशाद फ़रमाया कि ये दवायें सुबह और शाम अपनी बीवी को खिलाऊँ-पिलाऊँ। किसी दिन नाग़ा न होने दूँ। और ऐन 'मर्ग'[10] के दिन आकर बताऊँ कि मेरी बीवी कैसी हैं।

---

10. दकन में अरबी महीने करशगाल की पहली तारीख को 'मर्ग' कहते हैं।

पन्द्रह-बीस रोज़ के बाद ऐन 'मर्ग' के दिन मैं किंग कोठी गया। दो नज़्रें पेश कीं। अशरफ़ियों को देखकर उनके चेहरे पर सुर्ख़ी दौड़ गई। पूछा, ''यह दूसरी नज़्र किसकी तरफ़ से है?'' मैंने कहा कि मेरी बीवी की तरफ़ से। उन्होंने कहा, ''बताओ, मेरी दवाओं का असर?'' मैंने सफ़ेद झूठ से काम लेकर कहा, ''सरकार दवाओं ने तो जादू का असर किया। ऐसा मालूम होता है कि उन्हें कभी रोग था ही नहीं।'' यह सुनते ही उनके चेहरे और उनके तमाम बदन में ख़ुशी की लहर दौड़ गई और चोबदार को हुक्म दिया कि फलाँ-फलाँ डॉक्टरों और तबीबाँ को फ़ौरन हाज़िर कर दो।

जब तमाम नामी तबीबाँ और डॉक्टर हाज़िर होकर नज़्रें पेश कर चुके तो उन्होंने हुक्म दिया कि तमाम तबीबाँ मेरे दाहिने तरफ़ और तमाम डॉक्टर मेरे बाईं तरफ़ सफ़ें बाँधकर खड़े हो जाएँ। जब हुक्म की तामील हो गई तो कोतवाल-शहर वेंकटराम रेड्डी को उन सफ़ों के दरमियान खड़ा कर दिया गया।

ऐन उस वक़्त जबकि हकीम और डॉक्टर उनकी तरफ़ इस उम्मीद के साथ देख रहे थे कि आज हम सब पर कोई-न-कोई नवाज़िश ज़रूर की जाएगी, निज़ाम ने कड़ककर उनसे कहा, ''देखो, यह जोश मलीहाबादी तुम्हारे सामने खड़े हुए हैं। यह बेचारे अपनी बीवी के इलाज में पन्द्रह-बीस हज़ार रुपये तुम बेईमान मसखरों को चटा चुके हैं। लेकिन तुम इन्हें तन्दुरुस्त नहीं कर सके। मैंने दो दवायें दीं और बीस दिन के अन्दर उनकी बीवी का मर्ज़ ग़ायब हो गया। अब, ऐ सालो, अगर तुम मेरे सामने होशियारी का दावा करोगे तो मैं तुम्हारी...और फ़क़त यही नहीं मैं तुम सबकी...में रेल चला दूँगा और उस रेल में बैठकर धकाधक करता एक स्टेशन तक चला जाऊँगा।''

निज़ाम की ज़बान से ये अश्लील गालियाँ सुनकर उन सबके रोंगटे खड़े हो गए। उनके गलमुच्छे और लम्बी-लम्बी दाढ़ियाँ हवा में फुरफुराने लगीं। डॉक्टरों की खड़ी मूँछों की खड़ी चोंचों पर भैरो नाचने लगा, ज़िल्लत के कौवे उनके सरों पर काँव-काँव करने लगे और उनकी झुकी पलकों के नीचे लाल-लाल मुँह के बंदर छलांगें लगाते नज़र आने लगे।

उनकी यह हालत देखकर ऐसा मालूम हुआ कि जैसे कोई बहुत भारी पत्थर किसी पहाड़ से टूटकर दरिया में आ गिरा हो और स्थिर पानी में यकायक भूचाल आ गया हो।

अनुवाद विभाग—यह मुक़ाम दफ़्तर कम और उपहास विभाग ज़्यादा

था। हम तमाम लोग (सैयद अबुल मौदूदी के अलावा) रोज़ हाशिमी साहब फरीदाबादी के कमरे में जमा होकर गप्पें उड़ाते और शायरी किया करते थे। मैंने वहाँ तक़रीबन डेढ़ बरस काम किया और जब अल्लामा अलीहैदर साहब तबातबाई को पेंशन मिल गई तो नवाब अकबरयार जंग की कोशिश से मुझे तरक़्क़ी मिल गई। मेरा ओहदा तोड़ दिया गया और मैं अल्लामा तबातबाई की जगह 'मशीरे-अदब' के ओहदे पर काम करने लगा। मेरी यह बड़ी अदबी नमकहरामी होगी अगर मैं यह स्वीकार न करूँ कि अनुवाद-विभाग में रहने से मुझे बेहद इल्मी फ़ायदा हुआ। ख़ासतौर पर अल्लामा अमादी, अल्लामा तबातबाई और मिर्ज़ा मुहम्मद हादी रुसवा की संगत में मैंने बहुत कुछ सीखा और मुझमें अध्ययन की सही लगन पैदा हुई। शब्दों के सही उच्चारण और उपयुक्त प्रयोग का जो पौधा मेरे बाप और मेरी दादी ने मेरे वजूद की सरज़मीं पर लगाया था, अगर तबातबाई, मिर्ज़ा मुहम्मद हादी और अमादी की दस बरस की सोहबत का मौक़ा मुझे न मिलता, वह कभी न फूलता-फलता।

मिर्ज़ा मुहम्मद हादी साहब मेरे पड़ोसी थे। मैं दकन आकर फिर उनसे पढ़ने लगा और इस बार फ़ारसी के साथ उनसे अंग्रेज़ी अदब और फ़िलसफे (दर्शन) का भी बाक़ायदा सबक़ लेना शुरू कर दिया। हरचंद 1918 से मैं शराब के लुत्फ़ से आगाह हो चुका था, इसलिए कभी-कभी किसी दावत में तो पी लेता था; लेकिन तनख़्वाह से ख़रीदकर कभी नहीं पीता था। इसलिए मुझे यह फ़ुरसत थी कि रोज़ रात को ग्यारह-बारह बजे तक पढ़ा करता था।

हैदराबाद से निकाला जाना

हैदराबाद के सर पर जागीरदारी और शहरयारी का गिद्ध ठूँगे मार रहा था। हर तरफ़ दरबारी साज़िशों के जाल बिछे हुए थे। निज़ाम के मुसाहिब हरचंद लिखे-पढ़े नहीं थे; लेकिन इस क़दर कढ़े, ऐसे दरबारी मसख़रे, मौरूसी मिरासी, ख़ानदानी ख़ुशामदख़ोरे, मश्शाक़ भाँजीमार, छँटे तोहमतकार, बोली-ठोली में इस क़दर ताक़ो-मश्शाक़ और नवाब के इस दर्जा मिज़ाज-शनास थे कि उन्हें अँगुलियों पर नचाते, चापलूसी के तवों पर रोटियाँ पकाते, अपने को उभारते, हरीफ़ों को गिराते और माँ-बहन की गालियाँ खाते और शरबत की तरह पी जाते, बातों के तोते उड़ाते और उन तोतों को अपने आका की भवों पर बिठाते और उनसे 'बनीजी भेजो' के नारे लगवाते थे।

जिस तरह साँपवाले बाँसुरियों पर नागों को नचाते हैं, इस तरह यह मसख़रे भी अपने नर्म लहज़ों की गाड़ियों में, अपनी आँखों के, घूमते हुए मक्कार ढेलों के पहिए लगाते और अपनी ग़लत बात को सच कर देने की ख़ातिर अपने सधे हुए चेहरों के मुँह में लगाम लगाकर अपनी मंज़िले-मक़सूद की जानिब हँकाते और निज़ाम को अपने रास्तों पर चलाते थे। बड़े हाकिमों और जागीरदारों से अगर बिगड़ जाते तो सरे-दरबार उन्हें पिटवाकर निकलवा देते और उनके घरों में झाड़ू फिरवा दिया करते थे।

उनकी ज़बानें ऐसी रेंगती हुई नागिनें थीं जिनसे और तो और शाहज़ादे तक महफ़ूज़ नहीं थे।

मैंने 'ग़लत-बख़्शी' के नाम से निज़ाम के ख़िलाफ़ एक नज़्म कही थी, जिसका ज़िक्र आगे आएगा। दरअस्ल, वही नज़्म मेरे वहाँ से निकाले जाने का सबब बन गई। लेकिन इस नज़्म की पुश्त पर जो और असबाब भी काम

कर रहे थे उनका किसी को इल्म नहीं है। इसलिए मुनासिब मालूम होता है कि उन असबाब को भी बयान कर दूँ।

मुझ कमबख़्त घर फूँक तमाशा देखने वाले की यह आदत है, चाहे इसे हुनर समझा जाए या ऐब, कि मैं अवाम के क़दमों पर सर झुका देने को इंतहाई शराफ़त और सत्ताधारियों के तख़्त के रू-ब-रू गर्दन ज़रा भी नीची करने को कमीनगी समझता हूँ और मीर तक़्क़ी मीर की मानिंद—

का नारा लगाता रहता हूँ।

अपनी इस आदत के साथ जब मैं निज़ाम के रू-ब-रू सर से पाँव तक विनम्रता बनकर जाता, उन्हें 'सरकार' कहता और उसकी ज़बान से अपने मुतअल्लिक़ 'तुम' सुनता था तो मेरे दिल पर ऐसी चोट लगती थी कि बिलबिला उठता था। ज़बान से तो कुछ नहीं कहता था, लेकिन मेरे चेहरे का बदला हुआ रंग और मेरे चोट खाए दिमाग़ की बरक़्क़ी लहरें निज़ाम के दिल पर इस तरह असर किया करती थीं जिस तरह मैदान में सोने वाले पर शबनम गिरती है और उसे कुछ भी ख़बर नहीं होती कि मेरे सर में यह धमक क्यों हो रही है ?

मैं अपने टुकड़े-टुकड़े गुरूर के साथ जब घर आता था तो बीवी के सामने अपनी इस बेइज़्ज़ती का रोना रोया करता था और वह भी इस असावधानी के साथ कि नौकर-चाकर सब सुन लिया करते थे।

मुझे बिलकुल यह मालूम नहीं था कि निज़ाम की ख़ुफ़िया पुलिस का घर-घर में इस तरह जाल फैला हुआ है कि कोई उसकी ज़द से बचकर निकल ही नहीं सकता। सिर्फ़ घर के नौकर-चाकर या मामायें ही नहीं सौदा बेचनेवालियाँ तक ख़ुफ़िया पुलिस में भर्ती थीं।

मुझे इस बात का पता क्योंकर चला, वह भी सुन लीजिए। एक रोज़ नवाब क़ादिरयार जंग बड़ा ख़ौफ़नाक चेहरा बनाए मेरे पास आए और कहा, ''जोश साहब आप अपने महल में जिस बात का रोना रोया करते हैं, सरकारे-वाला तक वह बात पहुँच गई है और मुझे इस बात की बड़ी ख़ुशी और इन्तहाई हैरत है कि यह बात सुनकर सरकार ने मुस्कुराकर इरशाद फ़रमाया कि जोश बड़ा

मग़रूर आदमी है। मुलाज़मत कर रहा है मगर उसके दिमाग़ से दौलतमंदी की ख़ुशबू अभी तक नहीं निकली। सुनता हूँ, वह ख़ुदा से भी गुस्ताख़ियाँ किया करता है। लेकिन क्या करूँ सरवरे-कायनात (हज़रत मुहम्मद) ने इस शख़्स को मेरे सुपुर्द फ़रमाया है।''

निज़ाम की सालगिरह वग़ैरह पर तमाम शायर क़सीदे पेश किया करते थे; लेकिन मैंने कभी क़सीदा नहीं कहा। एक सालगिरह के मौक़े पर एक रिसाले के सम्पादक ने मेरी एक बहारिया नज़्म 'क़सीदा' बनाकर छाप दी, जिसका यह मतला था—

उठी वो घटा रंग सामानियाँ कर[1]

गुहरबारियाँ कर, गुलअफ़शानियाँ कर।

इस नज़्म में सालगिरह की जानिब कोई ज़रा-सा भी इशारा या निज़ाम की तारीफ़ में कोई एक शे'र भी नहीं था। लेकिन मेरे इस मक़ता पर शाही इताब नाज़िल हो गया—

कभी 'जोश' के जोश की मदह[2] फ़रमा

कभी गुलरुख़ों की सनाख़्वानियाँ कर।[3]

निज़ाम इस धोखे में पड़ गए कि इस क़ते का रुख़ उनकी तरफ़ है और दूसरे ही दिन फ़रमान निकाला गया कि मालूम होता है कि यह क़सीदा जोश ने किसी ख़ास वक़्त (शराब के नशे में) कहा है। उन्हें चाहिए कि वह ऐसे अवसरों पर सरकार को याद न किया करें। अगर वह आइन्दा ऐसा करेंगे तो अच्छा नहीं होगा।

इस घटना के कोई दो बरस बाद एक रोज़ नवाब मेहदीयार जंग बहुत घबराए हुए मेरे पास आए और कहा, ''बड़ा ग़ज़ब हो गया। होश बिलग्रामी ने सरकारे-आली तक यह ख़बर पहुँचा दी है कि आपके...शाहज़ादी से गहरे तअल्लुक़ात हैं और उन्होंने यह भी कहा है कि...महल में जिस वक़्त... शाहज़ादी जोश को रोक रही थी और जोश टाल-मटोल कर रहे थे, उस वक़्त पर्दे के पीछे से मैंने ख़ुद सुना था कि शाहज़ादी ने बड़े प्यार के लहज़े में उनसे फ़रमाया था कि अगर तुम इस वक़्त नहीं रुकोगे तो मैं तुम्हें मार डालूँगी।''

---

1. फूल बरसा 2. तारीफ़, प्रशंसा 3. कभी सुन्दर चेहरेवालों का प्रशस्ति-गान कर।

निज़ाम के दिल में ये बातें मालूम और ना-मालूम तरीक़े से अभी उठ ही रही थीं कि मैंने वह नज़्म, जिसका ज़िक्र कर चुका हूँ, जागीरदारों और वज़ीरों की भरी महफ़िल में सुना दी और तमाम महफ़िल पर एक दहशतनाक सन्नाटा छा गया। नवाब निज़ामतजंग वज़ीरे-सियासत ने मेरे कान में कहा— ''कुल्हाड़ी मार ली आपने अपने पाँव पर? एक मुलाज़िम सरकारे-आली की हैसियत से ऐसी नज़्म आपको कहनी ही नहीं चाहिए थी और कह भी दी थी तो फिर यह चाहिए था कि इसे सात पर्दों में छिपाकर रखें। हद कर दी आपने अदूरदर्शिता की। ख़ैर, मैं तो इस पर कोई कार्रवाई नहीं करूँगा। ख़ुफ़िया पुलिसवालों ने यह नज़्म लिख ली है। यक़ीन रखिए, कल तक यह किंग कोठी पहुँच जाएगी।'' उस नज़्म के चन्द शे'र सुन लीजिए। (यह नज़्म मेरे किसी संकलन में छप चुकी है।)

इलाही अगर है यही रोज़गार

कि सीने रहें अहले-दिल के फ़िगार[4]

रनायत[5] को हासिल हों सरदारियाँ

शराफ़त करे क.फ़श बरदारियाँ[6]

सरे-बज़्म जुहल[7] आएँ, अहले-नज़र

बशक्ले - गुलामाने - ज़री क़मर[8]

हुनर हो, और इस दर्जा बेआबरू

तुफ़ू बर तू ए चर्ख़े-गरदां तुफ़ू[9]

दूसरे ही दिन वह नज़्म निज़ाम तक पहुँच गई। कोई दूसरा ऐसी ज़बरदस्त गुस्ताख़ाना नज़्म लिखता तो बीवी-बच्चों समेत कोल्हू में पेर दिया जाता। लेकिन उनकी शराफ़त देखिए कि उन्होंने बड़े ख़ुफ़ियातौर पर मेरे हमनिवाला और हमप्याला दोस्त आग़ाजानी नायब कोतवाल को मेरे पास भेजा कि वह मुझे अपने हमराह किंग कोठी ले आएँ। आग़ा ने मुझसे कहा, ''मुझे इस बात पर बड़ी हैरत है कि हरचंद आपने इस क़दर सख़्त नज़्म कही है, फिर भी निज़ाम आपके ख़िलाफ़ किसी क़िस्म की कार्रवाई पसंद नहीं फ़रमाते हैं। और उन्होंने यह इरशाद फ़रमाया है कि अगर जोश मुझसे माफ़ी तलब करके इस

---

4. चलनी 5. कमीनों 6. जूते सीधे करें 7. भूखे भट्टाचार्य 8. सुयोग्य व्यक्ति कमर में सुनहरी पेटियाँ बाँधे गुलामों की तरह खड़े हों 9. ऐ आसमान तुझ पर लानत है, लानत है।

बात का वादा कर लें कि वह आइन्दा मेरे ख़िलाफ़ कुछ नहीं कहेंगे तो मैं उन्हें दिल से माफ़ कर दूँगा। इसलिए अभी-अभी मेरे साथ चलिए।'' मैंने कहा, ''आग़ा, माफ़ी माँगने पर मैं तैयार नहीं हूँ।'' वह यह सुनकर दंग रह गए। मुझसे कुछ नहीं कहा, ज़नाने दरवाज़े पर जाकर आवाज़ दी, ''भाभी, ज़रा एक बात सुन लीजिए।'' जब मेरी बीवी पट की आड़ में आकर खड़ी हो गई तो उन्होंने कहा, ''भाभी, आपके शौहरे-नामदार सरकार से माफ़ी माँगने पर तैयार नहीं हैं।'' बीवी ने आग़ा से कहा, ''ज़रा उन्हें बुला लीजिए।'' आग़ा ने मुझे पुकारा। मैं पहुँच गया और बीवी ने बड़े चौकन्नेपन के साथ डाँटकर मुझसे कहा—''अरे क्या तुम्हारा दिमाग़ चर गया है। आधी से ज्यादा जायदाद तबाह करके यहाँ आए हो। और अभी छह महीने भी नहीं हुए हैं कि इस आधी जायदाद को भी मलीहाबाद जाकर तीन बरस के लिए ख़्वाजाहसन को ठेके पर दे आए हो और वह सारा रुपया भी छुप-छुपकर बम्बई जाकर बरबाद कर आए हो। माफ़ी नहीं माँगोगे तो क्या झन्ने झाड़ते फिरोगे? फिर यह भी तो सोचो कि लड़के-लड़कियों को लिखाना-पढ़ाना और उनकी शादियाँ करनी हैं। जाओ, इसी घड़ी जाओ और सरकार से माफ़ी माँग लो। नहीं तो मुझसे बुरा कोई नहीं होगा। सुन रहे हो तुम?''

मैंने कहा, ''अशरफ़जहाँ, यह बात सच है कि हम तुम से डरते हैं। मगर यह भी सुन लो कि इस क़दर नहीं डरते हैं कि भीगी बिल्ली बन जाएँ और माफ़ी माँग आएँ।'' यह सुनकर बीवी हक्का-बक्का होकर रह गई। देर तक मुझे घूरा और फिर आँखें झुका लीं। आग़ाजानी यह कहते हुए चले गए कि जो शख़्स ख़ुदकुशी पर तुल जाए, उसे कोई रोक नहीं सकता।

आग़ा के चले जाने के बाद मैंने डर के मारे घर में क़दम नहीं रखा और दूसरे दिन जल्दी-जल्दी इस्तीफ़ा लिखकर अपने महकमे के सेक्रेटरी नवाब ज़ुलक़दर जंग के पास चला गया।

ज़ुलक़दर ने कहा कि जोश साहब आप यह क्या कर रहे हैं! जज़बात में न बहिए, अक़्ल से काम लीजिए, जाइए सरकार से माफ़ी माँग लीजिए। आपको मालूम नहीं कि मुलाज़िम की खाल को मोटा होना चाहिए। सरकार मुझे गालियाँ तक दे चुके हैं, यह आपसे कह रहा हूँ; लेकिन मैं पी गया, इस्तीफ़ा नहीं दिया। आपकी बात तो क़तई इसके उलटी है। आपने ख़ुद सरकार पर लान-तान की है और इसके बावजूद उलटे इस्तीफ़ा दे रहे हैं।

देर तक वह मुझे समझाते रहे, देर तक तक़रार होती रही और जब मैं नहीं माना तो उन्होंने ग़ुस्से में आकर मेरा इस्तीफ़ा किंग कोठी रवाना कर दिया।

मेरा इस्तीफ़ा जंगल की आग की मानिंद निज़ाम तक पहुँच गया और निज़ाम चीख़-चीख़कर कहने लगे, ''बड़ा ग़जब हुआ। जोश मुझसे जीते जा रहे हैं, जोश मुझसे जीते जा रहे हैं।'' नवाब सर अमीनजंग ने कहा, ''ख़ुदावंद से कौन जीत सकता है ? कहाँ जोश और कहाँ शाहे-दकन ? जोश के मर्तबे के तो सैकड़ों शायर लखनऊ की गलियों में जूतियाँ चटख़ाते फिरते हैं।'' निज़ाम ने कहा, ''अमीन, तुम बात की नज़ाकत को नहीं समझ रहे हो। मज़ा तो तब था कि उनके इस्तीफ़े से पेशतर ही मैं उन्हें बरतरफ़ कर देता। लेकिन इस आलम में जब वह ख़ुद इस्तीफ़ा दे रहे हैं, बात उलट गई है और मैं हारा जा रहा हूँ।''

नवाब अमीनजंग ने हाथ जोड़कर अर्ज़ किया, ''ख़ुदावंद, इस इस्तीफ़े को ग़ुलाम के हवाले फ़रमा दें, बंदा अभी मामले को पलट देगा।'' निज़ाम ने मेरा इस्तीफ़ा उनकी तरफ़ फेंक दिया। अमीनजंग ने उसे उठाकर फ़ौरन चाक कर दिया और हवा में उसके पुर्ज़े उड़ाकर कहा, ''सरकारे-वाला, अब इस इस्तीफ़े का वजूद ही बाक़ी नहीं रहा है। अब सरकार फ़रमान जारी कर दें।'' निज़ाम का चेहरा दमक उठा और कहने लगे, ''अमीन, तुमने मुझे जिता दिया। हमारे सेक्रेटरी को ऐसा ही ख़ाबिल (क़ाबिल) होना चाहिए। लिखो फ़रमान, कि जोश मलीहाबादी को सरकारे-आली की सल्तनत से बाहर किया जाता है। पन्द्रह दिन के अन्दर-अन्दर वह रवाना हो जाएँ और जब तक दूसरा हुक्म न हो यहाँ क़दम न रखें।''

फ़रमान लेकर आग़ाजानी मेरे पास आए और कहने लगे, ''इस फ़रमान को समझें भी ?'' मैंने कहा कि इसमें समझने की क्या बात है। उन्होंने कहा कि मैं सरकारे-वाला का मिज़ाज पहचानता हूँ। इसलिए फ़रमान के दो नुक़्ते बताने आया हूँ। पहला नुक़्ता तो यह है कि सरकार जब किसी पर क़हर फ़रमाते हैं तो उसे चौबीस घंटे के अन्दर निकाल देते हैं। आपको चौबीस घंटे के एवज़ पूरे पन्द्रह दिन की मोहलत दी गई है और वह इस मक़सद से कि आप सूरते-हाल को ठंडे दिल से समझकर माफ़ी माँग लें और यह फ़रमान वापस ले लिया जाएगा। दूसरा नुक़्ता यह है कि इसमें 'जब तक दूसरा हुक्म न हो' लिखकर आपकी वापसी को नामुमकिन नहीं बनाया गया है। देखिए, अब भी कुछ नहीं गया है। अभी मेरे साथ सरकार की ख़िदमत में हाज़िर

होकर माफ़ी माँग लीजिए। अगर इसी वक़्त यह फ़रमान मंसूख न कर दिया जाए तो मेरी नाक काट लीजिएगा।

मैंने आग़ाजानी को गले लगाकर उनका माथा चूम लिया और कहा, ''आप वाक़ई मेरे पक्के दोस्त हैं; लेकिन मैं किसी तरह माफ़ी तलब नहीं करूँगा।''

आग़ा ने सर पकड़कर कहा, ''भाई, राजहठ, बालहठ, त्रियाहठ तो सुनी थी। आज मालूम हुआ कि चौथी हठ भी होती है जिसे 'शायरहठ' कहना चाहिए।''

मैंने अन्दर जाकर बीवी से कहा, ''अब सामान बाँधो। हम यहाँ पन्द्रह दिन क्यों पड़े रहें, तीन-चार दिन में ही क्यों न चले जाएँ?'' बीवी ने कहा, ''यह तो सोचो, जाओगे कैसे? जाने का दमदरूद (सामर्थ्य) भी है? तुम्हारे बहन-बहनोई, उनके बच्चे, हम लोग, छोटे दादा और दोनों नौकर। इतने आदमियों का किराया-भाड़ा कहाँ से आएगा। फिर तुम्हारी यह ज़िद भी है कि हम अपनी मोटर और दोनों कुत्ते भी साथ ले जाएँगे और उन्हें यहाँ की गलियों में मारा-मारा नहीं फिरने देंगे। इन सबके लिए रुपया कहाँ से आएगा? इसी दिन के लिए मैं तुमसे कहा करती थी कि रोज़ दावतें न करो, गोल के गोल आदमियों को रोज़ शराब न पिलाओ, इतने अलल्ले-तलल्ले न करो। अब बताओ क्या करोगे और कैसे जाओगे?''

बीवी की बातें सुनकर मैं चकरा गया। मैंने कहा, ''फिर अशरफ़जहाँ क्या किया जाए?'' उन्होंने कहा, ''जाओ और शाहज़ादे और महाराजा (किशन प्रसाद) से कर्ज़ माँगो।'' मैंने कहा, ''मैं कर्ज़ माँगने नहीं जाऊँगा। यह तो इन दोनों का फ़र्ज़ था कि किसी को मेरे पास भेजकर पुछवाते कि हम इस मौक़े पर आपकी क्या इमदाद कर सकते हैं। जब उन्होंने अपना फ़र्ज़ अदा नहीं किया तो मैं बेग़ैरती लादकर उनके पास क्यों जाऊँ।'' बीवी ने कहा, ''हाँ, सच कहते हो। लेकिन मैं पूछती हूँ कि अब सुबीता क्या किया जाए?'' ग़रज़ यह कि एक-एक करके दिन गुज़रने लगे और जाने की तारीख़ क़रीब से क़रीबतर आने लगी और कोई तदबीर समझ में नहीं आई।

एक रोज़ इसी बेचारगी के आलम में सर झुकाए बैठा था कि हकीम आज़ाद अंसारी ने आकर कहा, ''कुछ ख़याल भी है कि यहाँ से जाने में अब फ़क़त चार दिन बाक़ी रह गए हैं?'' मैंने कहा, ''आज़ाद साहब, अब इसके सिवा कोई चारा नहीं है कि मैं निकलने के दिन बड़े इत्मीनान से अपने फाटक

के सामने आरामकुर्सी पर बैठ जाऊँ और निज़ाम की नाफ़रमानी के जुर्म में अपने को गिरफ़्तार कराके जेल चला जाऊँ। लेकिन मेरे बाल-बच्चे क्या करेंगे ?''

आज़ाद ने कहा, ''गिरफ़्तार हों आपके दुश्मन। मैं ऐसी तदबीर निकालकर आया हूँ, जो पट पड़ ही नहीं सकती। आपको इस बात का इल्म नहीं कि ख़ानदाने-आसफ़िया की यह एक पुरानी रवायत है कि शाही मातूबों[10] को आजीवन वज़ीफ़ा दिया जाता है। आप भी मातूब हैं, आपको भी वज़ीफ़ा दिया जाएगा। इसलिए आप अल्लाह का नाम लेकर इस मज़मून की दरख़्वास्त लेकर अकबर हैदरी के पास जाएँ कि आपको ख़ज़ाना-ए-सरकारे-आली से पाँच हज़ार रुपये की रक़्म बतौर क़र्ज़ दे दी जाए और उस रक़्म को वज़ीफ़े में से क़िस्तों में काट लिया जाए।''

मैंने कहा, ''तदबीर तो आपकी माकूल है; लेकिन क्या मुँह लेकर हैदरी के पास जाऊँ। उन्हें तो ख़िताब के मामले में ज़लील कर चुका हूँ।'' आज़ाद ने कहा, ''इससे क्या होता है ? आप हैदरी से तो कर्ज़ नहीं माँग रहे हैं। कर्ज़ तो सरकारी ख़ज़ाने से मिलेगा।'' मैंने कहा, ''बहुत अच्छा। मैं तैयार हूँ। लेकिन दरख़्वास्त लिखनी तो मुझे आती नहीं।'' आज़ाद ने अपनी जेब से टाइपशुदा दरख़्वास्त निकालकर मेरे हवाले कर दी और कहा, ''इसी ख़याल से मैं आपके पास लैस होकर आया था कि दरख़्वास्त लिखना आपके बस का रोग नहीं।''

अपने मिज़ाज के ख़िलाफ़ लाखों कोड़े मार-मारकर मैं हैदरी के पास गया। उन्होंने बड़ी नर्मी के साथ पूछा, ''जोश साहब, मैं आपकी क्या ख़िदमत कर सकता हूँ ?'' मैंने कहा, ''आप मुझ पर दो इनायतें कर सकते हैं। पहली इनायत तो यह होगी कि आप मेरी इस क़र्ज़ की दरख़्वास्त को क़ुबूल फ़रमा लें। यह मुमकिन न हो तो फिर यह दूसरी इनायत करें कि मुझे नाफ़रमानी के जुर्म में गिरफ़्तार कराकर जेल भिजवा दें।''

उन्होंने मेरी दरख़्वास्त अपने हाथ में लेते हुए कहा, ''आप गिरफ़्तारी की बात न कहें। अगर आपको गिरफ़्तार कर लिया तो लिटरेचर की हिस्ट्री हैदराबाद को कभी माफ़ नहीं कर सकेगी।''

दरख़्वास्त पढ़कर वह दाढ़ी खुजलाने लगे। मैंने कहा, ''हैदरी साहब, आप अपने दिमाग़ पर बोझ न डालें। मैं हर मुसीबत के लिए बख़ुशी तैयार

---

10. जिस शख़्स पर क़हर ढाया गया हो

हूँ।'' उन्होंने कहा, ''जोश साहब, यह फ़ायनेंस का मामला है। इसमें पाँच-छह महीने लगेंगे।'' मैंने कहा, ''मुझे तो सिर्फ़ चार दिन की फ़ुरसत है।''

वह सर झुकाकर सोचने लगे। अपनी ख़शख़शी दाढ़ी खुजलाई, ऐनक साफ़ करके दोबारा लगाई और आख़िरकार गर्दन के एक फ़ैसलाकुन झटके के साथ मेरी दरख़्वास्त मंज़ूर करके उस पर दस्तख़त कर दिए। दूसरे ही दिन मुझे पाँच हज़ार रुपये मिल गए।

जाता है आसमां लिए कूचे से यार के
आता है जी भरा दरो-दीवार देखकर।

कैसे बताऊँ कि हैदराबाद से रवानगी के वक़्त मेरे दिल का क्या आलम था। एक तरफ़ ग़मे-दौराँ (दुनिया का ग़म) और एक तरफ़ ग़मे-जानाँ (प्रेयसी का ग़म)। मेरे रोज़गार की शम्अ बुझकर धुआँ दे रही थी और मेरे इश्क़ का चाँद गहनाकर उदासी बरसा रहा था। बीवी रेल के डब्बे में उदास बैठी थी और महबूबा वेटिंग-रूम में पछाड़ें खा रही थी और मेरा यह आलम था कि बार-बार बीवी की नज़र बचाकर वेटिंग-रूम जाता, महबूबा को गले लगाकर रोता और आँसू पोंछकर बाहर आता और सैयद अली अख़्तर, सैयद अबुलख़ैर मौदूदी और सैयद अबुलआला मौदूदी से, जो मुझे रुख़सत करने आए थे, बातें करने लगता था।

मैं इसी आलम में था कि नवाब जुलक़दरजंग आ गए और एक काग़ज़ मेरी तरफ़ बढ़ाकर कहा, ''यह मेरे नाम का शाही फ़रमान है, इसे पढ़ लीजिए।'' फ़रमान अक्षर-अक्षर याद नहीं, लेकिन मतलब यह था कि जोश मलीहाबादी आज हिन्दुस्तान जा रहे हैं। उनसे कह दो कि वह अपनी क़लम को मेरे ख़िलाफ़ इस्तेमाल न करें। अगर माफ़ी पर तैयार हों तो अब भी गुंजाइश बाक़ी है। मैंने कहा, ''नवाब साहब, आला हज़रत की ख़िदमत में मेरा शुक्रिया अदा करके कह दीजिए कि मैं उनकी हिदायत पर अमल करूँगा; लेकिन माफ़ी तलब करने पर आमादा नहीं हूँ।'' इतने में रेल रेंगने लगी। मैं दौड़कर सवार हो गया। सबको सलाम किया। मेरी महबूबा वेटिंग-रूम से निकल आई। उसने आँसुओं से डबडबाई आँखों के साथ मुझे रुख़सती सलाम किया। सलाम करके लड़खड़ा गई। मैंने आँखों ही आँखों में उसे गले लगा लिया और गाड़ी की रफ़्तार तेज़ हो गई।

दर–बदर

झाँसी पहुँचकर मैंने बीवी को अपने इरादे से आगाह किया तो उन्होंने कहा, ''अच्छा यह भी करके देख लो।'' वह बड़ी उदासी के साथ मलीहाबाद की तरफ़ रवाना हो गईं और मैं रियासत दतिया जाने के लिए झाँसी स्टेशन पर उतर गया।

दतिया पहुँचकर क़ाज़ी सर अज़ीज़ुद्दीन को मैंने अपनी सारी दास्तान सुना दी। उन्होंने कहा—''जोश साहब, आप शख़्सी हुकूमत का बोझ उठाने के लिए बने ही नहीं। अल्लाहताला ने आपको बहुत बड़ा जौहर अता फ़रमाया है मेरी राय है कि आप आगरे को अपना हैड-क्वार्टर बनाकर वहाँ से एक हफ़्तेवार अख़बार निकालना शुरू कर दें। पर्चे का नाम रखिए *सल्तनत*। आगरे में आपको रहने की दुश्वारी इसलिए नहीं होगी कि वहाँ आपके नाना का आलीशान महल मौजूद है।''

मैंने कहा, ''क़ाज़ी साहब, राय तो बहुत अच्छी है; मगर किस बूते पर अख़बार निकालूँ?'' उन्होंने कहा, ''आप रियासत दतिया के बूते पर अख़बार निकालें। फ़िलहाल रियासत आपको साढ़े चार सौ रुपये हफ़्ते के हिसाब से सोलह सौ रुपये महीना देगी और अगले साल के बजट में यह रकम दुगनी कर दी जाएगी। मंजूर है आपको?'' अंधा क्या चाहे, दो आँखें। मैंने उनकी इस तजवीज़ को फ़ौरन मंजूर कर लिया। उन्होंने कहा, ''आप अल्लाह का नाम लेकर यह काम शुरू कर दीजिए। मैं दूसरी रियासतों से भी आपको इमदाद दिला दूँगा।'' क़ाज़ी साहब की इस बात से मेरा दिल बाग़-बाग़ हो गया और मैं रात को आराम से सो गया। सुबह जब उनके साथ नाश्ता करने बैठा तो उन्होंने पूछा, ''जोश साहब, आपके अख़बार की पॉलिसी क्या होगी?'' मैंने

कहा—''आप फ़रमाएँ।'' उन्होंने कहा, ''प्रो-ब्रिटिश!'' मेरा चेहरा मटमैला-सा होकर रह गया। क़ाज़ी भाँप गए। उन्होंने बड़े जोश के साथ मेज़ पर घूँसा मारकर कहा, ''जोश साहब, ब्रिटिश एम्पायर एक नेमत है, और बहुत बड़ी नेमत। अगर हुकूमत ख़ुदा-न ख़ास्ता बाक़ी न रही तो मेरी यह बात कान खोलकर सुन लीजिए कि हिन्दू हमें कच्चा चबा डालेगा। वह आपका जीना दूभर कर देगा। गाय आप की खेतियाँ चर लेंगी। आप गाय पर हाथ उठाएँगे, तो कम-से-कम, आपका हाथ तोड़ डाला जाएगा और यह भी मुमकिन है कि आप क़त्ल कर डाले जाएँ। हिन्दू आपके ख़ून से होली खेलेगा। आपके एम.ए. लड़कों पर हिन्दू मैट्रिक को तरजीह दी जाएगी। फ़रमाइए, क्या आप इस पर तैयार हैं?'' मैंने कहा, ''क़ाज़ी साहब, आप मेरे बुजुर्ग हैं और यह भी मानता हूँ कि आप मुझे फूलता-फलता देखना चाहते हैं। मैं आपकी इस हमदर्दी का शुक्रिया अदा नहीं कर सकता। लेकिन इसे क्या करूँ कि मुझे अंग्रेज़ी हुकूमत से नफ़रत है।'' मेरी बात काटकर उन्होंने कहा, ''आप अपने दोस्त जवाहरलाल के बहकावे में आ गए। देखिए यह आपकी रोज़ी और तमाम मुसलमानों की भलाई का सवाल है, आप फ़ैसले में जल्दी न कीजिए।''

लेकिन जब उनके बार-बार समझाने के बाद भी मैं फ़िरंगी की हिमायत के लिए आमादा न हुआ तो उन्होंने मायूस होकर कहा, ''अगर आप ब्रिटिश हुकूमत की मुख़ालिफ़त करेंगे तो मुझे अफ़सोस है कि रियासत आपका हाथ नहीं बँटा सकेगी। और अगर मैं रियासत से आपकी इमदाद करूँगा तो मेरी प्राइममिनिस्टरी ही ख़त्म हो जाएगी।''

मैंने कहा, ''काज़ी साहब, मैं आपका बेहद शुक्रगुज़ार हूँ। आपने तो दिल से यह चाहा था कि मेरी ज़िन्दगी सुधर जाए; लेकिन मेरे मिज़ाज ने सारा खेल बिगाड़कर रख दिया। ख़ता आपकी नहीं मेरी है।''

धौलपुर आया तो धौलपुर के सबसे बड़े जागीरदार और अपने सगे मामूँ की हवेली के एवज़ अपने पुराने दोस्त सरदार रूपसिंह के यहाँ ठहरा।

मैंने अपनी दास्तान सुनाई और कहा, ''महाराजा के पास आया हूँ। शायद वह कोई मुलाज़मत दे दें।'' रूपसिंह ने कहा, ''महाराजा बड़ा पापी है। मुझे उससे कोई उम्मीद नहीं। जब तक तुम्हारी कोई सूरत न निकले, तुम मेरे ही साथ रहो। मलीहाबाद जाकर भाभी को बुला लाओ। नवाब साहब (मेरे मामूँ) के बाड़े की हवेली में उन्हें ठहराओ। जब तक कोई बंदोबस्त न

हो जाए मैं पाँच सौ रुपये महीना तुमको देता रहूँगा। जब अच्छे दिन आएँ तो अदा कर देना।''

मैंने कहा, ''मैं तुम्हारा बेहद शुक्रगुज़ार हूँ कि मेरे बिना कहे तुम मेरी इमदाद पर आमादा हो गए।'' रूपसिंह ने मेरी बात काटकर कहा, ''यह कौन-सी अनोखी बात है? क्या हम दोनों पुराने दोस्त नहीं हैं? क्या हममें कोई ग़ैरियत है? मैं राजपूत हूँ तुम पठान। तुम मुसलमान राजपूत हो, मैं हिन्दू पठान।''

मैंने कहा, ''भाई रूपसिंह, मैं सोचकर जवाब दूँगा।'' रूपसिंह ने कहा, ''सोचकर जवाब देने वाले की ऐसी-तैसी। अभी-अभी जवाब दो वरना छाती पर चढ़कर गला दबा दूँगा।'' मैंने हँसकर कहा, ''ऐसी हौल-जौल काहे की। ज़रा सोच तो लेने दो।'' यह सुनते ही रूपसिंह ने छलाँग लगाई। मुझे फ़र्श पर गिरा दिया और ज़ोर-ज़ोर से मेरा गला दबा-दबाकर कहने लगे कि मंज़ूर है कि नहीं या मार डालूँ? मैंने कहा, ''मंज़ूर, मंज़ूर, ऐ ज़ालिम मंज़ूर।'' मेरी आँखों से शुक्रिए के आँसू बहने लगे। मैंने तार देकर बीवी को धौलपुर बुला लिया। वह छोटे दादा और सख़ावत व ज़फ़र को साथ लेकर आ गई। मैं भी रूपसिंह के बाड़े से उठकर मामूँ के बाड़े आ गया और उनकी ख़ाली हवेली में रहने लगा। कई बार महाराजा धौलपुर से मिला। हर बार उन्होंने मुलाज़मत का वादा किया; लेकिन पूरा होने की नौबत नहीं आई। जब इस असमंजस में दो-तीन महीने गुज़र गए तो मैं सोचने लगा कि आख़िर माजरा क्या है।

इसी बीच में सपना देखा कि मौलवी अहमद हुसैन साहब फ़रमा रहे हैं कि महाराजा से कोई उम्मीद न रखिए। आप एक साफ़ दिल शराबी हैं और वह बगुला भगत। सुबह एक तार आएगा, उस पर अमल कीजिए। मैंने रूपसिंह को यह सपना सुनाया तो उन्होंने कहा, ''यह सपना तो ऐसा है कि इसके सच्चा-झूठा होने का पता आज ही चल जाएगा।''

कोई दो घंटे बाद जब हम लोग नाश्ते से फ़ारिग़ होकर गपशप कर रहे थे, महाराजा के प्राइवेट सेक्रेटरी आ गए और मुझसे कहा कि मैं आपसे अलहदगी में कुछ बातें करना चाहता हूँ। जब मैं उन्हें दूसरे कमरे में ले गया तो उन्होंने कहा, ''सरकार फ़रमाते हैं कि मेरा और जोश का मामला तो ऐसा है जैसा पेड़ और बक्कल का होता है। अगर वह यहाँ से चले गए तो मैं बे-बक्कल का पेड़ हो जाऊँगा। मैं जोश को एक अच्छा-सा ओहदा देना चाहता हूँ; मगर दो शर्तें हैं। एक तो यह कि वह शराब छोड़ दें और दूसरी यह कि

रूपसिंह से मिलना छोड़ दें।'' मैंने कहा, ''महाराजा से जाकर कह दीजिए कि उन्होंने मेरी ज़ात के साथ जिस लगाव का इज़हार किया है, मैं इसका दिल से शुक्रगुज़ार हूँ। लेकिन इसके बावजूद न तो मैं शराब छोड़ूँगा, न रूपसिंह की मुहब्बत ही से दस्तबरदार हूँगा।''

रूपसिंह पर्दें की आड़ से ये बातें सुन रहे थे। वह मेरा आख़िरी वाक्य सुनकर कमरे में आए और कहा कि सेक्रेटरी साहब सरकार से जाकर कह दीजिए कि जोश शराब भी छोड़ देंगे और रूपसिंह से भी मुँह फेर लेंगे। मैंने कहा, ''मैं शराब और रूपसिंह दोनों को नहीं छोड़ूँगा।'' रूपसिंह ने डपट कर कहा, ''तुम्हें छोड़नी पड़ेगी ये दोनों चीज़ें।'' मैंने कहा, ''नहीं छोड़ूँगा, नहीं छोड़ूँगा।'' सेक्रेटरी साहब इसी शोरो-ग़ुल में 'अरे राम, ऐसी पक्की धुन, ऐसी पक्की दोस्ती' कहते हुए रुख़सत हो गए।

अब हम फिर बरामदे में आकर बैठ गए। रूपसिंह ने कहा, ''तुम्हारे सपने का पहला हिस्सा तो सच्चा निकला कि महाराजा से सम्बन्ध टूट गया। अब अगर तार आ गया तो पूरा सपना सच्चा साबित हो जाएगा।''

रिसाला कलीम

दिल्ली पहुँचा तो मिसेज़ नायडू बरस पड़ीं; कहने लगीं, ''ज़रा उसका नाम तो बताइए, जिसने आपको यह ख़बर दी कि सरोजनी मर चुकी है।'' मैंने हैरान होकर पूछा, ''यह आप क्या कह रही हैं?'' उन्होंने कहा, ''यह मैं इसलिए कह रही हूँ कि अगर आप मुझे ज़िन्दा समझते तो सीधे मेरे पास आकर अपनी विपदा कहते।'' अपनी बात जारी रखते हुए उन्होंने कहा कि अगर घोष मुझे न लिखते तो यह पता ही न चलता कि आप धौलपुर में अपने किसी दोस्त रूपसिंह के पास ठहरे हुए हैं।

मैंने क्षमा-याचना के लिए लब खोले ही थे कि उन्होंने कहा, ''मैं आपके टैम्प्रामेंट (मिज़ाज) से वाक़िफ़ हूँ, कुछ न कहिए। मेरे सोने के कमरे में जाइए। तकिए के नीचे एक बड़ा-सा लिफ़ाफ़ा रखा हुआ है, उसे खोले बग़ैर अपनी जेब में रख लीजिए। ज़रा सँभाल कर रखिएगा ताकि गिर न जाए। अब आपका काम यह होगा कि दिल्ली से एक नीम अदबी और नीम सियासी रिसाला निकालेंगे और किसी रियासत की तरफ़ मुड़कर भी नहीं देखेंगे। मैं इश्तहार भी दिला दूँगी।''

मैं रिसाले का नाम 'काख़े-बुलंद' रखना चाहता था। मेरे दोस्त जुल्फ़िकार अली बुख़ारी ने राय दी कि यह नाम मुश्किल है, मैं रिसाले का नाम 'कलीम' रखूँ। मैंने यह राय मान ली।

रिसाला निकालना तिजारती मामला है। मेरी सात पीढ़ी भी तिजारत से वाक़िफ़ न थी। इसलिए शुरू-शुरू ही में बहुत-सा रुपया बरबाद हो गया। इसके साथ मेरे दिल्ली के दोस्तों ने मुझे घेर लिया। रोज़ बोतलें-खुलने और दावतें उड़ने लगीं। कातिबों, काग़ज़वालों, ब्लॉकसाज़ों ने और छापेख़ानेवालों

ने भी यह समझकर कि मैं सर से पाँव तक बेवक़ूफ़ आदमी हूँ मुझे दोनों हाथों से लूटना शुरू कर दिया, जिसका नतीजा यह निकला कि अभी दूसरा पर्चा छपा नहीं था कि तमाम रुपया ख़त्म हो गया। शर्म आई कि मिसेज़ नायडू से यह बात कैसे कहूँ और सोचने लगा कि अब क्या किया जाए। अभी कोई बात समझ में नहीं आई थी कि बीमार पड़ गया। बुख़ार इस क़दर तेज़ आया कि हवास गुम हो गए और नज़ला इस क़दर शदीद हुआ कि तमाम सीना रुँधकर रह गया। साँस भी रुक-रुककर आने लगी और मैं समझा कि अब बच नहीं सकूँगा।

मैं फ़तहपुरी के क्राऊन होटल में ठहरा हुआ था। एक पर्चे पर मैंने मिसेज़ नायडू और जवाहरलाल का नाम लिखा और कराहता हुआ नीचे आया। मैनेजर को वह पर्चा देकर कहा, ''अगर मैं मर जाऊँ तो फ़ौरन इन दोनों को ख़बर कर दीजिएगा।'' मैनेजर बेहद घबराया। वह दौड़ा हुआ गया और डॉक्टर सैयद नासिर अब्बास को, जिनका दवाख़ाना वहाँ से दस क़दम पर था, अपने साथ ले आया। डॉक्टर साहब पहले से मुझे जानते थे। मेरे सीने का मुआइना किया और दवाख़ाना जाकर अपने आदमी के साथ दवाएं भेज दीं।

दवाएँ पीकर अभी लेटा हुआ अपनी बेकसी पर ग़ौर और अपनी मौत की आमद का इंतज़ार कर रहा था कि आहट महसूस हुई। पंडित शिवनारायण, जिनका छापाख़ाना होटल से मिला हुआ था और जिन्हें मतलबी फ़रीदाबादी मुझसे मिला चुके थे, कमरे में दाख़िल हुए। मैंने कहा, ''आइए शिवनारायण साहब, अफ़सोस कि मैं उठ नहीं सकता। आप मेरे सिरहाने बैठ जाएँ।'' मिज़ाज-पुरसी के बाद उन्होंने कहा, ''जोश साहब, मुझे अन्दाज़ा हो गया है कि आप रिसाला नहीं निकाल सकते। मैं कारोबारी आदमी हूँ, मेरा अपना छापाख़ाना है; इसलिए अगर आप पसन्द करें तो मैं आपका पचास फ़ीसदी हिस्सेदार हो जाऊँ। क़लम आपकी चलेगी और रुपया मैं लगाऊँगा। जब तक रिसाला चलने न लगे पाँच सौ रुपये महीना आपको पेशगी देता रहूँगा।'' मुझे और क्या चाहिए था, उनकी यह तजवीज़ फ़ौरन मंज़ूर कर ली।

दो-चार दिन के अन्दर पं. शिवनारायण ने होटल के सामने ही दो कमरों और खुले सेहन का फ़्लैट दफ़्तर और मेरी रिहाइश के वास्ते किराये पर ले लिया। मैं होटल से वहाँ उठ आया।

कुछ रोज़ के बाद जब मैंने उनसे कहा कि मैं अपनी बीवी को भी यहाँ

ले आना चाहता हूँ तो उन्होंने करोलबाग में एक कोठी किराये पर लेकर उसे फ़र्नीचर से आरास्ता कर दिया। मैं धौलपुर जाकर बीवी को ले आया, जिससे यह कोठी आबाद हो गई। *कलीम* अच्छा-ख़ासा चलने लगा, माकूल आमदनी होने लगी। मेरी नज़्मों के दो संकलन भी छप गए। हैदराबाद से इताबी वज़ीफ़ा भी जारी हो गया और ज़िन्दगी चैन से गुज़रने लगी।

साल-दो साल आराम से गुज़रने के बाद मेरी ज़िन्दगी फिर एक संकट की जानिब मुड़ गई। एक रोज़ शाम के वक़्त शिवनारायण ख़ुश्क चेहरे के साथ आए और *कलीम* से अपनी दस्तबरदारी का ऐलान करके कह दिया कि कल से आप अपना पर्चा ख़ुद सँभालें।

यह सच है कि शिवनारायण ने अपने भाइयों के दबाव में आकर यह बात की थी; मगर उनका यह इख़लाक़ी फ़र्ज़ था कि वह मुझे कम-से-कम तीन महीने का नोटिस देते। लेकिन उन्होंने सिर्फ़ बारह घंटे का नोटिस देकर अलहदगी अख़्तियार कर ली। मैं सीधा अपने पड़ोसी महमूद अली ख़ाँ जामई के पास पहुँचा और *कलीम* का कारोबार उनके सुपुर्द कर दिया। लेकिन जब एक महीने के बाद उन्होंने *कलीम* की आमदनी के सिर्फ़ नब्बे रुपये मेरे हवाले किए तो मैं दंग रह गया। मैं मुरव्वत से कुछ कह न सका।

जब और कोई सूरत नज़र न आई तो मैंने मिस्टर पानीकार को ख़त लिखा और उन्होंने तार भेजकर मुझे पटियाले बुला लिया और महाराजा पटियाला भूपेंद्रसिंह से मिलवाकर मेरा वज़ीफ़ा मुक़र्रर करा दिया। अब दिल्ली आकर मैंने महमूदअली ख़ाँ से रिसाला निकाल लिया और करोलबाग से दरियागंज उठ आया। एक कोठी 'आदित्य भवन' किराये पर लेकर ख़ुद रिसाला निकालने लगा। हकीम आज़ाद अन्सारी मेरा हाथ बँटाने लगे और हैरत है कि मेरी बीवी भी *कलीम* के कारोबार में मेरी मदद करने लगी। *कलीम* साज-सज्जा और विषय-वस्तु दोनों हैसियतों से दिन दूनी-रात चौगुनी तरक़्क़ी करने लगा।

मैंने उसी ज़माने में अपनी चचेरी बहन के बेटे अल्ताफ़ अहमद ख़ाँ से अपनी बेटी सईदा की धूमधाम से शादी भी कर दी।

कलीम की तरक़्क़ी ने मेरे बहुत-से दुश्मन भी पैदा कर दिए थे। ऐसा क्यों न होता? फ़िरंगी हुकूमत से बग़ावत, सरमाएदारी का विरोध, समाजवाद का प्रचार और कांग्रेस की तरफ़दारी। नतीजा यह कि कांग्रेस के ग़ुलामी-परस्त मुख़ालिफ़ीन, मुस्लिम लीग के 'ख़िताब-याफ़्ता' मुजाहिदीन और हुकूमत के

टुकड़ों और वजीफ़ों पर पलने वाले हुक़्क़ाम और उल्माए-कराम लंगर-लंगोटे बाँधकर अखाड़े में उतर आए। उधर पलटनें थीं और इधर मैं अकेला।

आए दिन मेरे खिलाफ़ कुफ़्र के फ़तवे निकला करते और क़त्ल की धमकियों के गुमनाम ख़त आया करते थे। ख़ुफ़िया पुलिस साये की मानिंद मेरे पीछे लगी रहती थी। बीवी चिल्लाती रहती थीं कि अरे मुँहअँधेरे टहलना छोड़ दो। न जाने कौन अँधेरे में पीछे से आकर छुरी मार दे। लेकिन मैं हर रोज़ तारों की छाँव में एक मोटा-सा डंडा लेकर जमुना के किनारे बड़े इत्मीनान से टहला करता था कि आख़िर मैं भी आफ़रीदी पठान हूँ, दो-चार को मारकर मरूँगा।

फिरंगी राजनीति के दो रुख़

सा ढ़े तीन या चार बरस तक *कलीम* को कामयाबी से चलाकर और एक ऐसे रुमानी रोग में फँसकर, जिसने मेरे हवास छीन लिए, मैं दिल्ली की ज़िन्दगी तजकर मलीहाबाद चला गया। चूँकि मैं रिसाले के काम का नहीं रहा था; मैंने अपने दामाद अल्ताफ़ अहमद को मैनेजर बना दिया। लेकिन जब देखा कि वह बिलकुल निखट्टू है तो मैंने *कलीम* बन्द करके मजाज़, अली सरदार और सिब्तेहसन की दरख़्वास्त पर उसे उन लोगों के रिसाले *नया अदब* में मिला दिया, जो अब *कलीम व नया अदब* के नाम के साथ लखनऊ से निकलने लगा।

कहते हैं कि वक़्त सबसे बड़ा मरहम है। महीलाबाद आकर छह-सात महीने के बाद मेरे दिल का ज़ख़्म बड़ी हद तक भर गया।

बीवी तुल गईं आमों के बाग़ लगवाने पर और ऐसी तुल गईं कि खाना-पीना दूभर कर दिया। हर आन यह रट लग गई कि बाग़ लगवाओ और जब तक बाग़ों में क़लम न लग जाएँ क़लम न उठाओ। मैंने उसी ज़माने में एक तवील ड्रामाई नज़्म 'हर्फ़े-आख़िर' शुरू की थी। उन्होंने वह नज़्म भी नहीं कहने दी।

तंग आकर मैंने मातादीन पटवारी को बुलाया। उसने कहा, ''मँझले भैया, अब क़ानून बदल गया है। आप किसी काश्तवार को बेदख़ल करके उससे ज़मीन नहीं निकाल सकते। और जब ज़मीन नहीं निकल सकेगी तो बाग़ कैसे लगेगा?''

मातादीन की बात सुनकर मैं बाग़-बाग़ हो गया कि चलो एक मुसीबत कट गई। मैं ख़ुशी-ख़ुशी बीवी के पास गया और झूठ-मूठ का ग़मगीन चेहरा

बनाकर पटवारी की बात दोहरा दी। लेकिन बीवी निराश नहीं हुईं। मुझे और पटवारी को साथ लेकर गाँव गईं। थाने के सामने काश्तकारों को जमा करके पटवारी से कहा, ''पूछो काश्तकारों से, कि मँझले भैया ने क्या तुम पर कभी ज़ुल्म ढाया है? तुम पर लगान-वसूली करने में कभी सख़्ती की है, तुमसे कभी बेगार लिया है?'' और जब मातादीन ने ये तमाम सवाल किए तो हर तरफ़ से आवाज़ें आने लगीं—नाहीं-नाहीं, नाहीं कभू नाहीं। फिर बीवी ने कहा, ''मातादीन, पूछो, अगर भैया बाग़ लगवाने के लिए तुमसे थोड़ी-थोड़ी ज़मीन माँगें तो क्या तुम नहीं दोगे?'' सारी रिआया ने एकज़बान होकर कहा—दीबा, दीबा, अभूं-अभूं दीबा, गले-गले दीबा।

इसके बाद मातादीन ने इस्तीफ़े निकाले और काश्तकारों ने धड़ाधड़ अँगूठे लगाने शुरू कर दिए। जब तमाम इस्तीफ़े मुकम्मिल हो गए तो बीवी ने मुझसे कहा, ''अब तुम इनका शुक्रिया अदा कर दो।'' जब मैं शुक्रिया अदा करने खड़ा हुआ तो तमाम काश्तकार रोने लगे—भैया, हम तो तुम्हारी पनही हैं, अस न करौ (भैया, हम तुम्हारी जूती हैं, ऐसा न करो)।

बीवी ने मिठाई तक़सीम की और रिआया ने मँझले भैया की जय के नारे लगाए। दो-तीन महीने के अन्दर आम के बाग़ लग गए और बीवी निहाल हो गईं।

यह सच है कि मलीहाबाद में बेहद शान्ति थी, सूर्योदय और सूर्यास्त के दृश्य, अमीनागंज के मैदान की ख़ालिस हवाएँ, बौर की ख़ुशबू, कोयल की कू-कू और पपीहे की पीहू थी और लिखने-पढ़ने की फ़ुरसत। लेकिन जब शाम को शराब पीने की इबादत शुरू करता था तो दोस्तों को आँखें ढूँढ़ने लगती थीं, और चूँकि—

ज़ाहिद की नमाज़ हो कि मैकश की शराब
दोनों का मज़ा है बाजमाअत साक़ी।

इस तनहाई से तंग आकर मैं शायद 1941 में फिर लखनऊ आकर रहने लगा। एक रोज़ जब मैं अपनी बनारसी बाग़ के फाटक के सामने वाली कोठी में बैठा लखनऊ के गवर्नर की तक़रीर रेडियो पर सुन रहा था, जिसमें हिन्दुस्तानियों से अपील की गई थी कि वे इंसानियत के भविष्य को बचाने की ख़ातिर जंग में ब्रिटेन की मदद पर कमरबस्ता हो जाएँ, उस वक़्त मैंने अपनी नज़्म 'ईस्ट

इंडिया कम्पनी के फरज़ंदों से ख़िताब' पन्द्रह मिनट में कह डाली थी।

इस नज़्म का छपना था कि आग लग गई। लोग जुलूस बना-बनाकर निकले और उसे गली-गली गाते फिरने लगे। आगे-आगे वे लोग होते थे और पीछे-पीछे पुलिस।

मेरी यह नज़्म जब बर्लिन रेडियो से ब्रॉडकास्ट हुई तो मेरी सख़्त निगरानी होने लगी और मेरी कोठी से मिली हुई दूसरी कोठी में एक सी.आई.डी. इंस्पेक्टर मेरी दिन-रात की निगरानी के वास्ते आकर रहने लगा। एक दिन सह पहर के वक़्त पुलिस ने मेरी कोठी पर धावा बोल दिया और एक हिन्दू इंस्पेक्टर के नेतृत्व में दस-पन्द्रह कांस्टेबल आ धमके, मेरी ख़ाना तलाशी के लिए। इंस्पेक्टर से मैंने कहा, ''जनाब, मेरा घर खुला हुआ है। आप शौक़ से एक-एक कोना छान डालें।'' इंस्पेक्टर ने सरगोशी के अंदाज़ में कहा, ''मैं आपको ऐसी उम्दा नज़्म लिखने पर मुबारकबाद देता हूँ। मैं आपके घर की तलाशी नहीं लूँगा और सिर्फ़ कानूनी कार्रवाई-करके चला जाऊँगा।'' मैंने कहा, ''पुलिस में रहकर आप इस क़दर शरीफ़ हैं, बड़े तअज्जुब की बात है।'' उसने कहा, ''मैं अपने बच्चों का पेट पालने के लिए मजबूरन नौकरी करता हूँ। मगर मैंने ज़मीर नहीं बेचा है, मेरा दिल आप लोगों के साथ है।'' वह एक मेज़ पर सर झुकाकर कानूनी ख़ानापूरी के वास्ते कुछ लिखने लगा। इंस्पेक्टर की मशग़ूलियत से फ़ायदा उठाकर एक मुसलमान हैड कांस्टेबल ने मेरी टाइमपीस उठाकर जेब में रख ली। चोरी उसने की, मैंने शर्माकर सर झुका लिया।

कानूनी कार्रवाई मुकम्मिल करके जब इंस्पेक्टर रुख़सत होने लगा, मैंने उसका शुक्रिया अदा किया। हिन्दू की शराफ़त और मुसलमान की कमीनगी देखकर मुझको दाँतों पसीना आ गया—

कोई हद ही नहीं इस एहतरामे-आदमीयत की
बदी करता है दुश्मन और हम शर्माए जाते हैं।

मैंने इस घटना पर एक नज़्म कहकर छपवा दी, जो छपते ही ज़ब्त कर ली गई। चूँकि वह नज़्म मेरे किसी संग्रह में नहीं है, इसलिए यहाँ नक़ल दिए देता हूँ—

जिससे उम्मीदों में बिजली आग अरमानों में है
ऐ हुकूमत, क्या वह शै इस मेज़ के ख़ानों में है?

बंद पानी में सफ़ीने खे रही है किसलिए?
तू मिरे घर की तलाशी ले रही है किसलिए?
घर में दरवेशों के क्या रखा हुआ है, बदनिहाद।
आ, मिरे दिल की तलाशी ले कि बर आए मुराद।
जिसके अंदर दहशतें पुरहौल तूफ़ानों की हैं,
जिसमें ग़लतां आँधियाँ-अंधे बयाबानों की हैं;
जिसके अन्दर नाग हैं, ऐ दुश्मने-हिन्दोस्तां
शेर जिसमें हौंकते हैं, कौंधती हैं बिजलियाँ
छूटती हैं जिससे नब्ज़ें अ.फ़सरो-औरंग[1] की
जिसमें है गूँजी हुई आवाज़ तब्ले-जंग की
जिसके अन्दर आग है, दुनिया पे छा जाए वो आग
नारे-दौज़ख़[2] को पसीना जिससे आ जाए वह आग।
मौत जिसमें देखती है मुँह उस आईने को देख
मेरे घर को देखती क्या है, मिरे सीने को देख।

इसके बाद मैंने आग़ाई साहब के इमामबाड़े में एक मुसद्दस (छह पंक्तियों वाली कविता) पढ़ा 'हुसैन और इंक़लाब' के नाम से, जिसे सुनने के लिए पूरा अदबी लखनऊ टूट पड़ा था, इमामबाड़े में तिल धरने को भी जगह न थी। लखनऊ के तमाम शायर, तमाम उस्ताद, यहाँ तक कि मौलाना सफ़ी भी तशरीफ़ लाए और मजलिस में सिर्फ़ शिया ही नहीं अहले-सुन्नत और हिन्दू भी शरीक़ हुए थे।

चूँकि इस मुसद्दस में रोने-पीटने पर ज़ोर देने के बजाय हुसैन के चरित्र और बलिदान पर अमल करने की बात बिलकुल पहली बार कही गई थी; इसलिए अहले-मजलिस ने आमतौर पर और अहले-सियासत ने ख़ासतौर पर बार-बार खड़े होकर इस जोशो-ख़रोश के साथ दाद दी थी कि उनकी आवाज़ों के थपेड़ों से मंच में जुम्बिश पैदा हो गई और ऐसा मालूम हो रहा था कि श्रोता अपने-अपने गरेबान फाड़कर मैदाने-जंग में कूद पड़ेंगे।

हुकूमत के कान तक यह शोर पहुँचा तो उसने शिया ख़ान साहबों, ख़ान बहादुरों और 'सरों' को तलब करके यह हिदायत की कि वे ऐसी कोई

---

1. बादशाह 2. नरक की आग

तदबीर निकालें कि इस मुसद्दस का असर दूर हो जाए। अपने आक़ा का हुक्म सुनकर उन्होंने मशविरा किया और वे तमाम लखनऊ के सबसे बड़े धार्मिक विद्वान सैयद नासिर हुसैन साहब क़िबला की ख़िदमत में हाज़िर हुए और उनसे कहा कि अहले-मजलिस ने आमतौर पर और बानी-ए-मजलिस हकीम साहब आलम ने ख़ासतौर पर हमारे दीन की तौहीन की है और मिम्बरे-हुसैन पर जोश जैसे शराबी को बिठाकर मिम्बर की बेइज्जती की है। इसलिए आप उस मजलिस के झूठ होने का फ़तवा सादर फ़रमा दें।

क़िबला-ओ-काबा ने मुझे बुलवा भेजा और चायनोशी के बाद अपने बाईं तरफ़ एक मुसल्ला[3] बिछवाकर इरशाद फ़रमाया कि जोश साहब, ज़हमत न हो तो मुसल्ले पर बैठकर अपना वह मुसद्दस सुना दें, जो आपने आग़ाई साहब के इमामबाड़े में पढ़ा था तो हुकूमत के एजेंटों की सफ़ों में एक खलबली और बौखलाहट पैदा हो गई थी। और जब मैं वह मुसद्दस पढ़कर अपनी जगह वापस आ गया तो उन्होंने सरकारपरस्तों की टोली की तरफ़ देखकर इरशाद फ़रमाया कि आप हज़रात ने वह हदीसे-मुबारक सुनी होगी, जिसका मतलब है कि जब तुम सुक्र (नशे) में हो तो नमाज़ के क़रीब न फटको। इससे यह बात साबित हो जाती है कि पीनेवालों को होश के आलम में नमाज़ पढ़ने से रोका नहीं गया है और इससे यह नतीजा निकलता है कि अगर कोई शख़्स नशे के आलम में नहीं है तो वह मिम्बरे-हुसैन पर भी बैठ सकता है और मस्जिद में दाख़िल होकर नमाज़ भी पढ़ सकता है।

यह सुनते ही सरकारपरस्तों का रंग फ़क़ हो गया।

इस मुसद्दस का अंग्रेज़ी अनुवाद जब मिस्टर मार्श मुशीरे-गवर्नर के ध्यान से गुज़रा तो उन्होंने मुझे बुला भेजा और बड़े मुहब्बत भरे अन्दाज़ में कहा, ''मैंने जब आपकी नज़्म 'हुसैन और इनक़लाब' का अनुवाद पढ़ा तो आपके बारे में यह राय क़ायम की कि आप हक़ के पुजारी और झूठ के दुश्मन हैं। और अब मैं आपसे यह सवाल करता हूँ कि मुसोलिनी और हिटलर दोनों इस वक़्त यज़ीद का पार्ट अदा कर रहे हैं या नहीं?'' जब मैंने कहा कि बेशक आप सच कह रहे हैं तो उन्होंने दूसरा सवाल किया कि अगर मैं आपसे दरख़्वास्त करूँ कि आप इन यज़ीदों के ख़िलाफ़ ऑल इंडिया रेडियो से हर

---

3. नमाज पढ़ने की चटाई

हफ़्ते एक नज़्म ब्रॉडकास्ट करते रहें, (जिसके मुआविज़े में यू.पी. सरकार आपको आठ सौ रुपये महीना ऑनरेरियम दिया करेगी) तो आप इस 'ऑफ़र' को क़ुबूल नहीं कर लेंगे ?

मैंने कहा, ''मिस्टर मार्श, मैं किसी ऑनरेरियम के बग़ैर आपके इरशाद को मान लेता; मगर क्या करूँ अपने उसूल से मजबूर हूँ। कांग्रेस ने इस जंग में आपका हाथ बँटाने की जो शर्तें पेश की थीं, आपकी हुकूमत ने उन्हें नहीं माना।'' मार्श ने मेरी बात काटकर कहा, ''मैं आपसे हुकूमत के मदद की दरख़्वास्त नहीं कर रहा हूँ, मैं सिर्फ़ इतना चाहता हूँ कि आप मुसोलिनी और हिटलर को बेनक़ाब करें।'' मैंने कहा, ''अगर मैं ऐसा करूँगा तो इसका जो ग्रांड टोटल निकलेगा वह आपकी हुकूमत के मनमुताबिक ही होगा।''

मार्श यह सुनकर कुछ देर के लिए तो ख़ामोश हो गए। फिर अपनी ऐनक की ताल साफ़ करके वह बड़े जोश के साथ खड़े हो गए। मैं समझा वह मुझ पर हमला करेंगे। मैं भी जवाबी हमले के वास्ते खड़ा हो गया।

लेकिन वह मेरे क़रीब आए और मेरी पीठ ठोंककर कहने लगे, ''वंडरफुल यंगमैन! आपके इनकार ने मेरे दिल में आपकी इज़्ज़त क़ायम कर दी। आप अपने बाप की मानिंद बड़े आदमी हैं। आपको देखकर मैंने अपनी इस राय में तब्दीली कर ली है कि हिन्दुस्तान की ज़मीन कैरेक्टर पैदा नहीं करती। अगर आपको कभी मेरी ज़रूरत पड़े तो मुझे याद कर लीजिएगा।'' यह कहकर वह मुझे बरामदे तक रुख़सत करने आए और बराबर मुस्कुराते रहे।

कुछ दिन फ़िल्मी दुनिया में

उम्मीद अमेठवी और साग़र निज़ामी को साथ लेकर जब मैं एक मुशायरे में शरीक होने बम्बई गया तो उसके दूसरे ही दिन शाम के वक़्त शालीमार पिक्चर्स पूना के मालिक अहमद साहब बन्ने (सज्जाद ज़हीर) के घर आए (हम लोग वहीं ठहरे हुए थे) और हम लोगों का कलाम सुनने के बाद वह बन्ने मियाँ को दूसरे कमरे में उठाकर ले गए। देर तक बातें करने के बाद जब रुख़सत हो गए तो बन्ने मियाँ ने मुझसे कहा कि अहमद साहब आपको और साग़र साहब को अपने साथ रखना चाहते हैं। आप दोनों पर कोई पाबन्दी नहीं होगी। सिर्फ़ गाने लिख दिया कीजिएगा। आपका मुआवज़ा ग्यारह सौ तक और साग़र का मुआवज़ा साढ़े पाँच सौ तक हाज़िर किया जाएगा। मैंने कहा, ''यह पीने का वक़्त है। इस वक़्त इन बातों का मौक़ा नहीं, कल जवाब दूँगा।'' सुबह को सागर ने मुझसे कहा कि अगर आप यह शर्त लगा दें कि मेरा और साग़र का मुआवज़ा बिलकुल बराबर होगा तो चूँकि अहमद साहब की यह तमन्ना है कि आप उनके वहाँ काम करें, इसलिए, वह इस शर्त को मान लेंगे और मेरी ज़िन्दगी बन जाएगी।''

मैंने बन्ने से कहा कि मेरी यह शर्त है कि साग़र को मेरे बराबर मुआवज़ा दिया जाए। अगर अहमद साहब इसे क़बूल नहीं करेंगे तो मैं उनकी यह पेशकश नामंज़ूर कर दूँगा।

अहमद साहब ने न चाहते हुए भी यह शर्त क़बूल कर ली। थोड़े दिन के बाद हम लोग पूना आ गए और शंकर सेठ रोड के 'ताहिर पैलेस' में रहने लगे।

मैंने अपने दिल्ली के रहने वाले पंजाबी दोस्त मलिक हबीब अहमद और अपने दकनी दोस्त हबीबुल्ला रुशदी को भी शालीमार में मुलाज़िम रखा

दिया था। कृश्नचन्दर को भी अहमद साहब पूना खींच लाए थे, बेचारा जवांमर्ग शाम तिवारी, हमीद बट, ब्रजभूषण और भारत भूषण भी शालीमार में काम कर रहे थे। मेरे पुराने फ़ौजी दोस्त मन्नान ख़ाँ रामपुरी भी तबादला पाकर पूना आ चुके थे और पूना के नये दोस्त क़ुद्दूस घड़ीवाले और मुहम्मद फ़सीह भी ऐसे दिलचस्प निकले कि रात की अक्सर बैठकें उनके घर पर हुआ करती थीं। एक अच्छी-ख़ासी चंडाल-चौकड़ी की सूरत निकल आई थी।

वहाँ मेरे एक लखपती दोस्त और भी थे 'मोलाडीना', जो तमाम वक़्त शराब पीते और दिल खोलकर लोगों की इमदाद किया करते थे। एक ख़ास सिलसिले में उन्होंने मेरी भी मदद की थी, जिसे मैं भुला नहीं सकूँगा।

वहीं साग़र साहब का मुरादाबाद की एक साहबज़ादी से क़लम के ज़रिये इश्क़ भी चल रहा था और कुछ रोज़ के बाद वह साहबज़ादी ताहिर पैलेस में दुल्हन बनकर आ गई थीं।

पूने का हर दिन ईद हर रात शबे-बरात थी। हर आठवें-दसवें दिन मैं बम्बई जाकर किसी के सौंदर्यता की चौखट पर सजदा भी कर आता था। लेकिन अहमद साहब की ग़लत अमली ने दो-ढाई साल के अन्दर वह सारा तिलिस्म तोड़ दिया। वह चुपचाप पाकिस्तान की तरफ़ कूच कर गए और हम सब लोगों के हाथों के तोते उड़ गए। वह सारा खेल मिट्टी में मिल गया।

पूना छोड़कर मैं बम्बई आ गया और बन्ने के ख़ाली घर में रहने लगा। उस घर के एक कोने में मुमताज़ हुसैन, जो आजकल कराची के किसी कॉलेज में उर्दू के उस्ताद हैं, भी रहते थे, जहाँ सईदा के बच्चों और उनमें रोज़ कोई-न-कोई झगड़ा हुआ करता था। इसलिए मैं अपने एक बेतकल्लुफ़ मिलने वाले मिस्टर अब्दुल अज़ीज़ रामपुरी के जैकब-सर्किल वाले ख़ाली फ़्लैट में उठ आया। उस ज़माने में फ़िल्मी बाज़ार ठंडा पड़ा हुआ था। साग़र हर दूसरे-तीसरे दिन मेरे पास आते और हम एक-दूसरे से पूछा करते थे कि ख़ाँ साहब अब होगा क्या?

मैं इसी आलम में एक रोज़ शाम के वक़्त शराब पी रहा था कि बाज़ार में यकायक क़यामत का एक हंगामा शुरू हो गया और हर तरफ़ से 'मारो-मारो' की आवाज़ें आने लगीं। मैं बरामदे में जाकर झाँकने लगा कि देखूँ मामला क्या है। इतने में किसी ने ज़ोर-ज़ोर से मेरे फ़्लैट का दरवाज़ा खटखटाना शुरू कर दिया। मैंने भरी सोडे की बोतल हाथ में लेकर दरवाज़ा खोल दिया।

दरवाज़ा खुलते ही एक जानी-पहचानी सूरत के हिन्दू ने बड़ी घबराहट के साथ कहा, ''मिस्टर जोश, आप यहाँ से फ़ौरन किसी मुस्लिम मुहल्ले में चले जाएँ। किसी ने महात्मा गाँधी को गोली मार दी है। हिन्दुओं का ख़याल है कि यह काम किसी मुसलमान का है।'' मैं अपने बाल-बच्चों और बोतल को लेकर अपनी बेटी की सहेली रिफ़अत के मकान में, जो भिंडी बाज़ार में था, चला गया। वहाँ पहुँचा तो रेडियो पर जवाहरलाल का यह ऐलान सुना कि महात्मा गाँधी को एक हिन्दू मरहठे गोडसे ने गोली मारकर हलाक कर दिया है। अगर जवाहरलाल इस ऐलान में पाँच मिनट की भी देर कर देते तो लाखों मुसलमानों को क़त्ल कर दिया जाता। दूसरे दिन मैं अपने फ़्लैट में आ गया। ज़िन्दगी तंगदस्ती में गुज़रने लगी। एक दिन मैंने देखा कि बीवी बेहद उदास बैठी हैं। पूछा, ''क्या बात है।'' कहने लगीं, ''मेरे पास जो रुपया था, अब वह सुबकियाँ भर रहा है। जल्दी कोई सुबीता करो, नहीं तो, ख़ुदा न करे, धड़ाधड़ फ़ाक़े होने लगेंगे।''

बीवी की इस उदासी पर मेरा दिल भर आया। दूसरे कमरे में लेटकर सो गया। जब आँख खुली तो देखा कि मेरा दामाद अल्ताफ़ एक अख़बार लिए आ रहा है। उसने अख़बार देकर कहा, ''मामूँ, सरकारे-हिन्द को अपने रिसाले *आजकल* के लिए एडीटर की ज़रूरत है। आपके वास्ते यह बेहतरीन मौक़ा है। आप फ़ौरन दरख़्वास्त रवाना कर दें और पं. जवाहरलाल नेहरू के पास उसकी नक़ल भेज दें।'' मैंने कहा, ''बेटा दरख़्वास्त तुम लिख लाओ, मैं दस्तख़त कर दूँगा।'' दामाद थोड़ी देर में दरख़्वास्त लिखकर आ गया और वह दिल्ली भेज दी गई।

इसके दूसरे-तीसरे दिन इत्तफ़ाक़ से पं. जवाहरलाल नेहरू और मौलाना अबुल कलाम दोनों बम्बई आ गए। मैंने इसे एक अच्छा शगुन समझा और सीधा गवर्नमेंट-हाउस पहुँच गया। मालूम हुआ कि पंडित जी और मौलाना कहीं बाहर गए हुए हैं और एक घंटे में पलट आएँगे।

जी में आया, कुँवर महाराजसिंह से क्यों न मिल लूँ और ख़ाली बैठकर इंतज़ार क्यों करूँ। पर्चे पर अपना नाम लिखकर भेजा। उन्होंने फ़ौरन बुला लिया और पूछा, ''ख़ाँ साहब आप यहाँ कहाँ?'' मैंने कहा, ''मैं तो आजकल बम्बई में रहता हूँ।'' उन्होंने कहा, ''और फिर भी मुझसे कभी नहीं मिले?'' मैंने कहा, ''मैं इस वक़्त पंडित जी से मिलने आया था। वह मौजूद नहीं;

इसलिए आपसे मिलने आ गया हूँ।'' मगर फ़ौरन ख़याल आया कि मैंने बड़ी बेतुकी बात कही है। यह सोचकर मैं झेंप गया। महाराजसिंह बड़े ज़हीन आदमी थे, भाँप गए और मुस्कुराकर कहने लगे, ''आप पठानों की यही बात तो मुझे बहुत अच्छी लगती है कि जो बात आपके दिल में होती है, वही झट-से ज़बान पर आ जाती है।'' मैंने कहा, ''मैं अपनी बदहवासी की माफ़ी चाहता हूँ।'' उन्होंने कहा, ''मैं जिस बात की दिल से क़दर करता हूँ, आप उसकी माफ़ी चाह रहे हैं।'' उसी वक़्त मौलाना आगे-आगे और पंडित जी पीछे-पीछे उनके कमरे में दाख़िल हुए। मौलाना ने फ़क़त हाथ मिलाया और पंडित जी लपककर मेरे गले लग गए और छूटते ही पूछा—''जोश साहब, आजकल आप क्या कर रहे हैं?'' मैंने कहा, ''पंडित जी, *आजकल* के लिए दरख़्वास्त देकर उसका इंतज़ार कर रहा हूँ।'' पंडित जी ने मुस्कुराकर कहा, ''यह *आजकल* की उलट-फेर मेरी समझ में नहीं आई।'' मौलाना आज़ाद ने लाल बुझक्कड़ बनकर कहा, ''मालूम होता है कि जोश साहब ने हमारे सरकारी रिसाले *आजकल* का जो इश्तहार निकला है, उसकी इदारत के वास्ते दरख़्वास्त दी होगी।'' पंडित जी ने कहा, ''तो फिर छठे रोज़ आप दिल्ली आ जाएँ, मैं बन्दोबस्त कर दूँगा।''

मौलाना आज़ाद ने कहा, ''पंडित जी, यह महकमा सरदार पटेल का है। आप सोच-समझकर जोश साहब को दिल्ली बुलाएँ।'' पंडित जी ने कहा, ''जोश साहब हमारे कंधे से कंधा मिलाकर ब्रिटिश सरकार से लड़ चुके हैं। पटेल को भी यह बात मालूम होगी और अगर नहीं मालूम होगी तो मैं उन्हें बता दूँगा। आप बड़े इत्मीनान के साथ दिल्ली आ जाएँ।''

हिजरत

*आ*जकल का सम्पादन सँभालने के बाद एक रोज़ पंडित जी से मिलने गया, तो उन्होंने पूछा कि अपने महकमे के वज़ीर सरदार पटेल से अब तक मिले कि नहीं। मैंने कहा, ''नहीं, और न मिलने का इरादा ही है।'' पंडित जी ने पूछा, ''क्यों?'' मैंने अंग्रेज़ी में जवाब दिया कि उनका चेहरा मुजरिमों का-सा है।

पंडित जी ने बड़ा ज़बरदस्त क़हक़हा लगाया और फिर मुझसे कहा, ''नहीं-नहीं, आपको उनसे ज़रूर मिलना चाहिए। मैं फ़ोन पर आपकी मुलाक़ात तय किए लेता हूँ।'' उन्होंने फ़ोन किया। जवाब आया कि अभी रवाना कर दीजिए। मैं उनकी कोठी पर पहुँचा। वह धोती बाँधे बरामदे में खड़े हुए थे। मैंने हाथ मिलाते ही उनसे कहा, ''सरदार साहब, मुझे आपसे मिलने का एक ख़ास वजह से बड़ा शौक़ था।'' वह बड़े घाघ आदमी थे। 'ख़ास वजह' सुनकर भाँप गए और पूछा, ''आपको मुझसे मिलने का क्यों शौक़ था?'' मैंने कहा, ''इसलिए कि मैं आपकी बहुत-सी बुराइयाँ सुन चुका हूँ।''

वह मुझे कमरे में ले गए। बैठते ही उन्होंने अंग्रेज़ी में कहा, ''आपने यह सुना होगा कि मैं मुसलमानों का दुश्मन हूँ। आप जितने भयंकर स्पष्टवादी हैं, उतना ही मैं भी हूँ। इसलिए आपसे साफ़-साफ़ कहता हूँ कि मैं आपके-से उन तमाम मुसलमानों की बड़ी इज़्ज़त करता हूँ, जिनके ख़ानदान बाहर से आकर यहाँ आबाद हो गए हैं। लेकिन मैं उन मुसलमानों को पसंद नहीं करता, जिनका तअल्लुक़ हिन्दू क़ौम के शूद्रों और नीची ज़ातों से था। और मुसलमानों की हुकूमत के असर में आकर उन्होंने इस्लाम क़बूल कर लिया था। ये लोग दरअस्ल बड़े ईर्ष्यालु, बदमाश और झगड़ालू हैं। और कम गिनती में होने के बावजूद ज़्यादा गिनती के हिन्दुओं को दबाकर रखना चाहते हैं।''

मैंने कहा, ''सरदार साहब पहली बात तो यह है कि दुनिया के तमाम इंसान एक नस्ल से हैं। मैं जात-पात का बिलकुल क़ायल नहीं। दूसरी बात यह है कि अगर आज से दो-तीन सौ बरस पहले किसी के परदादा का परदादा चमार था तो क्या आपका ख़याल है कि उसके चमारपन में आज तक कोई तब्दीली नहीं हो सकी है ? वह आज तक चमार ही चला आ रहा है ?'' इस बात का वह जवाब देने ही वाले थे कि उनके सेक्रेटरी ने आकर कहा, ''आपने महाराजा पटियाला को यह टाइम दिया था। वह आ गए हैं।''

सरदार पटेल की कोठी से अभी निकला ही था कि मौलाना आज़ाद से मुठभेड़ हो गई। उन्होंने अपनी मोटर रोककर मुझे आवाज़ दी। जब मैं अपनी मोटर से उतरकर उनकी मोटर में बैठ गया, तो उन्होंने मुझे बड़े दर्दनाक तेवरों से देखकर कहा, ''जोश साहब, आप और सरदार पटेल!'' मैंने सर झुका लिया और मैं सोचने लगा कि हमने अपने मुल्क को इतनी क़ुर्बानियाँ देकर क्या यह दिन देखने के लिए आज़ाद करवाया था कि अंग्रेज़ के जाते ही उर्दू का बेड़ा ग़र्क हो जाए और मुसलमानों के मुँह पर हवाइयाँ उड़ने लगें। कान में दतिया रियासत के वज़ीर-आज़म क़ाज़ी अज़ीज़ुद्दीन की आवाज़ आई कि जोश साहब हम न कहते थे कि हिन्दुस्तान आज़ाद हो गया तो हिन्दू मुसलमानों को क़त्ल कर डालेंगे ? इसके साथ ही यह ख़याल भी आया कि पाकिस्तान बनानेवालों ने यह क्यों नहीं सोचा कि जो मुसलमान हिन्दुस्तान में रह जाएँगे उनका हश्र क्या होगा। वे एक-एक मुसलमान को पाकिस्तान क्यों नहीं ले गए ? फिर मैंने अपने को इस उम्मीद से तसल्ली दी कि नफ़रत की उम्र ज़्यादा नहीं होती। चार दिन में ये ईर्ष्यालु भावनायें ख़त्म हो जाएँगी और सोशलिस्ट हुकूमत क़ायम हो जाएगी। फिर ये सारी अलगाववादी सोच मिट जाएँगी और दीनी बिरादरी ख़त्म होकर इंसानी बिरादरी के दौर की शुरुआत हो जाएगी—

यह एक शब की तड़प है सहर तो होने दो
बहिश्त सर पे लिए रोज़गार गुज़रेगा।
फ़िज़ा के दिल में पुरअफ़शाँ है आरज़ू-ए-ग़ुबार
ज़रूर इधर से कोई शहसवार गुज़रेगा।

1955 में जब एक मुशायरे के सिलसिले में मैं तीसरी बार पाकिस्तान गया तो हरचंद उससे पहले भी मेरे पुराने दोस्त सैयद अबूतालिब नक़वी चीफ़ कमिशनर

कराची मुझे पाकिस्तान आ जाने की दावत दे चुके थे; लेकिन इस मर्तबा तो वह पंजे झाड़कर मेरे पीछे पड़ गए।

मैं पाकिस्तान आने पर बिलकुल तैयार नहीं था; लेकिन साफ़ इनकार नहीं किया कि नक़वी का दिल न टूट जाए। और यह कहकर टाल दिया कि मैं इस मसअले पर ग़ौर करूँगा।

इसी बीच में उन्होंने अपने घर पर मजलिस की। शहर के बड़े-बड़े लोगों के साथ सिकन्दर मिर्ज़ा को भी बुलाया और सबको मेरा मुसद्दस 'हुसैनो-इंक़लाब' सुनवाया। उन तमाम लोगों ने जिनमें सिकंदर मिर्ज़ा भी शामिल थे, मुझसे आग्रह किया कि मैं पाकिस्तान का बाशिंदा बन जाऊँ। उनकी दावत पर हरचंद मैंने अपने दिल में तो यह कहा कि ख़ुदा की क़सम मैं ऐसा हरगिज़ नहीं करूँगा। लेकिन ज़बान से यह कहा कि मैं भी यही सोच रहा हूँ। अब नक़वी का यह तकियाकलाम हो गया कि जोश साहब, आख़िर आप कब तक सोचेंगे?

इसी बीच में वह एक रोज़ मैट्रोपोल आ गए और मुझसे कहा कि सारे काम छोड़कर आज आपके पास इसलिए आया हूँ कि आपसे पाकिस्तान आने का इक़रार लेकर दम लूँ।

मैंने कहा, ''नक़वी साहब, आपको मालूम है कि मुझे आपसे किस क़दर मुहब्बत है। अगर आप मेरी जान तक माँगें तो हाज़िर कर दूँ। लेकिन...'' नक़वी साहब ने कहा कि देखिए 'लेकिन' के बाद इनकार न कर दीजिएगा। मैं चुप हो गया। वह अपना सोफ़ा छोड़कर मेरे सोफ़े पर आकर बैठ गए और कहने लगे, ''फ़रमाइए आप पाकिस्तान कब आ रहे हैं।'' अब जी कड़ा और आँखें नीची करके मैंने कहा, ''नक़वी साहब, जब तक पंडित जवाहरलाल नेहरू ज़िन्दा हैं, मैं पाकिस्तान क्योंकर आ सकता हूँ?''

उन्होंने मेरे कंधे पर हाथ रखकर पूछा, ''और नेहरू के बाद क्या होगा, यह भी कभी सोचा है?'' मैंने कहा, ''ख़ुदा न करे मैं उनके बाद ज़िन्दा रहूँ।'' उन्होंने कहा कि शायर की यह बड़ी बदबख़्ती है कि वह ज़िन्दगी के संजीदा मसअलों को भी जज़बात के तराजू में तोला करता है। मैं आपसे पूछता हूँ कि अगर नेहरू साहब आपकी ज़िन्दगी में सिधार गए तो फिर हिन्दुस्तान में आपको चाहनेवाला कौन रह जाएगा? आपकी यह नौकरी, आपकी यह आज़ादी और इज़्ज़त क्या उनके बाद ख़त्म नहीं हो जाएगी? थोड़ी देर के वास्ते यह भी फ़र्ज़ कर लीजिए कि नेहरू के बाद भी हिन्दुस्तान आपको सर-आँखों पर

बिठाए रहेगा लेकिन यह भी तो सोचिए कि आपके बाद वहाँ आपके बच्चों का क्या हश्र होगा? देखिए जोश साहब, आपके बाद हिन्दुस्तान में आपके बच्चे दर-दर मारे फिरेंगे और एक आदमी भी उनके सर पर हाथ नहीं रखेगा। यहाँ तक तो मैं आर्थिक पहलू पर बात कर रहा था। अब ज़रा तहज़ीबी पहलू पर भी निगाह डालिए, यह उससे भी ज़्यादा जानलेवा साबित होगा। जोश साहब, आपके बच्चे उर्दू भूल जाएँगे। हिन्दी उनका ओढ़ना-बिछौना होगी। वे आपके कलाम का तरजुमा हिन्दी में पढ़ेंगे। और तहज़ीबी, रवायती और सक़ाफ़ती (सांस्कृतिक) एतबार से आपकी पूरी नस्ल में इस क़दर ज़बरदस्त तब्दीली आ जाएगी कि आपसे उसका किसी क़िस्म का भी तअल्लुक़ बाक़ी नहीं रह जाएगा...अगर आप यहाँ न आ गए तो क्या उसके यह मानी नहीं होंगे कि आप अपनी वक़्ती आज़ादी और इज़्ज़त की क़ुर्बानगाह पर अपने पूरे ख़ानदान को भेंट चढ़ा देने पर तुले हुए हैं।

उनकी इस लम्बी, जज़्बाती और मंतिकी (तर्कपूर्ण) तक़रीर ने मेरा दिल हिला दिया और मेरी आँखें खोल दीं, और मैं सोचने लगा कि मेरे बाद मेरे ये नाज़ों के पाले बच्चे और मेरी यह शाहाना मिज़ाज रखने वाली बीवी क्या करेगी। नक़वी साहब से मैंने कहा, ''आपने मुझे झंझोड़कर जगा दिया। बेशक मेरी आल-औलाद हिन्दुस्तान में पनप नहीं सकेगी। नक़वी साहब, मुझे चौबीस घंटे और दे दीजिए कि मैं इस मसअले पर एक बार और ग़ौर कर लूँ। कल इसी वक़्त आपकी ख़िदमत में हाज़िर होकर अपना आख़िरी फ़ैसला सुना दूँगा।''

नक़वी के चले जाने के बाद मैंने नासिर अहमद ख़ाँ से कहा कि तुमने सुन ली नक़वी साहब की सारी तक़रीर, अब क्या कहते हो? नासिर ने कहा कि मुझे उनके एक-एक हर्फ़ से इत्तफ़ाक़ है। अगर आप यहाँ न आए तो ज़िन्दगी-भर के लिए पछताएँगे। यह कहते ही नासिर मेरे क़रीब आकर बैठ गए और बड़े जोश के साथ अँगुली हिलाते हुए कहने लगे, ''ख़ाँ-साहब, आप कई पुश्तों से मलीहाबाद पर हुकूमत करते चले आ रहे हैं। आपकी रिआया आपके सामने थर्राती और झुक-झुककर सलाम करती है। कल उसी दो कौड़ी रिआया के बच्चे आपके बच्चों पर हुकूमत करेंगे, उन्हें धोतियाँ बँधवाएँगे और उनके सरों पर चोटियाँ रखाएँगे। अल्लाह करे ये दिन देखने से पहले हम मर जाएँ।''

सुबह उठकर मैंने इस मसअले पर दोबारा ग़ौर किया। नहा-धोकर नक़वी साहब के पास गया और उनसे कह दिया कि अब मैं हिजरत पर तैयार हो गया हूँ। नक़वी की बाछें खिल गईं, दौड़कर मुझे गले लगा लिया और उसी वक़्त डिपुटी कमिशनर को तलब करके हुक्म दिया कि जहाँगीर रोड पर जो एक बहुत बड़ा प्लाट ख़ाली है, उसे जोश साहब के नाम अलाट कर दीजिए। उस पर उनका सिनेमा हॉल और मकान तैयार किया जाएगा। और फलाँ मुक़ाम पर पचास एकड़ ज़मीन भी जोश साहब को अलाट कर दीजिए, वहाँ उनका बाग़ लगवाया जाएगा।

जब उनके हुक्म की तामील हो गई तो दोनों ज़मीनों पर मुझे क़ब्ज़ा दे दिया गया और मेरे चौकीदार झोपड़ियाँ डालकर वहाँ रहने लगे।

नक़वी साहब ने कहा, ''आप दिल्ली जाकर इमर्जेंसी सर्टीफ़िकेट पर अपने बाल-बच्चों को यहाँ ले आइए। आपके आते ही सिनेमा की तामीर का काम शुरू करा दूँगा।'' साथ ही उन्होंने अपने सेक्रेटरी रब्बानी साहब को बुलाकर मेरे लिए मकान की तलाश के लिए कहा। उन्होंने सिंध मुस्लिम हाउसिंग सोसाइटी में एक अच्छी-सी कोठी मेरे हवाले कर दी और मैं दिल्ली परवाज़ कर गया।

दिल्ली पहुँचा, तो मालूम हुआ, पंडित जी बाहर गए हुए हैं, दो-तीन दिन में आएँगे। सीधा मौलाना के पास गया। मौलाना किसी अख़बार में यह पढ़ चुके थे कि हिन्दुस्तान के एक शायर पर पाकिस्तान डोरे डाल रहा है। उन्होंने छूटते ही मुझसे कहा, ''शायद आप ही वह शायर हैं, जिस पर पाकिस्तान डोरे डाल रहा है?'' मैंने कहा, ''जी हाँ मौलाना, मैं वही शायर हूँ।'' मैंने अपनी सारी कहानी बयान कर दी, नक़वी साहब की तक़रीर के एक-एक लफ़्ज़ को दोहरा दिया और फिर उनसे पूछा, ''अब आपकी क्या राय है, मौलाना?''

उन्होंने चन्द सवाल करके जब मामले के हर पहलू को समझ लिया तब कहा, ''आपका हिजरत कर जाना हरचन्द हमारे वास्ते शर्मिंदगी और दुख का कारण होगा, लेकिन जहाँ तक आपके बच्चों के मुस्तक़बिल का सवाल है, मेरी राय है कि आप हिजरत कर जाएँ। नक़वी ने यह सच कहा है कि नेहरू के बाद यहाँ आपको कोई पूछने वाला नहीं रहेगा। आप तो आप, ख़ुद मुझे कोई नहीं पूछेगा। मैं हर मामले को तार्किक तौर पर देखने का आदी हूँ। लेकिन जवाहरलाल शदीद जज़्बाती आदमी हैं, वह आपकी हिजरत पर किसी तरह आमादा नहीं होंगे।''

तीसरे दिन यह सुनकर कि पंडित जी आ रहे हैं, मैं पालम के हवाई अड्डे पर पहुँच गया। वह उतरे तो मैंने उनसे कहा कि मुझे आपसे एक ज़रूरी बात कहनी है और आज ही। उन्होंने कहा, ‘‘तो फिर अभी मेरे साथ चलिए।’’ जब उनके घर आकर मैंने अपना कुल माजरा बयान कर दिया और यह भी बता दिया कि मौलाना आज़ाद की इस बारे में क्या राय है तो चेहरे पर तीव्र पीड़ा के चिन्ह प्रकट हुए और कहा, ‘‘जोश साहब, आपने मुझे बड़ी मुश्किल में डाल दिया है। अगर हिन्दू की संकीर्ण देशभक्ति यह स्थिति पैदा न कर देती तो आपके दिल में वतन छोड़ने का कभी ख़याल ही पैदा न होता, लेकिन यह मामला बहुत नाजुक है। मुझे सोचने के लिए दो दिन का वक़्त दीजिए। मैं ख़ुद भी ग़ौर करूँगा और मौलाना से भी राय लूँगा।’’

दो दिन के बाद जब मैं उनके पास पहुँचा तो मैंने उनके दिल मोह लेने वाले चेहरे पर वह ताज़गी देखी जो किसी जेहनी गिरह के सुलझा लेने के बाद पैदा हुआ करती है। उन्होंने बड़े उल्लास के साथ निगाह ऊपर उठाई, एक मृदु मुस्कान होंठों पर मचलने लगी और उन्होंने कहा, ‘‘जोश साहब, आपके मामले का ऐसा अच्छा हल निकाल लिया है कि जिसे आप भी पसंद करेंगे। क्यों साहब, यही बात है न, कि अपने बच्चों का आर्थिक और सांस्कृतिक भविष्य सँवारने के लिए पाकिस्तान जाना चाहते हैं?’’ मैंने कहा, ‘‘जी हाँ, इसके सिवा और कोई बात नहीं है।’’ उन्होंने कहा, ‘‘तो फिर आप ऐसा करें कि अपने बच्चों को पाकिस्तानी बना दें; लेकिन आप यहीं रहें और हर साल पूरे चार महीने पाकिस्तान में रहकर आप उर्दू की ख़िदमत कर आया करें। भारत सरकार आपको हर साल पूरी तनख़्वाह के साथ चार महीने की छुट्टी दे दिया करेगी।’’

पंडित जी की इस युक्ति पर मैं उछल पड़ा। मैंने कहा, ‘‘यह युक्ति मुझे दिल से मंज़ूर है। इस तरह साँप भी मर जाएगा और लाठी भी नहीं टूटेगी।’’ पंडित जी मेरी मंज़ूरी से बेहद ख़ुश होकर मेरे गले लग गए।

दूसरे ही दिन अख़बारवालों ने मुझे घेर लिया। मैंने वह तमाम मामला, जो मेरे और पंडित जी के दरमियान हुआ था, बयान कर दिया और तीसरे ही रोज़ मेरा इन्टरव्यू हिन्दुस्तान के तमाम अंग्रेज़ी और उर्दू अख़बारों में छप गया।

पाकिस्तानी शहरीयत

मैं पाकिस्तान आया तो नक़वी साहब ने मेरी ख़ुशी पर पानी फेर दिया। उन्होंने कहा कि यह क्योंकर हो सकता है कि आप पाकिस्तानी बाशिंदे न बनें और यहाँ ज़मीन का अलॉटमेंट आपके नाम हो जाए। हमें आपके बच्चे आप की निस्बत से प्यारे हैं। जब आप ही हमारे न बन सकेंगे तो हमारे वास्ते नामुमकिन हो जाएगा कि हम आपके वास्ते सिनेमा बनवाएँ या बाग़ लगवाएँ। इसके अलावा यह सूरते-हाल आपको कहीं का भी न रहने देगी। पाकिस्तानी आपको हिन्दुस्तानी समझेंगे और हिन्दुस्तानी आपसे इसलिए बदगुमाँ हो जाएँगे कि आपका पूरा ख़ानदान पाकिस्तानी बन चुका है और ख़ुद आप भी चार महीने पाकिस्तान में रहेंगे। जोश साहब, दो किश्तियों में पाँव रखकर दरिया को पार नहीं किया जा सकता। आपका भ्रम दोनों मुल्कों से उठ जाएगा। मेरे दिल को नक़वी की इस बात से बड़ा धक्का लगा। लेकिन चूँकि बात थी बावन तोले पाव रत्ती की, इसलिए तर्क के सामने हथियार डाल दिए और मैं पाकिस्तानी बन गया।

मेरे पाकिस्तानी बनते ही एक क़यामत का शोर बरपा हो गया। पूरे पाकिस्तान में और शहर कराची में तो इस क़दर वलवला उठा, गोया क़यामत का सूर[1] फूँक दिया गया है। तमाम छोटे-बड़े उर्दू-अंग्रेज़ी अख़बारों के लश्कर ताल ठोंककर मैदान में आ गए। तमाम अदीब, शायर और कार्टूनसाज़ों ने अपनी-अपनी कलमों की तलवारें म्यान से निकालकर मेरे ख़िलाफ़ लेख, कविता और कार्टूनों की भरमार कर दी।

---

1. इस्लाम के मुताबिक क़यामत के दिन सूर यानी बिगुल बजेगा और तमाम मुर्दे क़ब्रों से उठ खड़े होंगे।

हर तरफ़ मंडियों का-सा एक शोर बुलंद हो गया कि दोहाई सरकार की, मुग़ले-आज़म यानी अबूतालिब नक़वी ने जोश को आधा पाकिस्तान काटकर दे दिया। मुख़्तलिफ़ टोलियों में बँटे हुए लोग, मेरे ख़िलाफ़ इकट्ठे हो गए। वहाबियों, बरेलियों देवबंदियों, क़ादियानियों, सुन्नियों और शियाओं ने अपनी चौदह सौ बरस की नफ़रतों को यकसर भुला दिया। तबरा[2] और मदह सहाबा[3] के दरमियान सुलह की नींव पड़ गई और मेरे ख़िलाफ़ एकजुट होकर ऐलाने-जंग फ़रमा दिया—

मैं चमन में क्या गया गोया दबिस्ताँ खिल गया।

मेरा पाकिस्तान आना ऐसा मालूम हुआ, गोया कोई ज़बरदस्त डाकू क़ारूँ के खज़ाने पर टूट पड़ा है या कामदेव अछूतियों के महल में कूद पड़ा है और तमाम कँवारी कन्याएँ 'हाय अल्लाह, हाय अल्लाह' के नारे लगा-लगाकर भाग रही हैं। यह तमाम शोर, ये तमाम हंगामे, ये तमाम धमाके और ये सारी दुहाइयाँ जब हुकूमत के कान तक पहुँचीं तो गृह मंत्रालय ने नक़वी साहब से जवाब तलब कर लिया। जिस वक़्त मैंने यह बात देखी कि मुझे बाग़ और सिनेमा की ज़मीन देकर नक़वी साहब एक बड़ी मुसीबत में घिर गए हैं तो मैंने चुपके से बाग़ और सिनेमा के प्लाट वापस कर दिए।

उस ज़माने में चौधरी मुहम्मद अली साहब प्रधानमंत्री थे। नक़वी साहब की उनसे खटपट हो गई। नक़वी ने सिकंदर मिर्ज़ा के बलबूते पर प्रधानमंत्री से टक्कर ली थी। सिकन्दर मिर्ज़ा ने उनकी मदद से मुँह मोड़ लिया और उनकी कमिश्नरी ख़त्म कर दी गई। उनके पतन ने मेरी कमर तोड़ दी। मैं इधर का रहा, न उधर का।

मैंने सोचा, 'हिन्दुस्तान पलट जाऊँ,' लेकिन ग़ैरत ने इजाज़त नहीं दी। मैंने दिल से पूछा कि ख़ाँ साहब, अब क्या होगा? दिल ने कहा—हिम्मत न हार।

लोगों ने राय दी कि मैं हुकूमत से आयात-निर्यात का लाइसेंस लेकर व्यापार शुरू कर दूँ। मुझ बुद्धू की समझ में यह बात नहीं आई कि मैं व्यवसाय के लायक़ नहीं। मैंने दौड़ना शुरू कर दिया। इस दौड़-धूप में ज़िन्दगी दूभर हो गई। रोज़ सुबह को घर से निकलता, दोपहर को पलटता, थोड़ी देर आराम

---

2. हज़रत मुहम्मद को जिन लोगों ने देखा था उनमें हज़रत अली के अलावा शिया बाक़ी सबकी बुराई करते हैं, इसे तबरा कहते हैं। इसी से शियाओं को भी तबरा कहा जाता है।

3. हज़रत मुहम्मद को जिन्होंने देखा उनकी तारीफ़ करना यानी सुन्नी।

करके फिर बाहर निकल जाता और शाम को वापस आता था।

मेरा आलम उस गाँववाले के अलम (पताका) का-सा हो गया था, जो मुहर्रम के ज़माने में उठाया जाता, ढोल-ताशों की तरवड़-तरवड़, झय्यम-झय्यम की गूँज में हर मकान के चबूतरे पर रखा जाता और इसी तरह दिनभर चक्कर काट-काटकर फिर उसी तरवड़-तरवड़ और झय्यम-झय्यम के साथ मकान में लाकर रख दिया जाता है। इस दौड़-धूप में ख़ुदा के फ़ज़लो-करम से कुछ हाथ तो आया नहीं, अलबत्ता डायरेक्टरों, सेक्रेटरियों और वज़ीरों के ऐसे दो-दो कौड़ी के नख़रे, ऐसे ओछे ठस्से और इस क़दर बेहूदा लोग देखे कि आदमी का वक़ार नज़रों से गिर गया। यह फ़ैसला करना पड़ा कि इस क़ौम में किसी साहबे-क़लम की कोई गुंजाइश नहीं है और हर अदीब और शायर को चाहिए कि वह ख़ुदकुशी फ़रमा ले। यह सच है कि बाज़ औक़ात हिन्दू हुक्क़ाम भी नख़रे दिखाते हैं; लेकिन अल्लाह हो अकबर, यह मुसलमान जब हैड कांस्टेबल हो जाता है तो हामान व फ़िरऔन बन जाता है और हुकूमत की गद्दी पर बैठकर ख़िदमतगारों और फेरीवालों के लड़के भी अपने को क़ैसर व दारा समझने लगते हैं। अल्लाह बौनों के दर पर लंका वालों को न ले जाए। अब मेरी मुसलसल नाकामियों की सूची देखिये—

1. जहाँगीर रोड का सिनेमा-प्लॉट और बाग़ लगाने की ज़मीन ख़ुद मैंने वापस कर दी।

2. एक सोसाइटी का सिनेमा-प्लॉट नीलामी में मेरे नाम छूटा, क़ीमत अदा न कर सका; इसलिए निकल गया।

3. काश्तकारी के लिए हाशिमी साहब डेप्युटी कमिश्नर कराची ने पचास एकड़ ज़मीन दी, अल्ताफ़ गौहर साहब ने उसे ज़ब्त कर लिया।

4. साइकिल-रिक्शाओं के परमिट मिले, भाव गिर गया—परमिट हवा में उड़ गए।

5. कोल्ड स्टोरेज की इजाज़त मिल गई। रुपया लगानेवालों को बरग़ला दिया गया।

6. वाजिद अली शाह कंट्रोल रेट पर बसें देने पर आमादा थे, रुपया लगाने वाले को रोक दिया गया।

7. बीड़ी के पत्तों का लाइसेंस मिल रहा था। लाइसेंस देनेवाले के नख़रे बरदाश्त न कर सका। उसे बुरा-भला कहकर घर आ गया।

8. सिनेमा के साज़-सामान का दूसरे दिन परमिट मिल रहा था, वज़ीर को हटा दिया गया।

9. टेक्सटाइल का इजाज़तनामा मिलने वाला था—वज़ीर बदल गया।

10. प्रेस लगाने का इजाज़तनामा लिखकर तैयार हो गया—दस्तख़त करने से पहले वज़ीर को निकाल दिया गया।

11. मछली की तिजारत का परमिट लिख दिया था—सेक्रेटरी को हटा दिया गया।

12. पेट्रोल पम्प की कोशिश की, असफल रहा।

13. एक मकान अलाट हुआ था, आज तक क़ब्ज़ा न मिल सका।

14. ग्राम विकास विभाग में नौकरी की दरख़्वास्त दी, मंज़ूर नहीं हुई।

15. अपनी किताबें छपवानी चाहीं, कोई प्रकाशक तैयार नहीं हुआ।

16. फिरीयर हॉल के एक कोने में रेस्तराँ खुलवाने का पक्का वादा किया गया—अफ़सर का तबादला हो गया।

17. सिंधी अदबी बोर्ड में एक इल्मी काम किया, उजरत नहीं मिली।

18. पुनर्वास विभाग के एक अफ़सर ने एक मकान की ज़मीन अलॉट कर दी मगर चलते वक़्त वह खड़े नहीं हुए। अलॉटमेंट का पुर्ज़ा फाड़कर उनके सामने फेंक दिया।

19. पंजाब के मुख्यमंत्री क़ज़लबाश साहब एक कारख़ाने का परमिट दे रहे थे कि उसी रोज़ फ़ौजी इंक़लाब आ गया और उनके मंत्रिमंडल ने दम तोड़ दिया—अलग़रज़—

जिस जगह हमने बनाया घर सड़क में आ गया।

इस मुसलसल नाकामियों से मैं चकरा गया। मायूसी और इफ़लास गहरा होता चला गया। नक़्वी साहब जो एक हज़ार रुपया बतौर क़र्ज़ देते थे, वह इस क़दर कम था कि मेरा घर चला नहीं सकता था। इसलिए अपने एक दोस्त के ज़रिए से ज़ेवर बेच-बेचकर काम चलाने लगा।

मैंने सोचा कि यह काग़ज़ की नाव कब तक चलेगी। बीवी ने कहा कि सारे ख़र्चे आधे कर दो। उसकी लपेट में आकर शराब छोड़ दी। शराब छोड़ने के बाद मेरा उस बच्चे का-सा आलम हो गया, जिसका दूध छुड़ा दिया जाता है। शराब की फड़कन से निजात पाने के लिए शाम ही से खाना खा लिया करता था। लेकिन बेचैनी में कमी नहीं आती थी। जी बहलाने को किताब उठा लेता था कि शराब की ललक बहल जाए। किताब की सतरें नागिनों की मानिंद रेंगने लगती थीं और हर्फ़ों के दायरे में बिच्छू डंक उठाए नज़र आते थे।

गडमडाकर बिस्तर पर लेट जाता और करवट पर करवटें बदलता था; लेकिन नींद किसी तरह भी नहीं आती थी और तमाम जिस्म में खुजली होने लगती थी। घंटों खुर-खुर खुजाया करता था और छिपकली की कटी हुई दुम की मानिंद रात-रात भर तड़पता रहता था। सुबह जब ख़त बनाने के वास्ते आईने के सामने बैठता तो अपना बेख़्वाबी का रौंदा हुआ ततैये का-सा मुँह देखा नहीं जाता था। अपनी शक़्ल देखकर ऐसा मालूम होता था कि कोई थौबड़ क़िस्म के ग़रीब शाह दिल्ली की जामा मस्जिद की सीढ़ियों पर बैठे दाँत निकाल-निकालकर भीख माँग रहे हैं।

अगर किसी दिन कुत्ते की-सी झपकी आ भी जाती थी तो इतने बुरे-बुरे और टूटे-टूटे ख़्वाब देखता था कि बार-बार भक़ से आँख खुल जाया करती और घड़ी की टिक-टिक दिल पर घन चलाने लगती थी।

न जाने कितने सनसनाते, सीले, सपाट, सूखे, रूखे, फीके, डकारते, डसते, फुँकारते भयानक और भंभोड़ते ख़्वाब देख डाले उस ज़माने में।

उन्हीं दिनों सुहरावर्दी साहब को प्रधानमंत्री बना दिया गया। मैं इस फ़िक्र में पड़ गया कि लाइसेंसों के चक्कर से निकलकर मैंने अकादमी ऑफ़ लेटर्स का जो मंसूबा तैयार किया है, उसे सुहरावर्दी साहब की ख़िदमत में क्योंकर पेश करूँ। जब मैंने अपने एक दोस्त मन्नान ख़ाँ एडवोकेट से इसके मुतअल्लिक़ मशविरा किया तो उन्होंने कहा कि मेरे एक बहुत अच्छे दोस्त महमूदुलहक़ उस्मानी सुहरावर्दी साहब के ख़ासुलख़ास आदमी हैं, उनसे कहूँगा कि वह आपको सुहरावर्दी साहब से मिला दें। चुनांचे एक रोज़ मन्नान ख़ाँ, उस्मानी साहब को लेकर मेरे घर आ गए और बात तय हो गई। दूसरे ही दिन उस्मानी साहब ने मुझे सुहरावर्दी साहब से मिला दिया। उन्होंने मेरी तजवीज़ को बहुत पसंद किया और वादा फ़रमाया कि मैं अकादमी क़ायम करा दूँगा।

लेकिन मेरी बदबख़्ती देखिए कि दूसरे ही दिन उस्मानी और सुहरावर्दी में ऐसा बिगाड़ पैदा हो गया कि उनका आना-जाना बंद, और मैं बे-आसरा होकर रह गया।

इसके बाद ख़ुदा का करना यह हुआ कि बेगम शाइस्ता अकराम कराची आ गईं और आफ़ताब अहमद ख़ाँ प्रधानमंत्री के सचिव बल्कि दायें हाथ

बन गए। चूँकि ये दोनों मुझे बहुत पहले से जानते थे; इसलिए उन्होंने मेरी बड़ी मदद की।

बेगम साहिबा सुहरावर्दी की रिश्ते की बहन थीं। उन्होंने मेरी कुछ इस तरह बढ़ा-चढ़ाकर तारीफ़ कीं कि सुहरावर्दी साहब, जो ख़ुद भी एक अदबी आदमी थे, मुझ पर बेहद मेहरबान हो गए और मुझे इजाज़त दे दी कि मैं जब भी चाहूँ बिला रोक-टोक उनके पास आ जाया करूँ।

आफ़ताब अहमद साहब ने भी सुहरावर्दी पर मेरा सिक्का जमाना और मेरा हाथ बँटाना शुरू कर दिया और मेरी तजवीज़ हरकत में आ गई।

इत्तफ़ाक़ या मेरी ख़ुशकिस्मती कहिए कि उसी दौरान ज़ुबेरी साहब शिक्षा सचिव बन गए। वह निहायत पढ़े-लिखे और अदब की क़दर करने वाले थे, मेरी मदद पर तुल गए। अपनी ज़बरदस्त सिफ़ारिश के साथ उन्होंने मेरी तजवीज़ फ़िनांस (वित्त मंत्रालय) में भेज दी और मुझे मशविरा दिया कि मैं फ़िनांस सेक्रेटरी मुमताज़ हसन साहब से मिल लूँ।

मुमताज़ हसन साहब का नाम सुनकर मैं चकरा गया।

इस चकराने के दो सबब थे। एक यह कि 1942 में दिल्ली के एक मुशायरे में शरीक होने के सिलसिले में हमारे दरमियान एक नाख़ुशगवार वाक़या पेश आ चुका था। इसलिए मैं समझता था कि वह देश के लाभ के किसी भी काम में मेरा साथ नहीं देंगे। दूसरे मैं सुन चुका था कि मुमताज़ साहब उस सूबे के जानी दुश्मन हैं, जिसे यू.पी. कहते हैं। लेकिन मैं उनसे क्योंकर न मिलता। शादी के गुनाह के बाद बाप और नाना बन चुका था, उन सबको पालता क्योंकर? इसलिए अपनी औक़ात पर लानत भेजता हुआ दफ़्तरे-माल पहुँचा। क़दम दो-दो मन के हो गए। ठंडी अँगुलियों से अपना नाम लिखकर पर्चा अंदर भेज दिया।

चपरासी ने आकर कहा कि इस वक़्त एक साहब वहाँ बैठे हुए हैं। आप पी.ए. के कमरे में इंतज़ार करें। दिल ने कहा, और आओ पाकिस्तान। ख़ून के घूँट पिए और पी.ए. के कमरे में जाकर बैठ गया। पी.ए. साहब न तो खड़े हुए, न हाथ मिलाया, मुझे फ़िरऔन[4] की तरह देखा और काम करने लगे। दिल ने कहा, मुबारक हो ख़ाँ साहब! पाकिस्तान की तरफ़ से यह इज़्ज़त-अफ़ज़ाई। जी चाहा कि कमरे से बाहर निकल जाऊँ। फिर सोचा कि हम तो तारिक़ की तरह किश्ती जलाकर आए हैं। अब कहाँ जा सकते हैं?

---

4. अहंकारी

अभी मुश्किल से छह-सात मिनट इस अज़ाब में गुज़रे थे कि क्या देखता हूँ, ख़ुद मुमताज़ हसन साहब मेरे सामने खड़े माफ़ी माँग रहे हैं। इस ग़ैर मामूली शराफ़त ने मेरे दिल को उनकी तरफ़ झुका दिया और बदगुमानी के लिए मैं अपने को दिल-ही-दिल में मलामत करने लगा।

अपने कमरे में ले जाकर उन्होंने मुझसे कहा कि आपकी अकादमी की तजवीज़ बहुत लम्बी-चौड़ी है। अगर आप उसे सिर्फ़ लुग़त (कोश) तक सीमित कर दें तो फ़िनांस उसकी मंज़ूरी दे देगा। मुझे अपनी इस तजवीज़ के भिंचाव पर अफ़सोस हुआ; लेकिन मैं बेचारा कर ही क्या सकता था। नाचार, इसी शक्ल को ग़नीमत समझा। मैंने उनकी बात मान ली। उर्दू बोर्ड अस्तित्व में आ गया। मेरी कई साल की मेहनत ठिकाने लगी।

बोर्ड बन गया तो अंजुमन तरक़्क़ी-ए-उर्दू के सदर मौलवी अब्दुलहक़्क़ को मेम्बर बनने की दावत दी गई। वह मुझे नापसंद करते थे। इसलिए उन्होंने जवाब दिया कि अगर मुझे लुग़त का चीफ़ एडीटर न बनाया गया तो मैं मेम्बरी की दावत को ठुकरा दूँगा।

मुमताज़ हसन साहब ने अब्दुलहक़्क़ साहब की इस ज़िद पर कुछ मुँह बनाया, लेकिन कुछ सोचकर मंज़ूर कर लिया। अब क्या था। अब्दुलहक़्क़ चीफ़ एडीटर हो गए। अंजुमने-तरक़्क़ी-ए-उर्दू के दफ़्तर में लुग़त का काम होने लगा। मैंने दौड़-धूप करके बोर्ड के लिए जो इमारत किराये पर ली थी, वहाँ चंद क्लर्क रह गए और मैं। मुमताज़ हसन ने मुझे 'मुशीरे-अदब'[5] का ओहदा दे दिया, सबसे ज़्यादा मेरी तनख़्वाह मुक़र्रर की। लेकिन अब्दुलहक़्क़ ने कोई सवा या डेढ़ बरस तक मुझसे कोई काम ही नहीं लिया और मैं दफ़्तर में बैठा तनख़्वाह लेता, मक्खियाँ मारता और यह सोचता कि जिस दफ़्तर को मैंने कई साल ख़ून-पसीना एक करने के बाद क़ायम कराया था, उसी दफ़्तर में मैं 'तुम किस बाग़ की मूली हो' बनाकर रख दिया गया हूँ। बेकारी और मुफ़्त की तनख़्वाहदारी से तंग आकर मैंने आख़िर मुमताज़ साहब को लिखा कि मुझसे लुग़त-नवीसी का काम लिया जाए। जब उन्होंने मुझे इस काम पर लगा दिया तो मौलवी अब्दुलहक़्क़ को इस क़दर ताव आ गया कि वह एडीटरी और मेम्बरी दोनों से दस्तबरदारी पर आमादा हो गए।

---

5. साहित्यिक सलाहकार

इसके बाद बोर्ड के सेक्रेटरी शानुलहक़ हक़्क़ी का मौलवी अब्दुलहक़ और शौकत सब्ज़वारी से सख़्त बिगाड़ हो गया और गर्मागर्म ख़तो-किताबत का सिलसिला छिड़ गया। मौलवी साहब के इंतक़ाल के बाद लुग़त का काम बोर्ड के दफ़्तर में होने लगा और हक़्क़ी साहब और सब्ज़वारी साहब में ज़ाहिरी तौर पर समझौता हो गया। लेकिन दिलों में नफ़रत बाक़ी रही और इंशा अल्लाह ता-क़यामत रहेगी (इसलिए कि यू.पी. वालों और दिल्ली वालों की फ़ितरत ही यही है)।

अब हक़्क़ी साहब के दिल में मुझसे भी गाँठ पड़नी शुरू हो गई। बर्ताव तो हमारे दरमियान अज़ीज़ और बुज़ुर्ग का ही रहा; लेकिन चूँकि हक़्क़ी साहब के अन्दर ये ख़्वाहिश रहती है कि लोग उनके रू-ब-रू झुकते रहे और मैंने उनकी इस ख़्वाहिश को ख़ुराक नहीं पहुँचाई। जब वह ख़्वाहिश मुसलसल भूखी रहने लगी तो वह सोचने लगे कि मुझे किस तरह नुक़सान पहुँचा सकते हैं। आख़िरकार अल्लाह ने उन्हें वह मौक़ा दे ही दिया।

शायद अगस्त 1967 में छुट्टी लेकर मैं अपने मलीहाबाद के बाग़ों के फ़ैसले के लिए हिन्दुस्तान गया। इस मामले ने इस क़दर तूल खींचा कि मुझे वहाँ चार महीने रहना पड़ा। बाग़ों और मुशायरे के सिलसिले में बम्बई पहुँचा तो अंसारी साहब किसी अख़बार के नुमाइंदे को लेकर इंटरव्यू के लिए आए और मेरा इंटरव्यू किसी अंग्रेज़ी अख़बार में छप गया। छुट्टी ख़त्म होने पर जब लाहौर पहुँचा तो मुझसे कहा गया कि मेरे बम्बई के निरीह इंटरव्यू को नये-नये मानी पहनाकर यहाँ के अख़बारों ने ख़ूब उछाला और मुझे पाकिस्तान-दुश्मन ठहरा दिया है। मुझे यह सुनकर अफ़सोस तो ज़रूर हुआ; लेकिन तअज्जुब बिलकुल नहीं। जब *हदीस* और *क़ुरआन* को अपने साँचे में ढालने के लिए व्याख्याओं द्वारा बदल दिया जाता है तो मेरा इंटरव्यू क्या चीज़ है। लाहौर में अख़बारों के झूठ का जवाब देकर जब कराची आया तो हक़्क़ी साहब ने बड़े गुस्ताख़ाना अंदाज़ में मुझसे पत्र-व्यवहार शुरू कर दिया। आख़िर इस ग़ैरशरीफ़ाना सिलसिले को बन्द कर देने के वास्ते मैंने हक़्क़ी को लिख भेजा कि मैं जिस ख़ानदान का सदस्य हूँ और जिस मिज़ाज का आदमी हूँ, उस मिज़ाज का आदमी टूट तो सकता है; लेकिन लचक नहीं सकता। अगर आप मेरी रोज़ी पर चोट लगाने की ठान चुके हैं तो—

मेरी इस तहरीर के जवाब में हक़्क़ी ने लिखा कि मेरी नौकरी की मुद्दत अब और नहीं बढ़ेगी, मैं दफ़्तर से तअल्लुक तोड़कर घर आ गया और हक़्क़ी के घर में घी के चिराग़ जलने लगे।

लेकिन इस ख़बर को हक़्क़ी साहब ने किसी अख़बार में छपने नहीं दिया, ताकि उनकी पोल न खुलने पाए। जब हिन्दुस्तानी रेडियो ने मेरे निलम्बन का ऐलान किया तो यहाँ के अख़बारों ने बड़ी ढिठाई के साथ उसको नकारते करते हुए उल्टा उसे झूठा क़रार दे दिया।

मेरी नौकरी को छूटे अब एक मुद्दत गुज़र चुकी है, जिस रोज़ मैं हजरते हक़ के फ़जलो-करम और हक़्क़ी साहब के क़लमे-फ़ैज़ रक़्म से निलम्बित कर दिया गया था, उस रोज़ पूरे दिन न सही, चन्द घन्टे तो ज़रूर परेशानी रही थी। लेकिन मेरी बीवी की हिम्मत और मेरे मज़बूत इरादे ने उस वक़्ती परेशानी को शाम होते-होते कुहनी की चोट की मानिंद भुला दिया था।

अब चूँकि वह सारा मामला रोने-धोने वाले रो चुके और हँसने वाले हँस चुके—

इसके साथ-साथ चूँकि मैं अपने बुजुर्गों और अपनी इज़्ज़त को गवाह बनाकर यह क़सम खा चुका हूँ कि मर जाऊँगा लेकिन अब सरकारी मुलाज़मत का गुनाह नहीं करूँगा, यानी 'खाई सो खाई, अब खाऊँ तो राम दुहाई', इस मंज़िल में अपनी पोज़ीशन साफ़ करने का इरादा करूँगा तो मुझे पूरा यक़ीन है कि मेरे इस अमल को हुकूमत की ख़ुशामद या मुलाज़मत की आरज़ू नहीं समझा जाएगा। इसी बिना पर मैं खुल्लम-खुल्ला ऐलान कर देना चाहता हूँ कि 1967 के आख़िर में मेरे ख़िलाफ़ जो यह प्रोपेगंडा फ़रमाया गया था कि मैं पाकिस्तान का दुश्मन या पाकिस्तान के राष्ट्रपति का मुख़ालिफ़ हूँ, क़तई-तौर पर ग़लत और बेबुनियाद था। हैरत है कि इस मोटी-सी बात को कोई नहीं समझ सकता कि मैं पाकिस्तान का दुश्मन होता तो अपनी दौलत, अपनी इज़्ज़त, अपनी फ़राग़त, अपने दोस्त, अपने बुजुर्गों की हड्डियों से मुँह मोड़कर और अपने नाज़बरदार जवाहरलाल नेहरू का दिल तोड़कर यहाँ आता क्यों?

थोड़ी देर के वास्ते अगर यह भी मान लिया जाए कि मुझे लालच खींचकर यहाँ लाया था, लेकिन जब नक़वी और सिकन्दर मिर्ज़ा के पतन के बाद मुझ पर जीना दूभर हो चुका था और मेरी परेशानियों का हाल सुनकर जब पंडित जी ने मुझसे कहला भेजा था कि मैं पाकिस्तान को छोड़कर हिन्दुस्तान आ जाऊँ तो उस वक़्त मैंने हिन्दुस्तान जाने से क्यों इनकार कर दिया?

अब जबकि पाकिस्तान में मैं अपना मकान भी बनवा चुका हूँ और यहीं की ख़ाक में दफ़्न हो जाने के लिए भी आमादा हूँ तो किसके मुँह में इतने दाँत हैं कि मुझे पाकिस्तान का दुश्मन कहकर अपनी शैतानियत और बेवक़ूफ़ी का ऐलान फ़रमा दे।

मैं इस सियासी नफ़रत से भरे ज़माने में, जब एक मुल्क दूसरे मुल्क को अपने पेट में रख लेने पर तुला बैठा है, बल्कि मुल्क ही नहीं एक सूबा दूसरे सूबे पर छुरी ताने खड़ा है, यह बात किससे कहूँ कि मैं तमाम मानव जाति का दोस्त हूँ, और यह कहूँ भी तो यक़ीन कौन करेगा? लेकिन मैं अपने सच को इस ख़ौफ़ से दबा नहीं सकता कि उसे झूठ ख़याल किया जाएगा। इसलिए मैं यह कह देना चाहता हूँ कि अब एक मुद्दत से मेरे सीने में अबुल इंसान हज़रते आदम का दिल धड़क रहा है। मैं इस दुनिया के हर क़रीबो-दूर मुल्क को अपना वतन और हर अच्छे-बुरे इंसान को अपना बच्चा समझता हूँ।

जब किसी के घर में जश्न होता है तो मैं समझता हूँ कि वह जश्न मेरे ही घर में होता है और जब किसी के घर से कोई जनाज़ा निकलता है तो मैं यह महसूस करता हूँ कि वह जनाज़ा मेरे ही घर से निकल रहा है। सभी इंसान एक ही क़िस्म के तत्त्वों से बने हैं, जिनमें सिर्फ़ नाम और जिस्म का फ़र्क़ है। इस दुनिया में ग़ैरियत का कहीं कोई नाम ही नहीं है। अगर किसी से नफ़रत या दुश्मनी करूँगा तो इसके सिवा और कोई मानी भी नहीं हो सकते कि मैं ख़ुद अपनी ही ज़ात से नफ़रत या दुश्मनी कर रहा हूँ—

ऐ दोस्त, दिल में गर्दे-कुदूरत न चाहिए

अच्छे तो क्या बुरे से भी वहशत न चाहिए

कहता है कौन फूल से रग़बत न चाहिए

काँटे से भी मगर तुझे नफ़रत न चाहिए

काँटे की रग में भी है लहू सब्ज़ाज़ार का

पाला हुआ है वह भी नसीमे-बहार का।

कुछ मित्र : कुछ रेखाचित्र

जोश ने *मेरे चंद क़ाबिले-ज़िक्र अहबाब* और *मेरे दौर की चंद अजीब हस्तियाँ* शीर्षकों के अंतर्गत कोई 52 व्यक्तियों के बारे में लिखा है। उन सबको ज्यों का त्यों दे देने की गुंजाइश नहीं है और उनमें-से बहुतों का हिन्दी पाठकों के लिए कोई विशेष महत्त्व भी नहीं है। इसलिए हमने सिर्फ़ उन लोगों को चुन लिया है जिनसे या तो हिन्दी पाठक परिचित हैं या चरित्र अथवा स्वभाव से विशिष्ट और दिलचस्प हैं। जो लोग विचित्र और दिलचस्प हैं उनमें क़ाज़ी ख़ुरशीद अहमद, वस्ल बिलग्रामी, कंजू ख़ाँ और छद्दू ख़ाँ उल्लेखनीय हैं। ये लोग अपने दौर की नुमाइंदा हस्तियाँ हैं।

—हंसराज रहबर

पंडित जवाहर लाल नेहरू

वह अपनी मोहिनी सूरत के आकर्षण, अपने रंग की चमक-दमक, अपनी आँखों की मुरव्वत, अपने लहज़े की कड़ाई, अपने उच्चारण के संगीत, अपनी मुस्कुराहट की मृदुता, अपनी कुल-प्रतिष्ठा, अपने हृदय की असीम विशालता, अपने स्वभाव की अद्वितीय शालीनता और अपने चरित्र की बेजोड़ दृढ़ता के एतबार से एक ऐसे इंसान थे जो इस धरती पर सदियों के बाद पैदा होते हैं और जो यह आवाज़ बुलंद कर सकते हैं—

> मत सहल हमें समझो फिरता है .फ़लक[1] बरसों
> तब .ख़ाक के पर्दे से इंसान निकलते हैं।

उनका अस्तित्व हिन्दुस्तान का गौरव, एशिया की प्रतिष्ठा और समूची मानव-जाति का विश्वास है। वह शरीरधारियों की दुनिया के ऐसे सजीव ताजमहल थे जिसे शामे-अवध की लालिमा और सुब्हे-बनारस की उषा ने इलाहाबाद के अर्थपूर्ण संगम पर छेनियों से तराशकर तामीर किया था।

इससे पहले दो-तीन अवसरों पर उनका ज़िक्र कर चुका हूँ; इसलिए उनके बारे में जो बातें बयान करने से रह गई हैं, सिर्फ़ वही बयान करूँगा।

एक बार यह सुनकर कि वह कुम्भ के मेले में शरीक होने इलाहाबाद गए थे; मेरे तन-बदन में आग लग गई। मैं गुस्से में भर उनके पास गया और कहा, "इतू ब्रूटस।"[2]

---

1. आसमान।

2. शेक्सपीयर ने अपने नाटक *जूलियस सीज़र* में लिखा है कि सीज़र ने जब यह देखा कि उसका सबसे बड़ा दार्शनिक मित्र भी उसके हत्यारों की पंक्ति में खड़ा है तो ज़मीन उसके पैरों तले से निकल गई। आश्चर्य में भरकर उसने 'इतू ब्रूटस' कहा और अपनी तलवार फेंक दी; यह ख़याल करके कि जब मेरा ऐसा अभिन्न मित्र और गम्भीर विचार भी मेरे विरुद्ध हो गया है तो ज़रूर मुझमें कोई ऐसा दोष होगा जो मेरे राष्ट्र और देश को हानि पहुँचा सकता है। उसने कत्ल हो जाने के लिए गर्दन झुका दी।

उन्होंने बड़ी हैरत से पूछा, ''क्यों साहब, मैंने वह कौन ऐसी अप्रत्याशित बात की है कि आप मुझसे 'इतू ब्रूटस' कह रहे हैं?'' मैंने कहा, ''पंडित जी, आप तो बहुत बढ़-चढ़कर यह दावा किया करते थे कि दुनिया के किसी मज़हब से मेरा कोई तअल्लुक़ नहीं है और इसके बावजूद सुनता हूँ कि आप कुम्भ के मेले में वहम के शोले को हवा देने की ख़ातिर इलाहाबाद तशरीफ़ ले गए थे?'' उन्होंने कहा कि अगर मैं वहाँ पुजारी की हैसियत से जाता तो आपको हक़ था कि मुझ पर एतराज़ करते; लेकिन मैं तो वहाँ पब्लिक-माइंड (जन-स्वभाव) के अध्ययन के लिए गया था। मैंने कहा, ''जी नहीं, आप वहाँ गए थे अपने वोटों की ख़ातिर जनमत को प्रभावित करने के लिए।'' वह जवाब देने के लिए होंठ हिला ही रहे थे कि डॉक्टर काटजू आ गए। पंडित जी ने उनसे कहा, ''मिस्टर काटजू, जोश साहब मुझ पर एतराज़ कर रहे हैं कि मैं कुम्भ के मेले क्यों गया था।'' काटजू ने कहा, ''यह तो ख़ैर मेले की बात है, एक दिन मुझे पूजा करते देखकर जोश साहब ने मुझसे यहाँ तक कहा था कि काटजू साहब आप बालिग़ हो जाने के बावजूद पूजा करते हैं। जब मैंने इनसे पूछा था कि पूजा करना कोई बुरी बात है? तो इन्होंने कहा था कि यह ऐसी बुरी बात है कि इसे देखकर कभी यह भी हो सकता है कि एक विचारशील व्यक्ति के मन पर ऐसी गहरी चोट लग जाए कि वह तुरन्त तड़पकर मर जाए।'' इस पर पंडित जी ने क़हक़हा मारकर कहा था, ''जहाँ तक पूजा का तअल्लुक़ है, मैं भी जोश साहब का हम-ख़याल हूँ।'' काटजू का मुँह लटककर रह गया था।

देश के बँटवारे के तुरंत बाद सरदार पटेल ने उस वक़्त के दिल्ली के मुसलमान चीफ़ कमिशनर को, जो अलीगढ़ के साहबज़ादा आफ़ताब अहमद ख़ाँ के बेटे थे, हटाया तो नहीं था, पर मौखिक आदेश द्वारा उनके तमाम अख़्तियारात छीनकर उस वक़्त के डिपुटी कमिशनर मिस्टर रंधावा के सुपुर्द कर दिए थे और बड़ी धूमधाम के साथ मुसलमान लूटे और क़त्ल किए जा रहे थे। उस भयानक दौर में अगर जवाहरलाल खुलकर मैदान में न आ जाते और ख़ौफ़नाक गलियों में घुस-घुसकर और हिन्दुओं के मुँह पर थप्पड़ मार-मारकर वह उस आग को न बुझा देते तो दिल्ली में एक भी मुसलमान ज़िन्दा न रहता।

उसी ज़माने की एक घटना यह भी है कि दिल्ली के मुहल्ला सूईवालान

में हिन्दू जब एक मस्जिद के सामने से बाजा बजाते हुए गुज़र रहे थे और मुसलमानों ने उन्हें मारकर भगा दिया था तो शहर के हिन्दू कोतवाल ने चौराहे पर खड़े होकर मुसलमानों को माँ-बहन की गालियाँ दी थीं। जब मुझे इस बात की ख़बर दी गई तो मैंने एक दरख़्वास्त पर लोगों के दस्तख़त लिए और उनसे जाकर कहा कि पंडित जी, इस ख़ता पर कि मुसलमानों ने क़ानून-शिकनी की थी, उन पर मुक़दमा तो चलाया जा सकता था और उनकी गिरफ़्तारियाँ भी अमल में लाई जा सकती थीं, मगर कोतवाल को इस बात का कोई हक़ हासिल नहीं था कि वह तमाम मुसलमानों को चौराहे पर खड़े होकर गालियाँ देता।

उन्होंने कहा, ''आपके पास इसका क्या सबूत है?'' मैंने कहा, ''मैं अभी वहाँ से आ रहा हूँ। आप यह दरख़्वास्त मुलाहिज़ा करें, जिस पर हिन्दुओं के भी दस्तख़त हैं।''

दरख़्वास्त पढ़कर वह ग़ुस्से में काँपने लगे और इंस्पेक्टर जनरल पुलिस को उसी वक़्त फ़ोन पर हिदायत की कि कोतवाल को तुरन्त मुअत्तल करके उसकी तहक़ीक़ात करो और मुझे सूचना दो।

उन्हें उर्दू ज़बान से बड़ी मुहब्बत थी। उन्होंने मुझसे एक दिन कहा था कि उर्दू के बारे में मेरी ज़ाती राय और है, और मेरी गवर्नमेंट की राय और है। लेकिन मैं गवर्नमेंट पर अपनी राय थोपना नहीं चाहता, इसलिए कि यह मामला डेमोक्रेसी के ख़िलाफ़ है।

एक रोज़ लखनऊ स्टेशन पर उन्होंने रेलवे अफ़सरों को बुलाकर बहुत बुरी तरह फटकारकर कहा कि आप लोगों ने मुझे निरा जाहिल बनाकर रख दिया है। हर तरफ़ हिन्दी के बोर्ड लगे हुए हैं। कुछ पता नहीं चलता कि यह खाने का कमरा है या लैवेटरी।

एक बार पाकिस्तान से रुख़सत लेकर मैं जब दिल्ली में उनसे मिला तो उन्होंने बड़े तंज़ के साथ मुझसे कहा था, ''जोश साहब, पाकिस्तान को इस्लाम, इस्लामी कल्चर और इस्लामी ज़बान यानी उर्दू की सुरक्षा के लिए बनाया गया था, लेकिन अभी कुछ दिन हुए, मैं पाकिस्तान गया और वहाँ यह देखा कि मैं शेरवानी और पायजामा पहने हुए हूँ; लेकिन वहाँ की गवर्नमेंट के तमाम अफ़सर सौ फ़ीसदी अंग्रेज़ों का लिबास पहने हुए हैं। मुझसे अंग्रेज़ी बोली जा रही है और हद यह है कि मुझे अंग्रेज़ी में संबोधित भी किया जा रहा है। मुझे

इस सूरते-हाल से बेहद सदमा हुआ और मैं समझ गया कि 'उर्दू-उर्दू-उर्दू' के जो नारे हिन्दुस्तान में लगाए गए थे, वे सारे ऊपरी दिल से और खोखले थे। जब मैं खड़ा हुआ तो मैंने उसका उर्दू में जवाब देकर सबको हैरान और परेशान कर दिया, और यह बात साबित कर दी कि मुझे उनके मुक़ाबिले में उर्दू से कहीं ज़्यादा मुहब्बत है। जोश साहब, माफ़ कीजिए, आपने जिस उर्दू के लिए अपना वतन तंज़ दिया, पाकिस्तान में उसे कोई मुँह नहीं लगाता। और जाइए पाकिस्तान?'' मैंने शर्म से आँखें नीची कर लीं। उनसे तो कुछ नहीं कहा, लेकिन उनकी बातें सुनकर मुझे एक घटना याद आ गई। मैंने पाकिस्तान के एक बड़े शानदार मिनिस्टर साहब को जब उर्दू में ख़त लिखा और उन साहब बहादुर ने अंग्रेज़ी में जवाब भेजा तो मैंने जवाबुल-जवाब में यह लिखा था कि जनाबे-वाला मैंने आपको अपनी मादरी ज़बान में ख़त लिखा था, लेकिन आपने उसका जवाब अपनी पिदरी (बाप की) ज़बान में तहरीर फ़रमाया है—

चू कुफ़्र अज़ काबा बरख़ेज़द कुजा मानद मुसलमानी।

(अगर काबा ही से कुफ़्र उठने लगे तो इस्लाम कहाँ जाए?)

अब चंद घटनाएँ उनकी अदबनवाज़ी, उनकी ग़ैरमामूली शराफ़त और उनकी बेनज़ीर नाज़बरदारी की भी सुन लीजिए।

जब केंद्रीय सरकार के सूचना विभाग में मेरी नियुक्ति सरकारी रिसाले *आजकल* में हो गई तो मैंने उन्हें ख़त लिखा कि मेरे पर्चे के वास्ते अपना पैग़ाम जल्द भेज दीजिए। अगर आपने सुस्ती से काम लिया तो मेरी आपसे ज़बरदस्त जंग हो जाएगी। एक हफ़्ते के अन्दर उनका पैग़ाम आ गया। अपने पयाम के आख़िर में उन्होंने यह भी लिखा था कि मैं जल्दी में पयाम इसलिए भेज रहा हूँ कि जोश साहब ने मुझे धमकी दी थी कि अगर देर हो गई तो वह मुझसे लड़ पड़ेंगे। जब मैंने पैग़ाम के शुक्रिये में उन्हें ख़त लिखा तो दबी ज़बान से यह शिकायत भी कर दी कि आपने मेरे ख़त का जवाब ख़ुद अपने हाथ से लिखने के एवज़ सेक्रेटरी से लिखवाया है। मेरे साथ आपको यह बरताव नहीं करना चाहिए था।

उनकी शराफ़त देखिए कि मेरी इस शिकायत पर उन्होंने ख़ुद अपने हाथ से मुझे यह लिखा कि अधिक व्यस्तता के कारण मैं सेक्रेटरी से ख़त लिखवाने पर मजबूर हो गया। आप मेरी इस ग़लती को माफ़ करें।

एक बार मैं उनके वहाँ पहुँचा तो देखा कि वह दरवाज़े पर खड़े क़िदवई साहब से बातें कर रहे हैं। लेकिन जैसे ही मैंने बरामदे में क़दम रखा और उन से आँखें चार हुईं तो वह एक सेकेंड के अन्दर ग़ायब हो गए।

मैंने क़िदवई साहब से कहा कि मैं तो अब यहाँ नहीं ठहरूँगा। आप पंडित जी से कह दीजिएगा कि लीडरी और प्राइम मिनिस्टरी को लीडरी और प्राइम मिनिस्टरी तक सीमित रखें और उसे इस क़दर न बढ़ाएँ कि वह मोनॉर्की बादशाही से टक्कर लेने लगे। क़िदवई साहब ने मुस्कुराकर पूछा कि आप किस बात पर इस क़दर बिगड़ गए हैं? मैंने कहा, ''अरे आप अभी तो ख़ुद देख चुके हैं कि मेरे आते ही वह ग़ायब हो गए हैं। मिज़ाजपुरसी तो बड़ी चीज़ है, उन्होंने मुझसे साहब-सलामत तक नहीं की।'' इतने में जवाहरलाल आ गए। मैं मुँह मोड़कर खड़ा हो गया। उन्होंने कहा, ''जोश साहब, मामला क्या है?'' क़िदवई साहब ने सारा माजरा बयान कर दिया। वह मेरे क़रीब आए और मेरे कान में कहा, ''मुझे इस क़दर ज़ोर से पेशाब आ गया था कि अगर एक मिनट की भी देर होती तो पायजामे ही में निकल जाता।'' यह बहाना सुनकर मैंने उन्हें गले से लगा लिया।

एक बार कुँवर महेंद्रसिंह बेदी ने मुझसे कहा कि मेरे वज़ीर श्री सच्चर ने दिल्ली से मेरा तबादला कर दिया है। मैंने कहा, ''यह श्री सच्चर हैं या मिस्टर खच्चर?'' वह हँसने लगे, कहा, ''क्या ख़ूब क़ाफ़िया मिलाया है। तो मैं आपसे यह कहने आया हूँ कि आप और बेगम पटौदी दोनों मिलकर पंडित जी के पास जाएँ और मेरा तबादला रुकवा दें।''

दूसरे ही दिन हम दोनों प्रधानमंत्री की कोठी पहुँचे। अपने आने की सूचना दी। बेगम पटौदी को तुरन्त बुला लिया गया और मैं मुँह देखता रह गया। जवाहरलाल की इस अशिष्टता पर मुझे बड़ा ताव आया और यह सोचकर, कि मैं वहाँ से उसी वक़्त चला जाऊँ, कि उनसे फिर कभी न मिलूँ, मैं उठा ही था कि उनके सेक्रेटरी शायद प्यारेलाल साहब आ गए। उन्होंने मेरी तरफ़ आँख उठाकर कहा, ''क्या बात है जोश साहब? इतना पानी बरस रहा है और आप आगबबूला बने खड़े हैं?'' मैंने उनसे सारा माजरा बयान करके कहा, ''अब मैं यहाँ नहीं ठहरने का।'' सेक्रेटरी ने कहा, ''आप सिर्फ़ दो मिनट मेरी ख़ातिर ठहर जाएँ।'' मैं ठहर गया। वह सीधे उनके कमरे में दाख़िल हो

गए। और दो मिनट के अन्दर-अन्दर मैंने यह देखा कि वह मुस्कुराते चले आ रहे हैं। उन्होंने कहा, ''जोश साहब, आपके तशरीफ़ लाने की मुझे किसी ने सूचना नहीं दी। आपने किससे सूचना देने को कहा था?'' मैंने कहा, ''विमला कुमारी जी को।'' उन्होंने विमला कुमारी को बुलाकर पूछा कि तुमने मुझे जोश साहब के आने की सूचना क्यों नहीं दी? विमला कुमारी ने कहा कि लेडीज़ फ़र्स्ट के ख़याल से मैंने जोश साहब का नाम नहीं लिया। पंडित जी ने डाँटकर कहा, ''नॉनसेंस'' और मेरा हाथ पकड़कर अन्दर ले गए और कहा, आप भी महेंद्रसिंह का तबादला रुकवाने के ख़्वाहिशमंद हैं? मैंने कहा ''जी हाँ?'' उन्होंने जवाब दिया कि यह डेमोक्रेट उसूल के खिलाफ़ है कि मैं इस मामले में दख़ल दूँ। मैंने कहा, ''पंडित जी मैं जानता हूँ कि आपका दिमाग़ मेड इन इंगलैंड है; लेकिन कुछ अपवाद भी ज़रूरी होते हैं। मैं जानता हूँ प्राइम मिनिस्टर से किसी के तबादले के रद्द करने की इच्छा प्रकट करना ऐसा ही है जैसे हम किसी हाथी से कहें कि मेज़ पर से ज़रा मेरी दियासलाई उठा ला। लेकिन आज तो मैं हाथी से दियासलाई उठवाकर दम लूँगा।'' वह हँसने लगे और तबादला रद्द कर दिया।

एक मर्तबा गर्मी की छुट्टियाँ मनाने के लिए मैं शिमले गया हुआ था। तीन-चार रोज़ के बाद मालूम हुआ कि पंडित जवाहरलाल भी आ गए हैं। मैंने फ़ोन किया और बदक़िस्मती से रिसीवर उठाया उनके ऐसे नये सेक्रेटरी ने, जो लहजे से मदरासी मालूम हो रहा था। मैंने अपना नाम बताकर कहा कि मैं पंडित जी से मिलना चाहता हूँ। आप उनसे टाइम लेकर मुझे सूचना दें। उसने बार-बार मेरा नाम पूछा। मैंने कहा, ''जोश मलीहाबादी।'' लेकिन उसकी समझ में नहीं आया। आख़िर मैंने झल्लाकर कहा, ''जे.ओ.एस.एच.।'' उसने कहा, ''मिस्टर जोश, आपके पर्टीकुलर्स?'' मैंने कहा, ''जो शख़्स मेरे पर्टीकुलर्स नहीं जानता उसे यह हक़ नहीं है कि हिन्दुस्तान में रहे।'' यह सुनकर उसने कहा, ''ओह ऐसा बोलेगा।'' मैंने कहा, ''इससे ज़्यादा बोलेगा।'' उसने कहा, ''आप होल्ड किए रहें हम पंडित जी से पूछकर बताएगा।'' दो मिनट के बाद उसने कहा, ''पंडित जी ऐसा बोलता है कि हम यहाँ मज़े करने आया है, आप दिल्ली में मिलो।''

मेरे तन-बदन में आग लग गई। मैंने बीवी से कहा कि मैं अभी उन्हें

ऐसा ख़त लिखूँगा कि तिगनी का नाच नाचने लगेंगे। बीवी ने कहा कि हमारे सर की क़सम, अभी ख़त न लिखो। इस वक़्त ग़ुस्से में भरे हुए हो। जाने क्या-क्या लिख मारोगे। पानी पीकर थोड़ी देर लेट जाओ।

पानी पीकर मैं लेट तो गया; मगर दिल की आग भड़कती रही। आध घंटे से ज्यादा लेट नहीं सका। बिस्तर पर अंगारे दहकने लगे। मैं उठ बैठा और ऐसा ख़त लिखा कि अगर उस क़िस्म का ख़त किसी थानेदार को लिख भेजता तो वह भी तमाम उम्र मुझे माफ़ न करता।

दूसरे दिन इंदिरा गाँधी का फ़ोन आया कि आज तीन बजे सह पहर को मेरे साथ चाय पीजिए। मैंने कहा, ''बेटी, वहाँ तुम्हारे बाप मौजूद होंगे। मैं उनसे मिलना नहीं चाहता।'' उन्होंने कहा, ''मैं पिताजी को अपने कमरे में बुलाऊँगी ही नहीं।'' मैं तैयार हो गया।

शाम को जब बरामदे में पहुँचा तो एक चपरासी ने अन्दर की तरफ़ इशारा कर दिया। जब मैं उनके कमरे की तरफ़ बढ़ा तो पंडित जी ने पीछे से मेरा हाथ पकड़कर कहा, ''आइए मेरे कमरे में।'' मैं ठिठककर खड़ा हो गया, उन्होंने मेरा हाथ खींचा और मुहब्बत के दबाव में आकर मैं उनके साथ हो गया।

उनके कमरे में पहुँचा तो देखा मेरे बुजुर्गों के मिलने वाले सर महाराजसिंह बैठे हुए हैं। पंडित जी ने कहा, ''महाराज, यह वही जोश साहब हैं, जिन्होंने मुझे ऐसा गर्म ख़त लिखा कि शिमले की ठंडक में भी पसीना आ गया।'' महाराज सिंह ने कहा, ''ग़नीमत समझिए कि यहीं तक नौबत आई। इनके बुजुर्गों से आप वाक़िफ़ नहीं। वे जिस पर गर्म हो जाते थे, उसे ठंडा कर दिया करते थे।'' पंडित जी हँसने लगे। घण्टी बजाई, उस मदरासी सेक्रेटरी को बुलाया और जैसे ही उसने कमरे में क़दम रखा, वह उस पर बरस पड़े कि तुमने मुझसे पूछे बग़ैर जोश साहब को ऐसा बेहूदा जवाब क्यों दिया। मैं अभी तुम्हारा ट्रांस्फर किए दे रहा हूँ। कल से तुम मिनिस्टरी ऑफ़ कॉमर्स में चले जाओ।

उनका यह बर्ताव देखकर मैं पानी-पानी हो गया और उनकी बेमिसाल रवादारी और शराफ़त पर निगाह करके मैं उन्हें गले लगाकर रोने लगा।

अब एक आख़िरी घटना और सुन लीजिए।

उनके इंतक़ाल से चंद महीने पहले मैं हिन्दुस्तान गया और उनसे दरख़्वास्त की कि आप किसी दिन मेरी जाए-क़याम (निवास स्थान) पर आकर मेरे साथ

खाना खाएँ। हरचन्द मैं उनका दिल तोड़कर पाकिस्तान आ गया था; लेकिन इसके बावजूद वह आए, खाना खाया और दो घण्टे से ज्यादा बैठे रहे। इस दावत में उनकी आवाज़ की कमज़ोरी और मुस्कुराहट के फीकेपन से यह अंदाज़ा करके मेरा दिल बैठने लगा कि अब वह अपनी ज़िन्दगी के दिन पूरे कर चुके हैं। चुनांचे वही हुआ। मेरे पाकिस्तान वापस आने के दो-तीन महीने बाद वह शराफ़त के आसमान का सूरज डूब गया और हिन्दुस्तान ही में नहीं सारे एशिया में अँधेरा छा गया।

सरोजनी नायडू

लहज़े में अर्ग़नूँ[3], बातों में जादू, मैदाने-जंग में झाँसी की रानी, गोकुलवन की गोया मधुर बीन, बुलबुले-हिन्दुस्तान। अगर यह दौर मर्दों में जवाहरलाल और औरतों में सरोजनी की-सी हस्तियाँ पैदा न करता तो पूरा हिन्दुस्तान अंधा होकर रह जाता।

मैंने उन्हें सबसे पहले 1926 के लगभग हैदराबाद दकन में देखा था और उनके व्यक्तित्व के चुम्बकीय आकर्षण ने मुझे हमेशा के लिए मोह लिया था।

उनके गले में रगें नहीं सारंगी के खनकते हुए तार थे। उनके लहज़े में इस क़यामत का उतार-चढ़ाव था कि उसके सामने रागिनियाँ पानी भरती थीं और उनके दिलो-दिमाग़ के भवन में शायरी की वह संगीतमय लहरें उठती थीं कि उनके सामने चाँदनी रातों में समुद्र का राग शर्मिंदा होकर रह जाता था।

हरचन्द उर्दू उनकी मादरी ज़बान नहीं थी; लेकिन हैदराबाद की उर्दू आबो-हवा ने उन्हें उर्दू और फ़ारसी के मज़ाक़ में इस तरह ढाल दिया था कि केवल यही नहीं कि वह बड़ी रवानी के साथ उर्दू बोलतीं बल्कि बड़ी आसानी के साथ उर्दू शायरी को समझ लेतीं और अल्फ़ाज़ पकड़कर इस तरह दाद देती थीं कि उन्हें शे'र सुनाकर जी ख़ुश हो जाता था। आज तक याद है मुझे वह रात जब मैंने उन्हें अपनी नज़्म 'अंगीठी' सुनाई थी और वह हिचकियाँ ले-लेकर रोने लगी थीं।

उन्होंने मेरी उस नज़्म और उसके साथ ही मेरी और भी तीस-चालीस नज़्मों का अंग्रेज़ी में बहुत अच्छा अनुवाद किया था। अफ़सोस कि इस यादगार सरमाये को मेरी लापरवाही ने गुम कर दिया।

---

3. ऑर्गन (Organ)

उनकी यू.पी. की गवर्नरी के ज़माने में एक बार मैं लखनऊ गया और सुबह के वक़्त गवर्नमेंट हाउस में फ़ोन किया कि मैं मिसेज़ नायडू से बात करना चाहता हूँ। उनके सेक्रेटरी ने मुझसे कहा कि आप उनके नाम पैग़ाम दे दें। मैं पहुँचा दूँगा। वह ख़ुद बात नहीं कर सकतीं। मैंने जवाब दिया कि मेरे उनके दरमियान यह रस्म नहीं है। मैं रिसीवर उठाए हुए हूँ, आप उनसे जाकर यह कह दें कि वह मुझसे बात कर लें। सेक्रेटरी ने कहा, ''आप अपना फ़ोन नम्बर दे दें, मैं थोड़ी देर में आप को रिंग करूँगा।''

दस मिनट के बाद घंटी बजी और सरोजनी की आवाज़ ने मेरे कान में रस घोल दिया। उन्होंने पूछा, ''आप कब आए?'' मैंने जवाब दिया, ''अभी आया और सबसे पहले आपको फ़ोन कर रहा हूँ।'' उन्होंने कहा, ''सबसे पहले मुझे मिलने आप यहाँ आ जाइए। मैं बाथरूम जा रही हूँ। अगर आप मेरे बाथरूम से निकलने से पहले यहाँ आ जाएँ तो दो-चार मिनट इन्तज़ार करें। ऐसा न हो कि मुँह फुलाकर चले जाएँ।''

यह था सरोजनी का व्यवहार। अब उन शराफ़तों को दूरबीन लगा-लगाकर ढूँढ़ता फिरता हूँ; लेकिन कहीं पता नहीं चलता। हाय, किधर चले गए वे लोग!

ज़िन्दगी के आख़िरी दौर में वह बार-बार बीमार पड़ने लगीं और मैं बार-बार पूछता था कि इस बार-बार बीमार पड़ने की वजह क्या है। वह हर बार मुख़्तलिफ़ सबब बताकर टाल दिया करती थीं। लेकिन एक बार जब मैंने ज़ोर देकर बार-बार बीमार पड़ने की वजह पूछी तो वह उदास होकर कहने लगीं, ''जोश साहब, आप नहीं मानते तो मुझे यह कहना पड़ रहा है कि इसका सबब है मेरा बुढ़ापा।'' औरत के मुँह से बुढ़ापे का एतराफ़ सुनकर मेरा दिल ग़मगीन हो गया। उन्होंने मेरी उदासी को भाँपकर कहा, ''आप ग़मगीन न हों। मेरे बाल तो सफ़ेद हो रहे हैं; मगर आप यक़ीन रखें, मेरा दिल अभी तक सियाह है और जब तक दिल सियाह है जवानी बाक़ी है।''

फ़िराक़ गोरखपुरी

अपने फ़िराक़ को मैं दशकों से जानता और उनकी रचनात्मकता का लोहा मानता हूँ। वह इल्म और अदब के मसअलों पर ज़बान खोलते हैं तो लफ़्ज़ और मानी के लाखों मोती रोलते हैं, और इस इफ़रात (अधिकता) से कि सुननेवालों को अपनी कम-इल्मी का एहसास होने लगता है।

वह बला के हुस्नपरस्त और क़यामत के शाहिदबाज़[4] हैं और यही वह ख़ास ख़ूबी है जो दुनिया के तमाम बड़े फ़नकारों में पाई जाती है। तथाकथित धर्म-उपदेशकों पर आवाज़ें कसते हैं और उन दुर्बलों पर हँसते हैं। लेकिन उनकी रातों से होशियार! पीने से पहले वह यारों के ग़म बाँटने वाले होते हैं और पीने के बाद ख़ूँख़्वार दुश्मन बन जाते हैं। और बड़े आश्चर्य-मिश्रित दुःख के साथ कहना पड़ता है कि उनका अपनी जीवन-संगिनी के साथ जो बर्ताव है, वह मानवता के सीने का एक भयंकर घाव है, और उनके आतंक से तंग आकर उनका बेटा ख़ुदकुशी कर चुका है।

वह एक दोहरी शख़्सियत के इंसान हैं। कभी मसीहा-ए-दौराँ[5] और कभी मूसा-ए-उम्राँ।[6] कभी महकते गुलज़ार कभी अपने आप तलवार। जब मैं दिल्ली में रहता था तो एक बार वह मुझसे भी बुरी तरह उलझ पड़े थे। उस वक़्त अगर मैं अपनी पठनौली का गला न घोंट देता तो बड़ा ख़ून-ख़राबा हो जाता। उस रात की सुबह को मैंने उन पर एक नज़्म कही थी, जिसका सिर्फ़ एक शे'र याद है—

न अताकर, मगर, मुझे माबूद
भूल कर भी शबे-विसाले-फ़िराक़

(ऐ ख़ुदा, मुझे भूलकर भी फ़िराक़ के संग बिताने वाली रात अता न कर।)

पीकर लड़ पड़ना और महफ़िल को दरहम-बरहम[7] कर देना अब उनका चखना बन चुका है। इसलिए उन्हें बुरा न कहिए, उन पर तरस खाइए और उनकी रातों से दामन बचाइए।

एक बार कश्मीर के हाउस-बोट में वह और साग़र मेरे साथ ठहरे हुए थे। फ़िज़ा निहायत ख़ुशगवार और झील की मौजें नग़मा-वार[8] थीं। दौर चलने लगा और दो जाम ख़ाली करके उन्होंने साग़र की तरफ़ इशारा करके मुझसे पूछा, ''यह सामने कौन बैठा हुआ है?'' मेरा माथा ठनक गया। मैंने कहा, ''देखो फ़िराक़ हमको अपना चखना न बनाना।'' वह चुप हो गए। लेकिन

---

4. महबूब का शौक़ीन यानी आशिक़ मिजाज 5. अपने युग के मसीहा 6. पीढ़ियों का ईसा
7. अस्त-व्यस्त 8. संगीतमय

चेहरे की असीम वेदना से पता चलने लगा कि रंग पर आने के लिए उनका नशा एड़ियाँ रगड़ रहा है। और अब उनसे रहा नहीं गया। उन्होंने कहा, ''जोश, तुम बताओ-न बताओ, मैं देख रहा हूँ कि मेरे सामने साग़र बैठा हुआ है।'' मैंने कहा, ''फिर तुमसे क्या ग़रज़?'' उन्होंने अपनी गोल आँखों को घुमाकर कहा, ''इस लौंडे सग़रवा को भी ख़ुदा की शान यह दावा है कि मैं शायर हूँ। हालाँकि ख़ुदा की क़सम मेरा बटलर इससे अच्छे शे'र कहता है।'' अब क्या था, उनकी आरज़ू पूरी हो गई। साग़र यह सुनते ही जामे से बाहर हो गए और उन दोनों में गुत्थमगुत्था हो गई।

एक बार अली सरदार जाफ़री किसी मुशायरे में शरीक़ होने इलाहाबाद गए और उनके वहाँ ठहरे। उन्होंने जी खोलकर सरदार की खातिर की, ख़ूब खिलाया-पिलाया। जब मोटर में बैठकर दोनों मुशायरे की तरफ़ रवाना हुए तो मुशायरे के फाटक पर खड़े होकर फ़िराक़ का जी चाहा कि थोड़ा-सा चखना ले लें। यह ख़याल आते ही मुशायरे के प्रबन्धक से उन्होंने कहा, ''सुन लीजिए जनाब, या तो फ़िराक़ मुशायरे में शरीक होगा या सरदरवा।'' प्रबन्धक ने लाख-लाख समझाया और अली सरदार ने कहा, ''फ़िराक़ साहब, मैं तो आपका मेहमान हूँ।'' लेकिन वह नहीं माने। फाटक पर तमाशाओं के ठट लग गए और वह अली सरदरवा को बुरा-भला कहते हुए अपने घर को चले गए। सुबह के वक़्त रात के उसी सरदरवा के गले में बाँहें डालकर मुस्कुराने लगे।

लेकिन अबके जब मैं दिल्ली गया तो उनके मिज़ाज की तब्दीली देखकर दंग रह गया। वह दिल्ली में किसी मुशायरे में शिरकत के लिए आए और अपने शागिर्द गर्ग के वहाँ ठहरे हुए थे। मैं पहुँचा तो दौड़कर उन्होंने गले लगा लिया। हरचंद वह रात के बारह बजे तक बैठे मेरे साथ पीते रहे; लेकिन आख़िर तक वह क़तई बिगड़े नहीं बल्कि लड़ाई का गोशा निकालने के एवज़ उन्होंने इतने लतीफ़े सुनाए कि हँसते-हँसते पेट में बल पड़ गए। एक लतीफ़ा आप भी सुन लीजिए।

उन्होंने कहा कि परसों हम सबको एक दोस्त ने, जो वास्तुकला के ज्ञाता हैं, बहुत तड़के अपने घर बुलाया और कहा कि वह दिल्ली की एक-एक तारीख़ी

ईंट से हमें आगाह कर देंगे। चूँकि यह जाड़े का मौसम है; इसलिए हमने ख़याल किया कि उन्होंने सुबह के वक़्त बुलाया है, इसलिए नाश्ते का इंतज़ाम उन्हीं के घर पर होगा। चुनांचे हम लोग तीन मोटरों में बैठकर उनके वहाँ पहुँच गए। जब यह देखा कि वहाँ नाश्ते का कोई इंतज़ाम नहीं है और वह कुतुब पहुँचने की जल्दी कर रहे हैं तो हम यह सोचकर मुतमइन हो गए कि वहाँ पहुँचकर नाश्ता कराएँगे। लेकिन जब वहाँ भी नाश्ते का कोई बंदोबस्त नहीं देखा तो हम परेशान हो गए। वह हमें एक जगह से दूसरी और दूसरी से तीसरी जगह लिए फिराते रहे; यहाँ तक कि दोपहर के खाने का वक़्त भी गुज़रने लगा और भूख से हम सबका बुरा हाल हो गया। उस वक़्त मुझे शरारत सूझी। इशारे से मेज़बान को एक गोशे में ले जाकर मैंने कहा, ''जनाबे-वाला, अब तो यही मुनासिब मालूम होता है कि आप मेरे...कर दें।'' उन्होंने बड़ी हैरत से मुझे देखा और कहा, ''फ़िराक़ साहब, आप ऐसे संजीदा आदमी होकर मुझसे ऐसी अश्लील बात की फ़रमाइश कर रहे हैं।'' मैंने बड़ी संजीदगी से कहा, ''जनाब, भूख इस क़दर लगी है कि मैं सोचने लगा हूँ आख़िरकार कुछ तो पेट में जाए।''

मैंने क़हक़हा मारकर कहा, ''अरे मर गए। इस 'कुछ तो पेट में जाए' की गहराई का कुछ ठिकाना नहीं।'' और सब लोग पेट पकड़कर हँसने लगे।

लगे हाथों एक वाक़या और भी सुन लीजिए। हम लोग अहमदाबाद-बम्बई के किसी मुशायरे की शिरकत के वास्ते गए। एक बालाख़ाने के बहुत बड़े खुले और शानदार हॉल में फ़र्श पर बैठ शराब पी रहे थे कि एक अजनबी नौजवान ने आकर कहा कि मैं हज़रते फ़िराक़ गोरखपुरी से मिलने आया हूँ। वस्ल ने कहा, ''यह हैं फ़िराक़ साहब!'' उस नौजवान ने लपककर फ़िराक़ के हाथ चूम लिए और घुटनों के बल बड़े अदब से बैठ गया। फ़िराक़ ने कहा, ''आपका नाम?'' उसने नाम बताने के बाद दोनों हाथ जोड़कर कहा, ''मैं आपको कल का एक वाक़या सुनाने आया हूँ। इजाज़त हो तो अर्ज़ करूँ।'' फ़िराक़ ने कहा, ''ज़रूर कहिए।'' उस नौजवान ने कहा कि परसों मैं बाज़ार से गुज़र रहा था। देखा कि बरात का एक बहुत बड़ा जुलूस चौराहे पर रुका हुआ दम-बख़ुद खड़ा हुआ है। मैंने पूछा—यह माजरा क्या है? एक साहब ने बताया कि दूल्हा जिस हाथी पर सवार है, वह ज़मीन पकड़कर खड़ा हो

गया है। लाख-लाख आंकुस[9] मारे जा रहे हैं; मगर वह अपनी जगह से हरकत नहीं कर रहा है। और चूँकि दूल्हे की सवारी का रास्ते में रुक जाना अपशगुन समझा जाता है; इसलिए दूल्हे के बाप के हवास उड़े हुए हैं। अभी वह आदमी मुझसे यह कह ही रहा था कि मैंने देखा, एक पन्द्रह-सोलह बरस का लड़का दौड़ा हुआ आया और उसने दूल्हे के बाप से कहा—मैं हाथी को अगर अभी-अभी चला दूँ तो क्या आप मुझे पचास रुपये दे देंगे? दूल्हे के बाप ने कहा—अरे पचास नहीं सौ रुपये दूँगा। यह सुनकर उस लड़के ने उचककर हाथी के कान में एक बात ऐसी कही कि वह बेसाख़्ता दुम दबाकर भागने लगा। फ़िराक़ ने पूछा, ''उस लड़के ने क्या कहा था?'' उस नौजवान ने निहायत संजीदगी से कहा कि उस लड़के ने हाथी के कान में कहा था 'अबे साले, तेरे पीछे फ़िराक़ आकर खड़े हो गए हैं...।' हम सबके ज़ोरदार क़हक़हों से हॉल की महराब गूँजने लगीं। वह नौजवान तुरंत भाग खड़ा हुआ और फ़िराक़ की आँखों के दोनों ढेले पहियों की मानिंद घूमने लगे।

आख़िर में निहायत अफ़सोस के साथ मैं यह कहूँगा कि हिन्दुस्तान ने अभी तक फ़िराक़ की महानता को पहचाना नहीं है। भारत सरकार को चाहिए कि वह उन्हें सर-आँखों पर जगह दे और उन्हें हर तरह संतुष्ट करके अपने दामन को फूलों से भरे और नमकहरामी के दाग़ से अपनी पेशानी को बचा ले।

जो शख़्स यह तस्लीम नहीं करता कि फ़िराक़ का महान व्यक्तित्व हिन्दुस्तान के माथे का टीका, उर्दू ज़बान की आबरू और शायरी की माँग का सिंदूर है, वह ख़ुदा की क़सम निरा बुद्धू है।

ज़िन्दाबाद फ़िराक़!—पाईंदाबाद फ़िराक़!

मजाज़

अफ़सोस कि मैं यह लिखने को ज़िन्दा हूँ कि मजाज़ मर गया। यह कोई मुझसे पूछे कि मजाज़ क्या था और क्या हो सकता था। मरते वक़्त तक उसका फ़क़त एक चौथाई दिमाग़ खुलने पाया था और उसका यह सारा कलाम उस एक चौथाई खुलावट का करिश्मा है। अगर वह अपने बुढ़ापे की

---

9. हाथी को हाँकने वाली वस्तु

तरफ़ आता तो अपने ज़माने का सबसे बड़ा शायर होता।

मगर अफ़सोस कि पीना उसे खा गया।

मैंने मजाज़ को मुख़ातिब करके एक 'पंदनामा' (सीख) कहा था। वह मेरी नज़्म सुनकर रोया था कि आपको मुझसे किस क़दर मुहब्बत है। मगर उस पर अमल नहीं कर सका। अमल करता भी तो कैसे?

बार-बार कह चुका हूँ कि यों तो दुनिया के हर काम में संतुलन बनाना बेहद मुश्किल है; लेकिन शराब में संतुलन बनाना तक़रीबन मुहाल है।

मजाज़ संतुलन बना न सका और जवानी में यह कहता गुज़र गया—

हम मैकदे की राह से होकर गुज़र गए।
वरना सफ़र हयात का बेहद तवील था।

एक रोज़ किसी अल्लाह के बंदे ने मजाज़ को समझाया कि देखो जोश साहब की तरह शराब की एक निश्चित मात्रा को घड़ी सामने रखकर एक निश्चित समय में पिया करो, तो उसने जवाब दिया था कि जोश साहब तो घड़ी सामने रखकर पीते हैं, मेरा बस चले तो मैं घड़ा सामने रखकर पिया करूँ। मैं उसे बार-बार समझाया करता कि तुमने इल्म से रिश्ता तोड़ लिया है, यहाँ तक कि अख़बार तक नहीं देखते हो, अपने इल्म और अध्ययन को बढ़ाओ। लेकिन वह नहीं माना।

यह बम्बई का ज़िक्र है, मैं समुद्र के सामने के एक होटल में ठहरा हुआ था, मजाज़ और साग़र भी मेरे हम-प्याला थे। आसमान पर लालिमा थी, ज़मीन पर समुद्र, मेज़ पर शीशा-ओ-साग़र और हवा कमबख़्त ऐसी मुलाइम चल रही थी कि नाचने लगो। जब हमारा नशा ख़ूब गठ गया, तो मजाज़ ने उठकर साग़र के गले में बाँहें डाल दीं। साग़र भी उससे लिपट गए। मजाज़ ने कहा, ''मेरा सग़रवा-अरे सग़रवा।'' साग़र भी उससे लिपटकर, 'मेरा मजज़वा-मेरा मजज़वा', कहने लगे। अभी यह सिलसिला चल ही रहा था कि मजाज़ ने साग़र का चट-से बोसा ले लिया और मटक-मटककर कहने लगा, ''मगर एक बात है, मगर एक बात है, मगर एक बात है।'' साग़र ने कहा, ''क्या बात है?'' मजाज़ ने कहा, ''मगर यह बात है, प्यारे, कि तू शायर बिलकुल नहीं है।'' हँसते हुए साग़र ने रोना शुरू कर दिया। मजाज़ फिर उनके गले लग गए, ''प्यारे, मैं तुझे अपनी जान से ज़्यादा अज़ीज़ रखता हूँ। तेरा कोई

जवाब नहीं।'' साग़र ने रोना बंद कर दिया।

मजाज़ ने कहा, ''तुझसे इस क़दर मुहब्बत के बाद भी ख़ुदा की क़सम, मैं तुझे शायर तस्लीम कर ही नहीं सकता। मगर एक बात है, मगर एक बात है...।'' साग़र फिर रोने लगे।

जब मैंने देखा कि बार-बार मजाज़, साग़र को गले लगाकर 'मगर एक बात है' से रुला रहा है तो मैंने कहा, ''मजाज़ ख़त्म कर इस तकरार को! बैठ जा ख़ामोश सोफ़े पर!'' और मजाज़ जब बैठ गया तो साग़र ने बिसूरकर कहा, ''यह मजाज़ भी अजीब आदमी है, मुझसे मुहब्बत भी करता है और मेरा दिल भी तोड़ता है।'' यह सुनते ही मजाज़ फिर खड़ा होकर साग़र की बलाएँ ले-लेकर कहने लगा, ''प्यारे मुझे माफ़ करो। मैं तुमसे बेहद मुहब्बत करता हूँ। ख़ुदा के लिए हँसने लगो, नहीं तो मेरा दिल पाश-पाश हो जाएगा।'' साग़र हँसने और थिरकने लगे। और ऐन उसी आलम में मजाज़ ने कहा, ''मगर एक बात है...।'' साग़र ने फिर रोना शुरू कर दिया।

हाय रे उन रातों को कहाँ से ढूँढ़कर लाऊँ।

एक दिन वह मेरे पास आया और आते ही तख़्त पर गिरकर हँसने और लोटने लगा। मैंने पूछा तो उसने बताया कि अभी एक नया तमाशा देखकर आ रहा हूँ। मैं ख़ाँ साहब के यहाँ बैठा था कि उनके नौकर ने आकर कहा, ''बावर्ची ने यह कहला भेजा है कि हमारी तनख़्वाह बढ़ा दीजिए, वरना हम नौकरी छोड़ देंगे।'' ख़ाँ साहब ने बिगड़कर कहा, ''बुला लाओ बावर्ची के बच्चे को।''

बावर्ची आया तो उन्होंने डपटकर पूछा, ''क्या कहलवा भेजा था तूने मुझसे?'' उसने कहा, ''मैंने कहलवा भेजा था कि हमारी तनख़्वाह बढ़ा दें वरना...''

ख़ान साहब ने उसकी ज़बान से 'वरना' सुनते ही डंडा तान लिया और कहा, ''हाँ कहो, 'वरना' के बाद क्या करोगे?'' बावर्ची ने सर झुकाकर जवाब दिया, ''वरना इसी तनख़्वाह पर काम करते रहेंगे।''

मैंने एक दिन पूछा, ''मजाज़, तुम्हारे माँ-बाप तो नमाज़-रोज़े के पाबंद पक्के मुसलमान हैं, फिर वे तुम्हारी शराबनोशी को कैसे बरदाश्त करते होंगे?'' उसने बे-साख़्ता कहा, ''जोश साहब, बाज़ माँ-बाप इतने ख़ुशकिस्मत होते

हैं कि उनकी औलाद निहायत सआदतमंद (आज्ञाकारी) होती है और मैं एक ऐसा ख़ुशकिस्मत बेटा हूँ, जिसके माँ-बाप बेहद सआदतमंद हैं।'' मैं उसके इस जवाब से फड़क गया।

एक बार दिल्ली में वह मुझसे बेहद नाख़ुश हो गया था। वह ताज़ा-ताज़ा दिमाग़ी हस्पताल से बज़ाहिर तंदुरुस्त होकर आया था। मुझे क्या मालूम था कि हरचंद वह अच्छा हो चुका है; लेकिन मरज़ अभी दूर नहीं हुआ है।

एक रोज़ उसने दिल्ली के चीफ़ कमिशनर को फ़ोन किया कि मुझे सौ रुपये भेज दीजिए। मैंने इस पर बहुत फटकारा कि तूने अपनी और पूरी शायर क़ौम की इज़्ज़त ख़ाक में मिलाकर रख दी है। उसने मेरे मुँह पर तो कुछ नहीं कहा; लेकिन यह शे'र लिखकर मेरे पास भेज दिया—

> *जो गुज़रती है क़ल्बे-शायर पर*
>
> *शायरे-इन्क़लाब क्या जानें।*

हैफ़ दुनिया के कारखाने पर, यहाँ जो रातें पल-भर के लिए हँसाती हैं; वे मरते दम तक रुलाती हैं—

> *तारे-जां रिश्ता-ए-सोज़ाँ है, यह मालूम न था*
> *मौत की लरज़िशे-मिज़गाँ हैं, यह मालूम न था।*
> *मोहलते-मुख़्तसरे-सोहबते-याराने   शबाब*
> *मुस्तक़िल मातमे-याराँ है, यह मालूम न था।*

सरदार दीवानसिंह मफ़्तून

जब वह 'रियासत' निकालते थे, हिज़ मैजेस्टी के क़िलों और हिज़ हाईनेसों के महलों में ज़लज़ले डालते थे। राजे-नवाबों की नींदें हराम कर दी थीं उनकी क़लम ने। बड़े-बड़े शासक काँपते थे उनके नाम से।

दिल्ली की बात है। एक दिन शाम के वक़्त एक रियासत के प्रधानमंत्री मेरे पास बैठे हुए थे कि दीवानसिंह आ गए। उन्हें देखते ही प्रधानमंत्री साहब का रंग फ़क़ हो गया। जब मैंने गिलास भरके उनके सामने रखा तो उन्होंने दीवानसिंह की ओर इशारा किया कि उनके सामने मैं नहीं पिऊँगा। दीवानसिंह ने उन्हें इशारा करते देखकर मुझसे कहा, ''जोश साहब, प्राइम मिनिस्टर साहब से कह दीजिए, शौक़ से पिएँ, मैं उनके ख़िलाफ़ एक लफ़्ज़ भी नहीं लिखूँगा।

यह राजा नहीं हैं, मैं तो राजाओं पर हमला करता हूँ, जिसके यह मानी हैं कि मैं इंसान का नहीं सूअर का शिकार खेलता हूँ।''

उनकी सुलतान-शिकारी की घटनाओं से तो हिन्दुस्तान अब तक गूँज रहा है। अब उनकी उदारता की भी एक घटना सुन लीजिए, जो उनके एक दोस्त ने मुझे सुनाई थी। उन्होंने मुझसे बयान किया था कि किसी राजा के बारे में ऐसा दस्तावेज़ उनके हाथ लग गया था, जिसमें उसके हरामी होने का सबूत मौजूद था। उस दस्तावेज़ के ज़ोर पर वह उस राजा से साठ-सत्तर हज़ार रुपया हासिल करके घर आए। नोटों के बंडल बड़ी बेपरवाही के साथ मेज़ की दराज़ों में ठूँसकर वह मुझसे बातें कर रहे थे कि उनके एक शिकस्ताहाल मित्र आ गए और खड़े-खड़े कहा कि सरदार साहब, मैं आपसे हमेशा के लिए रुख़सत होने आया हूँ। मुझसे गले मिल लीजिए। वह खड़े होकर उनसे गले मिले और उन्हें ज़बरदस्ती बिठाकर कहा, ''मीर साहब, यह हमेशा के लिए रुख़सत होने के क्या मानी हैं?'' मीर साहब ने कहा, ''मेरे पास वक़्त बहुत कम है। बस इतना कहूँगा कि करबलाए-मुअल्ला जा रहा हूँ और अब जीते-जी वापस नहीं आऊँगा। अच्छा, ख़ुदा हाफ़िज।'' यह कहकर मीर साहब उठ खड़े हुए। लेकिन जैसे ही वह ज़ीने की ओर बढ़े, दीवानसिंह ने बढ़कर उन्हें रोक लिया और कहा, ''जब तक आप इसकी वजह नहीं बताएँगे, भगवान की क़सम मैं आपको जाने नहीं दूँगा।'' मीर साहब की आँखों में आँसू आ गए और कहा, ''सरदार साहब यह न पूछिए और मुझे जाने दीजिए।'' दीवानसिंह उन्हें खींचकर कमरे में ले आए और कहा, ''जब तक आप इसकी वजह नहीं बताएँगे मैं क़सम खा चुका हूँ कि आपको जाने नहीं दूँगा।'' मीर साहब ने कहा, ''सरदार साहब मुझ पर इतना क़र्ज़ हो गया है कि उसको अदा करना मेरे वास्ते अब नामुमकिन है। इसलिए जा रहा हूँ कि करबलाए-मुअल्ला में ज़िन्दगी के बाक़ी दिन गुज़ार दूँगा। अच्छा अब जाने दीजिए, वक़्त कम है।'' मीर साहब फिर उठ खड़े हुए। दीवानसिंह ने उनका दामन पकड़कर पूछा, ''आप पर किस क़दर क़र्ज़ा है?'' मीर साहब ने कहा, ''पंद्रह हजार रुपये।''

दीवानसिंह ने कहा, ''बस? सिर्फ़ एक मिनट!'' और उन्होंने गिनकर

बीस हज़ार के नोट मीर साहब की जेब में ज़बरदस्ती ठूँस दिए। मीर साहब की आँखों से आँसू बरसने लगे और दीवानसिंह ने हाथ जोड़कर उनके सामने सर झुका लिया। है कोई इस दौर में दोस्त के यों काम आनेवाला? क्या आज कोई अरबपति भी इस उदारता का साहस कर सकता है?

'रियासत' के दौर में उन्होंने बेहद कमाया। लेकिन अपने पास कभी कुछ नहीं रखा। खाया-पिया और खिलाया-पिलाया।

इसलिए उन पर मुफ़लिसी और फ़ाक़ामस्ती के दौरे पड़ा करते थे। लेकिन अगर मुफ़लिसी में कोई दोस्त या मेहमान आ जाता था तो वह चुपके-चुपके अपने घर की चीज़ें बेचकर उसकी दावत किया करते थे। और जब कोई उनकी मुफ़लिसी भाँपकर उन्हें दावत से मना करता था तो वह लड़ पड़ते थे।

मजाज़ ने एक दिन मुझसे कहा कि कल तो सरदार साहब ने कमाल ही कर दिया। मैं शाम को उनके वहाँ पहुँचा। उन्होंने मुलाज़िम से कहा कि बारह दर्जन सोडे की बोतलें ले आ। मुहल्ले में उनका बड़ा रौब था। थोड़ी देर में बोतलें आ गईं। एक दर्जन बोतलें रखकर उन्होंने नौकर को हुक्म दिया कि बाक़ी बोतलों का सोडा गिराकर ख़ाली बोतलें फ़लाँ दुकान पर बेच आए। (उन दिनों गोलीवाली सोडे की ख़ाली बोतल बारह आने में बिकती थी)। और उनसे जो रुपये हाथ आए उनकी एक ह्विस्की की बोतल और कुछ खाने का सामान ले आए। यह थी उनकी मेहमाननवाज़ी की शान।

शायद यह 1937 की बात है, जब मैं दिल्ली से *कलीम* निकाल रहा था और रोज़गार और इश्क़ दोनों के हाथों बुरी तरह परेशान था; और इस पर तुर्रा यह कि मेरी बेटी की शादी सर पर आ चुकी थी, कि वह एक रोज़ शाम के वक़्त मेरे घर आए। ब्रांडी की बोतल अपने साथ लाए। (वह ह्विस्की पर ब्रांडी को तरजीह देते थे।)

जब दौर ख़त्म हो गया तो उन्होंने मुझसे कहा, ''मैं भाभी से एक बात कहना चाहता हूँ।'' मैंने सख़ावत से कहा, ''सरदार साहब को ऊपर ले जाओ।'' मेरी बीवी उस वक़्त तक पर्दे की पाबंद थीं; लेकिन उनसे थोड़ा पर्दा करती थीं। जब वह मेरी बीवी से बातें करके नीचे आए और दो मिनट के अंदर रुख़सत हो गए तब मैं ऊपर गया, तो बीवी ने मुझसे कहा, ''सरदार

साहब नोटों का यह बंडल दे गए हैं। वह कहते थे कि उन्होंने यह रक्कम अपने दोस्त नवाब बहावलपुर से ख़त लिखकर मँगवाई है। देखी आपने दीवानसिंह की शराफ़त और दोस्ती।''

एक ज़माने में जब वह रफ़ी अहमद क़िदवई के ख़िलाफ़ बहुत सख़्त मज़मून लिख रहे थे, उस वक़्त उनकी माली हालत बेहद ख़राब थी। मैं उनके इफ़लास का अंदाज़ा करके सीधा क़िदवई साहब के पास गया और उनसे कहा कि क़िदवई साहब आप मिनिस्टर नहीं इस ज़माने के हातिम हैं। आपकी दोस्तनवाज़ी के डंके पिटे हुए हैं; लेकिन दोस्तनवाज़ी कोई बड़ा गुण नहीं। हलाकू नीरो, चंगेज़ और यज़ीद भी अपने दोस्तों को नवाज़ते थे। अलबत्ता दुश्मननवाज़ी एक ऐसा गुण है जो इंसान को पैग़म्बरी की सतह पर ले जाता है। क्या आप हलाकू की सतह पर रहना पसंद करेंगे या पैग़म्बरी की सतह तक पहुँचना चाहेंगे? उन्होंने मुस्कुराकर कहा, ''पहेलियाँ-सी क्यों बुझा रहे हैं; आप जो मुद्आ हो उसे खुलकर कहिए।'' मैंने कहा, ''दीवानसिंह आजकल सख़्त परेशान हैं।''

उन्होंने यह सुनते ही घंटी बजाई। सेक्रेटरी आया। उसके कान में उन्होंने कुछ कहा। वह चला गया और पाँच मिनट के बाद चेक लाया। दस्तख़त करके क़िदवई साहब ने कहा, ''यह चेक जाकर दीवानसिंह को दे आइए।'' वह दस हज़ार का चेक लेकर मैं उनके पास गया। उन्होंने कहा, ''चलिए अभी कैश करा लें।'' चेक कैश हो गया तो वह यह आग्रह करने लगे कि आधी रक्कम आप ले लें। जब मैंने इनकार किया तो वह लड़ने पर आमादा हो गए। और मैं वहाँ से भाग खड़ा हुआ।

मैं कह चुका हूँ कि वह बदतरीन दुश्मन भी हैं। इसका भी एक वाक़या सुन लीजिए। मैं पाकिस्तान से दिल्ली गया और उनके वहाँ ठहरा हुआ था। एक सुबह को जब मैं बाहर जाने लगा तो उन्होंने पूछा, ''आप कहाँ जा रहे हैं?'' मैंने जवाब दिया, ''साग़र से मिलने के लिए।''

साग़र का नाम सुनते ही वह उछल पड़े। दौड़कर मेरा हाथ पकड़ लिया। कहने लगे, ''मैं आपको एक ऐसे एहसानफ़रामोश के पास जाने की इजाज़त हरगिज़ नहीं दूँगा, जिसे आपने पंडित जी से कहकर रेडियो पर नौकर

रखवाया था और उसका बदला उसने यह दिया कि जबसे आप पाकिस्तान चले गए हैं वह आपके ख़िलाफ़ ज़हर उगलता फिरता है।'' मैंने कहा, ''सरदार साहब, मैंने साग़र को नौकर नहीं रखवाया, साग़र ने ख़ुद पंडित जी से अपनी मुलाज़मत का वादा ले लिया था।'' उन्होंने कहा, ''यह मुझे मालूम है। लेकिन जब केसकर जी ने पंडित जी को धोखा देकर उसका पत्ता काट देना चाहा था उस वक़्त तो आप ही थे, जिसने केसकर के फ़रेब का पर्दा चाक करके उसे नौकरी दिलवाई थी।'' मैंने कहा, ''सरदार साहब, साग़र बुरा आदमी नहीं है। अगर उसने मेरे पाकिस्तान जाने के बाद मेरे ख़िलाफ़ आवाज़ बुलंद की थी तो उसका मक़्सद यह था कि वह बेचारा हुकूमते-हिन्द पर अपनी वफ़ादारी का सिक्का जमा रहा था। और यह कोई ऐसी बुरी बात नहीं कि मैं इतने पुराने दोस्त से सम्बन्ध तोड़ लूँ।'' दीवानसिंह ने मारे ग़ुस्से के काँपते हुए कहा, ''आप आदमी नहीं देवता हैं।'' लफ़्ज़ 'देवता' को इस क़दर दाँत पीसकर अदा किया था, गोया वह कोई मोटी-सी गाली दे रहे हों। और जब मैं ख़ामोश हो गया तो उन्होंने कहा, ''जोश साहब मैं तो जब तक दुश्मन का ख़ून न पी लूँ मुझे चैन नहीं आता। मेरे नज़दीक दुश्मन को मार डालना ही सबसे बड़ा धर्म है।''

वस्ल बिलग्रामी

अंग्रेज़ों की तरह गोरे, ऊँचा माथा, दरमियाना क़द, नूरानी चेहरा, घनी लाल दाढ़ी, फ़रिश्ता सूरत और नेपोलियन-सीरत इंसान थे।

मेरी इतनी उम्र गुज़र चुकी है; लेकिन मैंने उनका-सा दृढ़ निश्चय और शेर-दिल इंसान आज तक नहीं देखा है। वह जब किसी बात पर कमर बाँध लेते थे तो उन तमाम बातों को जो दुनिया-भर के लिए नामुमकिन होती थीं, पलभर में मुमकिन बना दिया करते थे।

अगर वह उस ज़माने में पैदा होते जब एक व्यक्ति का साहस मुल्कों के नक़्शे बदल दिया करता था तो मुझे यक़ीन है कि वह एक महान साम्राज्य क़ायम करके सिकन्दर महान से टक्कर ले सकते थे।

हाफ़िज़ा बेहद कमज़ोर हो चुका है। उनके सिर्फ़ चंद कारनामे याद रह गए हैं। इन्हीं से आपको ख़ुद मालूम हो जाएगा कि वह क्या थे। उस दौर में

जबकि फ़िरंगी हुकूमत का रोब हर तरफ़ छाया हुआ था और उसका ग़ुरूर ज़मीन पर पाँव नहीं रखता था; हम दोनों शायद बम्बई के एक बहुत शानदार होटल में बैठे खाना खा रहे थे और बड़ी-बड़ी मूँछों का एक घाघ-सा अंग्रेज़ हमारे सामने की मेज़ पर शराब पी रहा था। मैंने वस्ल साहब से कहा, ''तब जानें, कि आप इस गड़ामीर अंग्रेज़ को पान खिला दें,'' वह गिलोरी चुटकी में दबाए उसके पास गए और उससे कहा, ''आपकी सूरत देखकर मुझे अंदाज़ा हुआ है कि आप बहुत बड़े आदमी हैं; लेकिन दुनिया आपके साथ इंसाफ़ नहीं कर रही है। मैं मुसलमानों का हैड पोप हूँ, चाहता हूँ आप सरबुलंद हो जाएँ। आप मुँह खोल दें।'' उस अंग्रेज़ पर उनकी सूरत और उनकी बातों का इस क़दर असर पड़ा कि बे-सोचे-समझे उसने अपना मुँह खोल दिया और उन्होंने उसके मुँह में गिलोरी रखकर उसकी पीठ को थपथपाया और 'ख़ुदा आपका भला करेगा' कहते हुए मेरे पास आ गए। वह सिटपिटाया हुआ अंग्रेज़ उन्हें ग़ौर से देखने लगा फिर अपनी जगह से उठा, सर हिलाकर 'थैंक यू' कहा और ग़ुस्लख़ाने चला गया।

वह राजा साहब कठूरा की क़ैसरबाग़वाली निचली मंज़िल में रहते थे और मैं उनके वहाँ ठहरा हुआ था। एक रोज़ झुटपुटे का वक़्त था कि मेरी नज़र पड़ी एक मुरमरे के थैले की-सी बूढ़ी मेम पर, जो सामने की सड़क से हद से ज़्यादा आहिस्ता-आहिस्ता बारादरी की तरफ़ चली जा रही थी।

मैंने कहा कि वस्ल साहब क्या आप में यह ताक़त है कि आप इस थैलाजान की सुस्त रफ़्तार को तेज़ रफ़्तारी में तब्दील कर दें।

उन्होंने कहा, ''बेशक।'' और वह अपने कमरे के सामने के कुएँ की जगत पर, जो घने दरख़्तों और झाड़ियों से घिरा हुआ था, जाकर खड़े हो गए और मेम साहब का इन्तज़ार करने लगे। जब वह रुंगश-रुंगश करती घने दरख़्तों के नीचे से गुज़रने लगी तो उन्होंने बड़े ज़ोर से इल्लल्लाह का नारा लगाकर और अपने नक़ली दाँतों को ज़रा-सा आगे निकालकर इस तरह कट-कट बजाना शुरू कर दिया कि वह मेम साहब 'ओ माई गॉड' कहती हुई भाग खड़ी हुई सरपट, और सड़क के लौंडे क़हक़हे मारकर तालियाँ बजाने लगे।

एक दिन शाम को वह मलीहाबाद आए। कहा कि दयानारायण निगम ने मुझे आपके पास भेजा है कि मैं सुबह की गाड़ी से आपको कानपुर ले आऊँ।

कल रात को उनके वहाँ आपकी दावत है, जिसमें आपके दोस्त जगतमोहन लाल रवाँ, तेज़बहादुर सप्रू और जस्टिस शाह सुलेमान भी मौजूद होंगे। मैंने बीवी से इजाज़त माँगी। वह बिगड़ गईं। कहने लगीं, ''अभी परसों तो लखनऊ से आए हो। चाहे इधर की दुनिया उधर हो जाए, मैं तुमको इतनी जल्दी नहीं जाने दूँगी।'' मैंने वस्ल साहब से अपनी मजबूरी ज़ाहिर कर दी और कहा कि निगम साहब से माज़रत[10] कर दीजिएगा। उन्होंने कहा, ''ऐसा हो ही नहीं सकता। आपको मेरे साथ जाना पड़ेगा।'' मैंने कहा, ''आप मेरी बीवी और उनकी हठ से वाक़िफ़ हैं, वह मुझे किसी तरह जाने नहीं देंगी। उन्होंने सीना ठोंककर कहा, ''इजाज़त मैं दिलाऊँगा।'' वह कोठी से बाहर निकल गए, एक बहुत बड़ा नुकीला पत्थर उठा लाए और ज़ीने की सबसे ऊपर की सीढ़ी पर खड़े होकर उन्होंने आवाज़ दी, ''मेरी छोटी भावज, आप ज़रा दरवाज़े के पट की आड़ से देख लें कि मैं किस तरह दम तोड़ता हूँ।'' बीवी ने पट की आड़ से कहा, ''क्या बात है वस्ल साहब?'' उन्होंने बड़ा-सा नुकीला पत्थर हाथ में बुलन्द करके कहा, ''देखिए मैं इससे अपना सर फोड़कर मर जाने पर तुल गया हूँ। आपको मालूम है कि मैं सैयद हूँ। सुनता हूँ पठान सादात की बड़ी इज़्ज़त करते हैं। अगर आप जोश साहब को मेरे साथ जाने की इजाज़त नहीं देंगी तो मैं पत्थर अपने सर पर मारकर ख़ुदकुशी कर लूँगा और आले-रसूल (रसूल की संतान) का ख़ून आपकी गर्दन पर होगा।'' यह कहकर वह पत्थर को ऐन अपने माथे के सामने ले आए और रो-रोकर कहने लगे, ''आप इजाज़त देती हैं कि नहीं? मैं एक, दो, तीन कहूँगा। अगर तीन सुनते ही आप इजाज़त नहीं देंगी तो सर फोड़कर आपके ज़ीने पर अभी-अभी शहीद हो जाऊँगा। देखिए एक, देखिए दो'', और दो कहते ही जैसे वह पत्थर उठाकर अपने माथे पर मारने वाले थे कि बीवी ने कहा, ''बहुत अच्छा। आप उन्हें अपने साथ ले जाएँ; लेकिन कल ही वापस भेज दें।'' यह सुनते ही उन्होंने पत्थर फेंक दिया, सीढ़ी पर शुक्रिये का सजदा किया और मुझे आँख मारते हुए नीचे उतर गए।

एक बार हम लोग रेल में सफ़र कर रहे थे कि किसी जंक्शन पर एक दूल्हा अपनी दुल्हन और मिठाई के टोकरे के साथ हमारे दर्जे में आकर एक कोने में बैठ गया।

---

10. क्षमा

शौकत थानवी ने मिठाई की तरफ़ इशारा किया। वस्ल ने जल्दी में आँखें बंद करके वादा कर लिया। इतने में बिल्ली के भागों छींका टूटा। दूल्हे ने दुल्हन से चुहलबाज़ी शुरू कर दी। उन्हें मौक़ा मिल गया। वह अपनी सीट से उठे। दूल्हे से जाकर कहा, ''तू शरीफ़ घराने का बच्चा मालूम होता है। लेकिन यह अजीब बात है कि मैं तेरे दादा के बराबर हूँ और तू मेरे सामने अपनी दुल्हन से छेड़छाड़ कर रहा है।'' उसका शाना पकड़कर उन्होंने उसे दुल्हन से अलग करके बिठा दिया। वह नौजवान अदब से बैठ गया। अब उन्होंने मिठाई के टोकरे में हाथ डाल दो लड्डू निकाले और दूल्हे से कहा, ''बेटा, इसी बात पर ले एक लड्डू तू खा ले। एक मेरी बहू को खिला दे और मैं बाक़ी लड्डू तेरी और तेरी दुल्हन की तरफ़ से तेरे हमसफ़रों में बाँटे दे रहा हूँ। वे भी क्या याद करेंगे कि एक दूल्हा-दुल्हन के साथ सफ़र किया था।'' और उन्होंने सारा टोकरा हम लोगों को खिला दिया।

वह लखनऊ के तमाम शायरों के दादा-अम्मा थे। जब कहीं कोई बड़ा मुशायरा होता था, मुशायरा कराने वाले उनके पास शायरों की सूची और किराया वग़ैरह भेज देते और वह सबके घरों पर जाकर उन्हें निमंत्रित करते, एक जगह पर सबको जमा करके अपने साथ स्टेशन ले जाते और टिकट लेकर अपनी जेब में रख लिया करते थे।

एक बार इस क़दर देर से स्टेशन पहुँचे कि गाड़ी छूट रही थी। उन्होंने सारे शायरों को बे-टिकट ही रेल में सवार कर दिया और कहा कि आगे चलकर किसी बड़े स्टेशन पर गार्ड को आगाह कर देंगे। दो-चार स्टेशनों के बाद एक नौजवान टिकट-चेकर ने हमारे डिब्बे में दाख़िल होकर हमसे टिकट तलब किए। हम सबने दूर बैठे हुए वस्ल साहब की ओर, जो टिकट-चेकर को देखते ही तस्बीह पढ़ने लगे थे, इशारा कर दिया और सोचने लगे कि देखें अब क्या गुल खिलेगा। टिकट-चेकर को कनखियों से अपनी तरफ़ आता देखकर उन्होंने आँखें बंद करके सर झुका लिया। सूरत उनकी ख़साने-ख़ुदा की-सी थी। टिकट-चेकर उनके सामने आकर खड़ा तो हो गया; लेकिन टिकट माँगने की जुरअत नहीं कर सका।

इतने में पटरी बदलने से गाड़ी को झटका लगा, उन्होंने आँखें खोल दीं। जब बड़े शरारती अंदाज़ में उन्होंने टिकट-चेकर की तरफ़ निगाह उठाई और

उसने कहा, ''टिकट दो,'' तो उन्होंने उसके मुँह पर थप्पड़ मार दिया और पूछा, ''पहले अपने बाप की ख़ैरियत बता और फिर अपने चचा से टिकट माँग। मेरा नाम है वस्ल बिलग्रामी।'' टिकट-चेकर ने बड़ी ग़मनाक आवाज़ में कहा कि कोई एक महीना हुआ वह इंतक़ाल फ़रमा चुके हैं। यह सुनकर वस्ल साहब रोने लगे और उसे गले से लगा लिया और वह भी रोने लगा।

अब टिकट-चेकर की क्या मजाल थी कि उनसे टिकट माँगता। इलाहाबाद स्टेशन पर उसने हम सबको चाय पिलाई और अपने साथ ले जाकर हमें बाहर पहुँचाया।

बड़ी जंग के ख़तरनाक दौर में हम सब लोग वस्ल साहब की रहनुमाई में ग्वालियर से लखनऊ जा रहे थे और हमसे मिले हुए फ़र्स्ट क्लास के दर्जे में एक बड़ा लम्बा-तगड़ा अधेड़ अंग्रेज़ फ़ौजी अफ़सर भी सफ़र कर रहा था। उसकी यह शान थी कि हर बड़े स्टेशन पर चार-पाँच गोरे उसके दर्जे के सामने खड़े होकर पहरा देने लगते थे। इस फ़ौजी अफ़सर के साथ उसकी निहायत परी-पैकर (सुन्दर) लड़की भी सफ़र कर रही थी। हमने उसे उस फ़ौजी अफ़सर की लड़की इसलिए समझा कि वह उससे 'डैडी' कहकर बातें कर रही थी।

जब किसी जंक्शन पर गाड़ी रुकी तो वह लड़की उतरी और व्हीलर बुक-स्टाल पर किताबें देखने लगी। नियाज़ फ़तहपुरी ने वस्ल साहब से कहा कि हम आपको सूरमा तस्लीम कर लेंगे अगर आप उस लड़की का बोसा ले लें।

वस्ल साहब ने कहा, ''शर्त बद लो।'' और जब पचास रुपये की शर्त बद ली गई तो वह नीचे उतरे और व्हीलर की दुकान पर जाकर उसे घूरने लगे। जब उस माहजबीन (चंद्रमुखी) ने तेवर बदलकर कहा, ''तुम कौन गुस्ताख़ बूढ़े हो?'' तो उन्होंने आव देखा न ताव चट-से उसे गले लगाकर उसका बोसा ले लिया। लड़की ने चीख़ मारी, उसका बाप भरा हुआ पिस्तौल लेकर झपट पड़ा, पहरा देने वाले गोरों ने भी बढ़कर उन्हें हल्क़े में ले लिया और वस्ल साहब ने रो-रोकर कहना शुरू कर दिया, ''हाय, मेरी बेटी ऐसी-बिलकुल ऐसी ही थी।'' यह सुनकर उस फ़ौजी का दिल पसीज गया। उन्हें अपने दर्जे में ले गया, केक खिलाया, चाय पिलाई और उन्हें अपनी बेटी के पहलू में बिठा दिया। जब तक वह जिया, उनकी दोस्ती का दम भरता रहा।

छद्दू ख़ाँ

छद्दू ख़ाँ मलीहाबाद के बड़े ज़मींदारों में से थे। ज़िन्दगी-भर रेल में नहीं बैठे। जब कभी मुक़दमों की पैरवी के लिए लखनऊ या अपने मौज़ा की तहसीलवसूली के वास्ते शाहजहाँपुर जाते थे तो अद्धे[11] पर सफ़र किया करते थे। आगे-आगे उनका अद्धा होता था और उसके पीछे तीन अद्धे और होते थे, जिन पर खाने का सामान, बकरे और सिपाही लदे हुआ करते थे। लाख-लाख लोगों ने समझाया कि रेल पर सफ़र कीजिए, लेकिन उन्होंने कभी किसी की बात नहीं मानी और हमेशा यह कहा कि ख़ाँ साहब, जो सवारी हमारे इशारे पर नहीं चल सकती, उस पर बैठना बेकार है।

उनकी दूसरी विशेषता यह थी कि जो शख़्स उनके ग़ुस्से, झिड़की या गाली का तुरन्त उत्तर नहीं देता था, उसे वह पठानों के दल से ख़ारिज करके उससे सम्बन्ध विच्छेद कर लिया करते थे।

और तीसरी विशेषता यह थी कि जो मुलाज़िम उनके पुकारते ही दो सेकेंड के अंदर-अंदर हाज़िर न हो जाए वह उसे छुड़ा दिया करते थे। और इसी कारण 'नादिरशाही हुक्म' की तरह 'छद्दूख़ानी हुक्म' दूर-दूर तक मशहूर था।

उनका यह एक बँधा-टिका उसूल था कि जब कोई पठान उनके पास नौकरी के लिए आता था, वह मुस्कुराकर उससे पूछते थे कि आप ख़िदमतगारों के दल में आ सकेंगे? जब वह जवाब देता था कि हम पठान हैं ख़िदमतगारी से तो हमारे बाप-दादा भी नहीं वाक़िफ़, तो वह ख़ुश हो जाते थे। उसके सम्बंधियों के बारे में मालूम करते कि वह सब किस क़दर हैं। और जब मालूम हो जाता तो उसके बाल-बच्चों की तादाद पर निगाह करके वह उसकी उसी क़दर तनख़्वाह मुक़र्रर कर दिया करते थे। चूँकि ख़ुश्क तनख़्वाह के वह क़ायल नहीं थे, इसलिए वह पूछते थे कि ख़ाँ साहब, आप कितनी रोटियाँ, कितनी दाल और किस क़दर गोश्त खाएँगे और कितना दूध पिएँगे? जब वह जवाब देता कि मैं आठ रोटियाँ और पाव-भर गोश्त खाऊँगा और आध सेर दूध में मेरा काम चल जाएगा तो वह अपने मुंशी क़मरुद्दीनख़ाँ को हुक्म दिया

---

11. छोटी बैलगाड़ी।

करते थे 'क़मरी दारद!' यानी ऐ क़मरुद्दीन ख़ाँ, इसका नाम मुलाज़िमों की सूची में दर्ज कर लो, मय ख़ुराक।

एक बार उनकी बीवी ने कहा कि जिस सिपाही की आठ रोटियाँ मुक़र्रर की गई थीं; उसके दस्तरख़्वान से आज एक रोटी बचकर आ गई है। वह यह सुनकर बाहर आए, उस सिपाही को बुलाया और कहा, ''ख़ाँ साहब, आज आपने एक रोटी कम खाई है। यह बात हमारे आपके वादे के ख़िलाफ़ है।'' सिपाही ने कहा, ''हुज़ूर, आज मेरी तबियत ख़राब थी।'' उन्होंने कहा, ''नहीं खा सकते थे तो अपनी बची रोटी घर ले जाते।'' यह कहकर उन्होंने अपने मुंशी क़मरुद्दीन ख़ाँ को पुकारा और कहा, ''क़मरी, यह ख़ाँ साहब नदारद!'' (यानी यह बरख़ास्त कर दिए गए।) सिपाही ने बड़ी लज्जा से कहा, ''हुज़ूर मुझे नदारद न करें।'' उन्होंने कहा, ''ख़ाँ साहब, आपने वादा तोड़ डाला। आप पूरे एक महीने तक नदारद रहेंगे। एक महीने बाद फिर दारद हो जाएँगे।''

एक बार उन्होंने ख़िदमतगार को पुकारा। ख़िदमतगार दो-तीन मिनट के बाद आया। उन्होंने पूछा कि देर क्यों की? उसने कहा, ''पानी भर रहा था।'' उन्होंने कहा, ''मेरे पुकारते ही तुम पर यह बात लाज़िम हो गई थी कि रस्सी को फ़ौरन हाथ से छोड़कर दौड़ पड़ते।'' इतना कहकर उन्होंने हुक्म दिया, ''क़मरी, यह ख़िदमतगार नदारद।''

वह साल में तीन मर्तबा ग़रीबों को खाना खिलाया करते थे। एक बार उन्होंने मज़ाक़ के तौर पर किसी ग़रीब आदमी से पूछा, ''कभी ऐसा खाना तुम्हारे बाप ने भी खाया था?'' उसने कहा, ''मेरा बाप जो खाना खाता था वह आपके बाप ने भी नहीं खाया होगा।'' उन्होंने पूछा, ''तुम्हारे बाप क्या खाते थे?'' उसने कहा, ''ज्वार की सूखी रोटी और चटनी।'' वह हँस पड़े और कहा, ''तुम सच कहते हो। अगर तुम मुझे पलटकर जवाब न दे देते तो मैं तुम्हें अभी निकलवा देता।''

एक बार एक ख़िदमतगार ने उनसे कहा कि हुज़ूर आपका रहीमुद्दीन ख़ाँ सिपाही आज यह कह रहा था कि छद्दू ख़ाँ की नादिरशाही मुझसे बरदाश्त नहीं होती। अबकी तनख़्वाह मिल जाए तो मैं उनकी नौकरी छोड़ दूँगा और न

छोड़ूँ तो मेरे नुत्फ़े में फ़र्क़ है (यानी अपने बाप का नहीं।) उन्होंने उसी वक़्त रहीमुद्दीन ख़ाँ को बुलाया और कहा, ''ख़ाँ साहब, आपकी मुस्तैदी से हम बहुत ख़ुश हैं। आज से आपकी तनख़्वाह दुगनी कर दी है, मज़े से रहिए'', और पुकारकर कहा, ''क़मरी, आज से यह ख़ाँ साहब दुगने दारद।'' सिपाही ख़ुश हो गया और बेहद जी लगाकर काम करने लगा। जब वह एक महीना काम कर चुका तो उसे बुलाकर दूनी तनख़्वाह दे दी और क़मरुद्दीन से कहा, ''क़मरी, रहीमुद्दीन ख़ाँ आज से नदारद।'' रहीमुद्दीन ने पूछा, ''हुजूर मेरी क्या ख़ता है?'' उन्होंने कहा, ''आपने कुछ दिन पहले कहा था कि अब छद्दू ख़ाँ की नौकरी करूँ तो मेरे नुत्फ़े का फ़र्क़ नदारद!''

एक बार उनके सिपाही ने शिकायत की कि परसों से मेरा दूध नहीं आ रहा है। वह ग़ुस्से में भरे घर पहुँचे और बीवी से गरजती आवाज़ में कहा, ''अशरफ़ की माँ, तुमने हैदर ख़ाँ का दूध बंद कर दिया है?'' उनकी बीवी ने कहा, ''क्या करूँ, तीन भैंसों ने दूध देना छोड़ दिया है। सिर्फ़ एक भैंस दूध दे रही है। उसका दूध कसरत के बाद अशरफ़ पी लेता है।'' उन्होंने कहा, ''अशरफ़ ख़ाँ दूध पिएँ और दारद को दूध न मिले। अच्छा, अभी छठी का दूध याद दिलाए देता हूँ।'' बाहर आकर उन्होंने ललकार कर कहा, ''क़मरी, चारों भैंसें नदारद!'' क़मरुद्दीन ख़ाँ हैरत से उनका मुँह ताकने लगे। उन्होंने कहा, ''मेरा मुँह क्यों ताक रहे हो?'' क़मरुद्दीन ने कहा, ''भैंसों का नदारद मेरी समझ में नहीं आ रहा है।'' उन्होंने कहा, ''इसके यह मानी हैं कि फ़ौरन कसाइयों को बुलाओ और चारों भैंसें ज़िबह कर डालो।'' क़मरुद्दीन ख़ाँ उनके बड़े पुराने ख़ैरख़्वाह थे। उन्होंने कहा, ''भैंसों को किस ख़ता में ज़िबह कर डाला जाएगा?'' उन्होंने कहा, 'अशरफ़ की माँ ने हमारे दारद का दूध नदारद कर दिया है। इसलिए सारी हरामज़ादी भैंसें नदारद। क़मरुद्दीन ख़ाँ लाख-लाख चीख़ते रहे; मगर उन्होंने चारों भैंसें ज़िबह कराके उनका गोश्त खड़े-खड़े गरीबों में तक़्सीम करा दिया।

एक दिन वह अपने बाग़ में बैठे क़मरुद्दीन ख़ाँ से बातें कर रहे थे कि उनके बेटे अशरफ़ ख़ाँ ने आकर सलाम किया। उन्होंने पूछा, ''लखनऊ हो आए?'' बेटे ने कहा, ''जी हाँ, अभी-अभी लखनऊ से आ रहा हूँ और आपको सलाम करके घर जाऊँगा।'' इतने में उनकी नज़र बेटे की जूती पर

पड़ गई। जामे से बाहर होकर पूछा, ''इस जूते का नाम क्या है ?'' बेटे ने कहा, ''बाबा, इसका नाम है डासना!'' उन्होंने कहा, ''पठान का पूत और यह जनख़ी जूती। इस जूती की माँ की...क़मरी, निकाल चाक़ू और टुकड़े-टुकड़े कर दे इस छिनाल जूती को। यह डासना की जूती अशरफ़ की पठनौती को डस लेगी।'' और जूती को टुकड़े-टुकड़े देखकर जब अशरफ़ की आँखों में आँसू आ गए तो उन्होंने कहा, ''अबे जनख़े जोरू के...दूर हो जा मेरी नज़रों से।'' जब अशरफ़ ख़ाँ नज़र झुकाकर अन्दर चले गए तो उन्होंने कहा, ''क़मरी, अशरफ़ नदारद!'' क़मरुद्दीन ख़ाँ उछल पड़े। उनका मुँह खुला का खुला रह गया। पूछा, ''ख़ान साहब बहादुर, बेटा और नदारद! यह हो क्योंकर सकता है ?'' उन्होंने कहा, ''वह नदारद हो सकता है बेदख़ल हो जाने के बाद।'' क़मरुद्दीन ख़ाँ ने कहा, ''इतनी ज़रा-सी बात पर!'' उन्होंने कहा, ''यह ज़रा-सी बात है ? मैंने उसे गाली दी, उसने पलटकर जवाब नहीं दिया।'' क़मरुद्दीन उनकी ज़िद से वाक़िफ़ थे। दौड़कर ड्योढ़ी पर गए और लौंडी से कहा, ''बड़ा गज़ब हो गया। ख़ाँ साहब बहादुर, अशरफ़ को बेदख़ल कर देने पर तुल गए हैं। जल्दी-जल्दी बीवी के पास जाकर कहो कि वह उन्हें घर बुलाकर समझाएँ।'' घर में कुहराम मच गया। लौंडी ने ड्योढ़ी से पुकारकर कहा, ''मियाँ आपको बीवी बुला रही हैं।'' वह अन्दर गए तो बीवी ने सर पीटकर कहा, ''हैं यह क्या अंधेर है ? एक निगोड़ी जूती पर बच्चे को बेदख़ल किए दे रहे हो।'' उन्होंने कहा, ''यह निगोड़ी जूती की बात नहीं। मैंने उसे गाली दी। वह उसे पी गया। पलटकर मुझे गाली नहीं दी। अगर वह असली पठान होता तो मुझे भी गाली देता।'' उनकी बीवी ने कहा, ''अरे यह तो सोचो, वो बाप को गाली कैसे दे सकता है ?'' उन्होंने कहा, ''यही तो तुम्हारी भूल है। पठान बाप तो बाप, अल्लाह की भी गाली बरदाश्त नहीं कर सकता। अशरफ़ से कहो, मुझे पलटकर गाली दे नहीं तो...'' बीवी ने मुँह पीटकर बेटे से कहा, ''अरे तू भी गाली दे दे।'' जब बेटे ने आनाकानी की तो उन्होंने कहा, ''देख, एक-दो-तीन कहता हूँ, अगर तीन पर तू गाली नहीं देगा तो अपनी सात पुश्तों की क़सम खाकर कहता हूँ कि खड़े-खड़े बेदख़ल कर दूँगा।'' यह कहकर अँगुली उठाई और कहा, ''एक!'' बेटा चुप रहा। फिर उन्होंने कहा,

‘‘दो!’’ उनकी बीवी ने बेटे के मुँह पर थप्पड़ मारकर कहा, ‘‘दे बे गाली! नहीं तो दूध नहीं बख़्शूँगी।’’ और जब उन्होंने बड़े निश्चय के साथ अँगुली उठाकर ‘‘तीन’’ कहा तो अशरफ़ ख़ाँ ने कहा, ‘‘अबे ज़नखे जोरू के...’’ तो उन्होंने दौड़कर बेटे को गले लगा लिया, मुँह चूमा और पीठ ठोंककर कहा, ‘‘तू पठान, तेरा बाप पठान और तेरा दादा पठान...’’ और घर से निकलकर बड़ी गरजती आवाज़ से कहा, ‘‘क़मरी, अशरफ़ दारद!’’

प्रकाश पंडित द्वारा संपादित उर्दू शायरी की 'लोकप्रिय शायर और उनकी शायरी' श्रृंखला की पुस्तकें

- फ़ैज़
- ज़ौक
- जिगर
- मजाज़
- इक़बाल
- ग़ालिब
- क़तील शिफ़ाई
- अख़्तर शीरानी
- सरदार जाफ़री
- मीर तक़ी 'मीर'
- जोश मलीहाबादी
- फ़िराक़ गोरखपुरी
- मजरूह सुलतानपुरी
- साहिर लुधियानवी
- नज़ीर अकबराबादी
- नासिर काज़मी

सभी पुस्तक विक्रेताओं और सभी
प्रमुख वेबसाइट पर उपलब्ध
www.rajpalpublishing.com

शायरी की अन्य चर्चित पुस्तकें

पाकिस्तान की शायरी

हिन्दुस्तानी ग़ज़लें

ये मेरी ग़ज़लें ये मेरी नज़्में

ख़ानाबदोश

बशीर बद्र

कृष्ण बिहारी 'नूर'

अहमद फ़राज़

कैफ़ी आज़मी

शहरयार

निदा फ़ाज़ली

अमीर कज़लबाश